道路客货危运输驾驶员
继续教育教程

主　编　胡荣刚
编写成员　李劲松　谢晓瑶　程伦菊
　　　　　赵春秀　何　倩　戚海浪

西南交通大学出版社
·成都·

内容简介

本书依据交通运输部 2011 年颁布的《中华人民共和国道路客货运输驾驶员继续教育大纲》编写而成。内容上将道路运输相关法律、法规知识，驾驶员职业道德与社会责任，驾驶员的心理健康与生理健康，危险源辨识及防御性驾驶知识，节能与环保驾驶知识以及典型的道路交通事故案例分析融入教材之中，意在强化道路运输驾驶员的法律意识和安全意识，不断提高道路运输驾驶员的职业素质，从而更好地为人们提供优质服务。本教材作为成都民杰光华教育科技有限公司设计开发的多媒体网络课程配套使用，亦可供道路运输驾驶员自学使用。

图书在版编目（CIP）数据

道路客货危运输驾驶员继续教育教程 / 胡荣刚主编.
—成都：西南交通大学出版社，2015.2
ISBN 978-7-5643-3736-0

Ⅰ.①道… Ⅱ.①胡… Ⅲ.①道路运输—客货运输—驾驶员—继续教育—教材②道路运输—危险货物运输—驾驶员—继续教育—教材 Ⅳ.①U471.3

中国版本图书馆 CIP 数据核字（2015）第 027099 号

| 道路客货危运输驾驶员继续教育教程 | 主编 胡荣刚 | 责任编辑 李晓辉 |
| | | 装帧设计 本格设计 |

印张	14	字数	367千	出版发行	西南交通大学出版社
成品尺寸	185 mm×260 mm			网址	http://www.xnjdcbs.com
版本	2015年2月第1版			地址	四川省成都市金牛区交大路146号
印次	2015年2月第1次			邮政编码	610031
印刷	四川墨池印务有限公司			发行部电话	028-87600564　028-87600533
书号	ISBN 978-7-5643-3736-0			定价：33.00元	

图书如有印装质量问题　本社负责退换
版权所有　盗版必究　举报电话：028-87600562

前 言

道路运输是现代综合运输体系的重要组成部分,在人们的生产、生活中发挥着十分重要的作用。汽车是现代文明的产物,它的普及给人们带来便捷和舒适,但也伴随而来有道路交通事故的血色阴影。据统计,我国每年约有 10 万条鲜活的生命消逝在滚滚车轮之下,道路安全形势严峻。交通事故调查分析显示,人是导致交通事故最直接、最主要的原因,这突出体现在驾驶员的法律意识淡薄、安全责任意识差等方面。其次,道路运输安全教育宣传力度不够,人们没有充分认识和重视也是重要因素。因此,加强道路运输驾驶员继续教育(职业教育)培训,提升驾驶员职业道德和职业技能,在当今社会尤为重要。

为了进一步提高道路运输驾驶员的职业素质,强化道路运输从业人员的安全意识、责任意识、法律意识和服务意识,提高驾驶员的安全驾驶和节能驾驶职业技能,本书编写人员根据我国《道路运输驾驶员继续教育办法》(交运发〔2011〕106 号)、《中华人民共和国道路客货运输驾驶员继续教育大纲》(交运发〔2011〕475 号)以及《交通运输部办公厅关于加强道路运输驾驶员继续教育工作的意见》(厅函运〔2012〕148 号)的有关规定,编制了本书,期望能为广大道路运输驾驶员的继续教育学习提供帮助。

本教材结合我国道路客货运输驾驶员的职业特点,紧扣交通运输部门发布的《中华人民共和国道路客货运驾驶员继续教育大纲》编写而成,同时把危险品运输拿出来专门开设讲解,共设十一个单元。重点加强典型事故案例警示教育以及危险源辨识、防御性驾驶、恶劣天气和复杂道路驾驶常识、紧急避险、应急救援处置以及节能驾驶技术等方面的教育,其目的意在不断提升道路运输驾驶员的职业技能、职业道德和文明安全素质,提升道路运输行业的服务水平和能力,从而更好地为人民群众提供优质服务,促使道路运输业的高效、健康发展。

编　者

二〇一四年冬

目 录

单元一 道路运输相关法律法规 ·· 1

    一、道路运输相关法律法规框架 ·· 1

    二、道路运输相关法律规定 ·· 2

    三、道路运输行政法规、部门规章相关规定 ·································· 9

单元二 职业道德和社会责任 ·· 17

    一、道路运输驾驶员的职业特点 ·· 17

    二、道路运输驾驶员的社会责任 ·· 20

    三、道路运输驾驶员的职业道德 ·· 21

    四、道路运输驾驶员职业道德的培养 ·· 24

单元三 道路运输驾驶员职业心理和生理健康 ·· 28

    一、驾驶员心理健康与行车安全 ·· 28

    二、道路运输驾驶员不良心理状况 ·· 31

    三、驾驶员生理健康与行车安全 ·· 32

    四、道路运输驾驶员常见职业病及预防措施 ································ 39

单元四 道路运输车辆 ·· 43

    一、道路运输车辆动态监控要求和正确使用 ································ 43

    二、道路运输车辆的维护及相关备品、工具使用 ························ 46

三、道路运输车辆常见故障以及处理方法 ················· 50

　　四、道路运输车辆行车前、行车中和收车后的安全检查步骤和重点项目 ········· 60

　　五、道路运输车辆知识及使用常识 ······················ 61

单元五　道路运输行车危险源辨识 ························ 65

　　一、危险源辨识的基本概念 ·························· 66

　　二、驾驶员及其他交通参与者的不安全行为 ··············· 67

　　三、车辆、行车物品及货物的不安全因素 ················ 79

　　四、道路的不安全因素 ···························· 82

　　五、夜间、特殊天气及自然灾害的不安全因素 ············· 85

单元六　道路运输防御性驾驶方法与不安全驾驶习惯纠正 ············ 92

　　一、防御性驾驶的通用规则 ························· 93

　　二、不同行驶状态下的防御性驾驶 ····················· 98

　　三、客货运站场的防御性驾驶 ······················· 103

　　四、典型道路的防御性驾驶 ························· 106

　　五、特殊路段的防御性驾驶 ························· 111

　　六、特殊路面的防御性驾驶 ························· 114

　　七、夜间防御性驾驶 ···························· 117

　　八、特殊气象条件下的防御性驾驶 ····················· 119

　　九、不安全驾驶行为原因分析及其纠正 ·················· 123

单元七　紧急情况及应急处置 ·························· 132

　　一、常见紧急情况的处置原则和方法 ···················· 133

　　二、事故报告的程序和内容 ························· 139

　　三、事故现场的处理步骤和方法 ······················ 141

　　四、事故现场保护人员和货物安全的原则 ················· 142

五、车辆发生碰撞、侧翻、坠车、落水、起火等事故后的脱困方法 …… 144

　　六、驾驶员及乘客突发疾病的应急处置 …… 148

　　七、客车反恐与货车防盗 …… 151

单元八　道路旅客运输知识 …… 154

　　一、道路旅客运输的安全管理规定 …… 154

　　二、服务纠纷等异常情况的处理 …… 156

　　三、城乡道路客运一体化 …… 158

　　四、乘客出行心理、服务需求 …… 159

　　五、乘客禁止携带危险品种类、规定及其识别 …… 161

　　六、旅客运输运营调度及服务规范 …… 164

　　七、旅客客运服务 …… 166

单元九　道路货物运输知识 …… 168

　　一、货物运输基础知识 …… 169

　　二、货物运输的基本环节及货物安全 …… 174

　　三、国际运输、国际集装箱运输、多式联运等基础知识 …… 178

　　四、货物装卸场所的特点及注意事项 …… 182

单元十　道路危险货物运输知识 …… 186

　　一、爆炸品运输安全及事故应急措施 …… 186

　　二、压缩气体和液化气体运输安全及事故应急措施 …… 187

　　三、易燃液体运输安全及事故应急措施 …… 188

　　四、易燃固体、自燃物品和遇湿易燃物品运输安全及事故应急措施 …… 189

　　五、氧化剂和有机过氧化物运输安全及事故应急措施 …… 192

　　六、毒害品和感染性物品运输安全及事故应急措施 …… 193

　　七、放射性物品运输安全及事故应急措施 …… 194

八、腐蚀品运输安全及事故应急措施 …………………………………………… 196

单元十一　道路运输节能减排 …………………………………………………… 199

　　一、道路运输节能驾驶操作规范 …………………………………………………… 199

　　二、影响车辆燃料消耗的主要因素 ………………………………………………… 204

　　三、道路运输节能的方法途径 ……………………………………………………… 209

参考资料 …………………………………………………………………………………… 215

单元一　道路运输相关法律法规

教学对象

　　道路旅客运输驾驶员、道路货物运输驾驶员、道路危险货物运输驾驶员。

教学目标

　　（1）深入理解道路运输相关法规，强化遵纪守法意识。
　　（2）掌握新制定法规对道路运输驾驶员的要求。

教学内容

　　（1）道路运输相关法律法规、标准框架。
　　（2）道路运输相关法律规定。
　　（3）道路运输行政法规、部门规章相关规定。

教学重难点

　　（1）深入理解道路运输法律法规赋予驾驶员的权利、义务和责任。
　　（2）牢记违反相关法律法规的处罚规定以及驾驶员诚信考核的相关内容。

教学方法

　　讲授法、演示法、案例教学。

教学时间

　　2课时。

教学过程

　　道路运输驾驶员所具有的法律意识，既是保证从业合法性的前提，又是自身权益受到侵犯时进行有效维护的保障。所以，驾驶员应继续深入学习已有的和新颁布实施的相关法律法规知识，理解法律法规对驾驶员责任、权利和义务的规定，做到知法、懂法、守法、用法。

一、道路运输相关法律法规框架

　　我国道路运输行业的相关法律规定，包括针对道路运输制定的和与道路运输相关的法律、行政法规、部门规章、地方法规以及行政规范性文件等。

　　法律文件有：《中华人民共和国道路交通安全法》《中华人民共和国安全生产法》《中华人民共和国合同法》《中华人民共和国公路法》《中华人民共和国劳动合同法》《中华人民共和国节约能源法》等。

　　行政法规有：《中华人民共和国道路运输条例》《公路安全保护条例》等。

　　部门规章有：《道路运输从业人员管理规定》《道路旅客运输及客运站管理规定》《道路货物运输及站场管理规定》《公路超限检测站管理办法》《道路运输车辆燃料消耗量检测和监督管理办法》等。

地方法规有:《浙江省省道路运输管理条例》《四川省道路交通安全法实施办法》《厦门经济特区道路交通安全若干规定》等。

行政规范性文件:《道路运输驾驶员诚信考核办法》《道路运输企业质量信誉考核办法》《道路运输驾驶员继续教育办法》《关于开展严厉打击非法违法生产经营建设行为专项行动的通知》等。

这些法律法规文件从道路运输综合管理、旅客运输、货物运输、车辆管理、驾驶员管理及交通事故处理六大方面对从业行为进行规范。驾驶员只有全面、系统学习这些法律法规,才能在从业过程中更好地履行自己应尽的职责、义务,保护自身的合法权益。

【问题】我国的道路运输标准有哪些内容?

道路运输标准包括两方面的内容:国家、行业制定的强制性道路运输相关标准以及在相关法规中被引用的推荐性标准。这些是从事道路运输必须执行的技术规范,具有与法律法规同样的地位和效力。

强制性标准包括GB5768《道路交通标志和标线》、GB1589《道路车辆外廓尺寸、轴荷及质量限值》、GB7258《机动车运行安全技术条件》、GB19522《车辆驾驶人员血液、呼气酒精含量阈值与检验》、GB18565《营运车辆综合性能要求和检验方法》等。

推荐性标准包括GB/T18344《汽车维护、检测、诊断技术规范》、JT/T198《营运车辆技术等级划分和评定要求》、JT/T325《营运客车类型划分及等级评定》等。

【小结】通过前面的学习,我们了解了我国道路运输行业相关法律、法规框架以及道路运输强制性标准和推荐性标准,从而为规范道路运输活动参与者的行为要求打下基础。

二、道路运输相关法律规定

道路运输行业是国民经济发展的基础性和服务性行业,驾驶员的工作平凡而重要。在保证完成运输任务的同时,要特别注意道路运输安全。驾驶员应按照《中华人民共和国道路交通安全法》(简称《道路交通安全法》)的规定,文明行车、安全驾驶。除此之外,驾驶员还要了解《中华人民共和国安全生产法》《中华人民共和国劳动合同法》《中华人民共和国合同法》等其他相关法律在运输安全、运输服务等方面有关权利、义务和责任的规定。

在道路运输过程中,驾驶员必须依照法律法规从事道路运输活动,法律也赋予道路运输驾驶员的权利、义务和责任,它既保障了道路运输安全、有序的进行,也保障了道路运输从业人员的根本利益,这三者是相互制约、相互统一。

(一)法律赋予道路运输驾驶员的权利

道路运输相关法律为保护驾驶员健康、安全,保障乘客、货物的安全,赋予了驾驶员安全生产权利规定和经营服务权利规定这两方面的权利。

我国职业驾驶员的现状道路运输企业主要依靠外聘驾驶员来壮大驾驶员队伍。职业驾驶员工作强度较大,意外因素多;工作环境多变,心理压力大;工资待遇偏低,缺乏晋升机会等因素导致了职业驾驶员工作稳定性较差,人员流动性较强,这也给道路运输企业安全生产带来了较大的影响。

作为道路运输企业经营者,该如何做才能保证道路运输企业安全生产,保持驾驶员队伍的稳定?首先,道路运输企业就应从保障驾驶员根本利益的角度出发,提高驾驶员的福利待遇,努力构建轻松愉快的工作环境。

《中华人民共和国安全生产法》和《中华人民共和国劳动合同法》等相关法律规定了从业人员必须享有安全生产和人身安全的最基本权利。安全生产规定具体有以下五项内容。

1. 获得安全生产保障的权利

驾驶员有获得安全生产保障、获知生产经营危险因素、事故防范及事故应急措施的权利。包括提供安全教育培训,提供劳动防护用品,如实告知驾驶员车辆的安全状况,定期给车辆进行一级和二级维护,告知驾驶员在行车中正确使用安全防护装置(如安全带等),告知驾驶员防范交通事故的措施及发生交通安全事故的应急措施等。

2. 获得工伤保护和民事赔偿的权利

道路运输企业必须为驾驶员办理社会保险缴纳义务,具体包括养老、医疗、失业、工伤、生育等保险。

不得利用驾驶员不懂法律和弱势状态,与驾驶员订立"生死合同",逃避对驾驶员伤亡进行经济赔偿的责任。

驾驶员因公受伤,丧失或者部分丧失劳动能力时,企业不得解除劳动合同。

道路运输企业违反安全生产法,造成驾驶员在道路交通事故中伤亡,有民事赔偿责任的,应提供民事赔偿。

▶▶案例情景

驾驶员李某与某运输公司签订劳动合同。上班第10天,李某受公司指派出车,行驶途中,李某发现一辆货车逆向驶入本车车道,紧急制动时发现制动失灵,结果两车相撞,李某身受重伤,丧失部分劳动能力。李某在获得工伤赔偿后,公司要求同他解除劳动合同。

思考:案例中的李某该怎么办?

案例评析◁◁

《中华人民共和国安全生产法》、《中华人民共和国劳动合同法》等相关法律规定了从业人员必须享有安全生产和人身安全的最基本权利。

依据《中华人民共和国劳动合同法》明确规定:"劳动者因公受伤,丧失或者部分丧失劳动能力时,企业不得解除劳动合同。"因此,运输公司无权解除与李某的劳动合同。

3. 对安全生产隐患进行批评、检举和控告的权利

安全生产是道路运输企业和驾驶员共同的责任和义务。道路运输企业如果出现安全生产隐患,如车辆的维护不按规定执行、从事超限运输不办理相关证件等,驾驶员有权对此进行评价建议,或向行业主管部门、安监部门及地方政府检举、控告。道路运输企业不得因此打击报复或取消与驾驶员签订的劳动合同。

4. 拒绝违章指挥和强令冒险作业的权利

如果道路运输企业强行要求驾驶员违法驾驶车辆,强令超载、超员运输,开故障车等,驾驶员可以拒绝执行,且不被视为违反劳动合同。道路运输企业不得因驾驶员拒绝违章指挥和拒绝冒险作业,降低其工资、福利待遇或者与其解除劳动合同。

5. 解除劳动合同和获得赔偿的权利

道路运输企业出现以下情形，驾驶员可以解除劳动合同，而不需事先告知企业：未按照劳动合同约定提供劳动保护或者劳动条件；未足额支付劳动报酬；未依法为驾驶员缴纳社会保险；损害驾驶员权益；违背诚实信用原则订立或变更合同。

〖问题〗道路运输法规也赋予了驾驶员经营服务权利来保障道路运输安全，到底有哪些内容呢？

驾驶员经营服务权利规定包含道路旅客运输和道路货物运输的经营服务权利规定。

（1）道路货物运输经营服务权利规定：

① 拒绝运输的权利。当托运人不按照约定的方式包装货物时，承运人可以拒绝运输。

② 免除责任赔偿的权利。当货物在运输途中出现损毁、灭失是因不可抗力、货物本身的自然性质或者合理损耗以及托运人、收货人的过错造成的，承运人不承担赔偿责任。

③ 收取保管费用、赔偿费用的权利。收货人不按规定时间提取货物，承运人有权要求收货人支付保管费等费用。

在承运人将货物交付收货人之前，托运人可以要求承运人中止运输、返还货物、变更到达地或者将货物交给其他收货人，但应赔偿承运人因此受到的损失。

因托运人对货物的名称、性质、质量和数量等重要信息申报不实或遗漏，造成承运人损失，托运人应承担赔偿责任。

④ 享有货物的留置权。托运人或者收货人不支付运费、保管费以及其他运输费用的，承运人享有货物的留置权。

（2）道路旅客运输经营服务权利规定：

① 拒绝运输的权利。旅客有以下情形之一的，驾驶员享有拒绝运输的权利：旅客无票乘车、超程乘车、越级乘车或持失效客票乘车的；旅客不交付票款的；坚持携带易燃易爆等危险品上车的；旅客因自身原因不能按客票规定时间乘车的，且在规定时间不办理退票或变更手续的，承运人可以不退票款，并不再承担运输义务。

② 免除责任赔偿的权利。在旅途运输过程中，旅客有以下情形之一的，驾驶员享有免除责任赔偿的权利：旅客在运输途中出现伤亡事故是因不可抗力的；旅客自身健康原因造成的；承运人证明伤亡是旅客故意、重大过失造成的，承运人不承担赔偿责任。

▶▶案例情景

一名旅客携带一桶汽油准备上车，驾驶员停车检查发现乘客携带物品属于易燃危险品，并当场拒绝乘客上车。

案例评析◁◁

在道路运输经营活动中，面对诸如此类的问题，作为一名道路客货运输驾驶员，要严格执行道路客货运输相关管理规定，规范自己的经营服务行为，更好地为广大人民群众提供优质服务。

通过对道路运输驾驶员经营服务权利规定的学习，我们认识到：旅客携带危险品进站上车，严重威胁旅客人身财产安全，道路运输驾驶员有权拒绝乘客上车。

驾驶员和道路运输企业签订劳动合同来保障相互权益。《中华人民共和国劳动合同法》关于运输合同有规定，在运输服务工作中，驾驶员除了法律法规赋予的权利外，驾驶员还要履行相应的义务。

（二）法律赋予道路运输驾驶员的义务

▶▶案例情景

2012年8月26日2时31分许，陕西省延安市境内的包茂高速公路安塞服务区附近发生一起特大交通事故，一辆从内蒙古呼和浩特市开往陕西省西安市的双层卧铺客车和一辆装有甲醇的罐车追尾，造成36人死亡、3人受伤，直接经济损失3 160.6万元。

案例评析◁◁

为防止长途客车重大交通事故的发生，2011年7月交通运输部决定对卧铺客车实行特别监管措施，规定长途卧铺客车必须强制安装车载视频装置，推行凌晨2时至5时临时停车休息制度。针对事故暴露出来的突出问题，我们可以清楚认识到：驾驶员没有履行安全运输的义务，卧铺客车凌晨2时至5时停车休息制度没有落实到位。此次事故的深刻教训应该引起所有驾驶员高度重视。

1. 安全生产义务规定

驾驶员安全生产义务包括遵守企业的安全生产规章和安全行车规程，接受道路运输安全培训，掌握安全驾驶技能，会正确使用安全设施，发现事故隐患及时汇报或处理。

（1）遵守企业的安全生产规章和安全行车规程。

道路运输企业的安全生产规章和安全行车规程来源于安全生产的相关法律法规，是保证道路运输安全、避免事故的基础，驾驶员应该学习、掌握并遵守。

（2）正确使用安全设施。

安全设施可以降低事故的损伤程度，驾驶员朋友要会：正确佩戴安全带，掌握车载灭火器的使用方法，正确使用警示标志。

道路旅客运输驾驶员还要掌握安全门、安全顶窗的开启方法及安全锤配备数量、位置和使用方法。

（3）接受道路运输安全培训，掌握安全驾驶技能。

道路运输风险大、涉及公共安全，《道路运输从业人员管理规定》《道路运输驾驶员继续教育办法》等相关法规明确规定驾驶员需要接受一定时间的安全教育培训，确保道路运输安全。

（4）发现事故隐患及时汇报或处理。

道路运输中的安全隐患存在于驾驶员自身身体条件和心理状态、车辆状况、行驶环境、企业安全管理等诸多方面。驾驶员一旦发现自身身心状况不良、车辆存在故障及企业管理出现漏洞等，要及时汇报或处理。

2. 经营服务义务规定

驾驶员要深入理解《中华人民共和国合同法》关于运输合同的规定，尽可能避免或减少经营服务纠纷，驾驶员作为道路运输承运人的主要活动主体，了解合同法规定的承运人经营服务义务非常必要。下面我来一起了解承运人的基本义务以及在道路旅客、货物运输中承担相应的义务。

（1）道路运输驾驶员的基本义务。

在约定的时间、按照约定的或通常运输的线路将旅客或者货物安全运输到约定地点。

（2）道路旅客运输驾驶员的义务。

①保证旅客生命安全：救助患有急病、分娩、遇险的乘客；发现旅客携带违禁危险品上车时，

应将违禁物品卸下、销毁或送交有关部门；旅客坚持携带或者夹带违禁物品的，为了保证其他旅客的安全，驾驶员应当拒绝运输；除规定免责原因外，发生旅客伤亡事故，承运人应承担赔偿责任。

② 告知旅客乘车重要事项：告知旅客正确佩戴安全带，不许将头、胳膊伸出窗外等注意事项；告知运输行为不能正常进行的事由。

③ 其他义务：发生运输延迟或擅自变更运输工具标准时，应根据旅客要求改乘、退票或者减收票款。

（3）道路货物运输驾驶员的义务。

① 通知收货人取货：承运人将货物安全运到目的地后，如果知道收货人的，应当及时通知收货人，以便于收货人及时提货。

② 保证货物安全：承运人应当将货物安全运输到目的地，在运输过程中，除规定免责原因外，发生货物损毁、灭失，承运人应当承担损害赔偿责任。

（三）法律规定道路运输驾驶员的责任

道路运输驾驶员的工作关系着国家社会稳定，人民幸福生活。他们的驾驶行为要受国家法律法规约束和有关部门监督。因此，《中华人民共和国安全生产法》《中华人民共和国道路交通安全法》《安全生产事故报告和调查处理条例》等对驾驶员因违法行为所应承担的法律责任有明确规定。

〖问题〗驾驶员常见的违法行为有哪些呢？

从常见交通事故不难看出，道路运输驾驶员常见的违法行为有：不服从管理，违法安全操作规程，违反道路交通安全法律、法规关于道路通行规定，违反交通管制的规定强行通行，不听劝阻的，驾驶证违法，伪造、变造机动车相关证件，酒后驾驶，客运超员、货运超载等。

1. 不服从管理，违法安全操作规程

根据《中华人民共和国安全生产法》规定，道路运输从业人员不服从管理，违法安全生产规章制度或操作规程的，由生产经营单位予以批评教育，依照有关规章制度给予处分；造成重大事故，构成犯罪的，依照刑法有关规定追究刑事责任。

▶▶案例情景

2011年10月7日，滨保高速公路天津市境内发生一起特别重大道路交通事故，造成35人死亡、19人受伤，直接经济损失3 447.15万元。

案例评析 ◁◁

滨保高速10.7重特大交通事故案例中，事故原因系大客车司机高速行驶，驾驶操作不当所致。经调查认定，滨保高速天津"10·7"特别重大道路交通事故是一起责任事故，依照《刑法》有关规定追究大客车司机云某刑事责任。

在此，特别提醒驾驶员朋友，在道路运输活动过程中，一定要严格遵守道路交通法律法规有关规定，文明行车，安全驾驶。

〖问题〗我们常听新闻报道中提起特别重大事故、重大事故、较大事故、一般事故，这些耳熟能详的词语，你能说出它们的具体含义吗？

《安全生产事故报告和调查处理条例》中，根据生产安全事故造成的人员伤亡或者直接经济损失多少，把安全生产事故分为特别重大、重大、较大和一般四个等级。

特别重大事故：指造成30人以上死亡，或者100人以上重伤，或者1亿元以上直接经济损失的事故。

重大事故：指造成10人以上30人以下死亡，或者50人以上100人以下重伤，或者5 000万元以上1亿元以下直接经济损失的事故。

较大事故：指造成3人以上10人以下死亡，或者10人以上50人以下重伤，或者1 000万元以上5 000万元以下直接经济损失的事故。

一般事故：指造成3人以下死亡，或者10人以下重伤，或者1 000万元以下直接经济损失的事故。

2. 机动车驾驶证违法处罚规定

将机动车交由未取得机动车驾驶证或者机动车驾驶证被吊销、暂扣的人驾驶的，处200元以上2 000元以下罚款，可以并处吊销机动车驾驶证。

未取得机动车驾驶证、机动车驾驶证被吊销或者机动车驾驶证被暂扣期间驾驶机动车的，处200元以上2 000元以下罚款，可以并处15日以下拘留。

3. 伪造、变造机动车相关证件

伪造、变造或者使用伪造、变造的机动车登记证书、号牌、行驶证、驾驶证的，公安机关交通管理部门予以收缴，扣留该机动车，处15日以下拘留，并处2 000元以上5 000元以下罚款；构成犯罪的，依法追究刑事责任。

对于伪造、变造或者使用伪造、变造的检验合格标志、保险标志的，由公安机关交通管理部门予以收缴，扣留该机动车，处10日以下拘留，并处1 000元以上3 000元以下罚款；构成犯罪的，依法追究刑事责任。

使用其他车辆的机动车登记证书、号牌、行驶证、检验合格标志、保险标志的，由公安机关交通管理部门予以收缴，扣留该机动车，并处2 000元以上5 000元以下罚款。

▶▶案例情景

民警在十字路口，发现车牌号相同、车型相同的两辆小货车。现场，司机黄某一边出示车辆登记证书，一边告诉民警，他的车属个人车辆，不知道啥时候被人套牌，而另一辆小货车车主刘某，迟迟无法出示有效证件。

案例评析◁◁

案件中的刘某涉嫌使用伪造、变造的机动车号牌。我国新修订实施的《道路交通安全法》规定：伪造、变造或者使用伪造、变造的机动车登记证书、号牌、行驶证、驾驶证的，公安机关交通管理部门予以收缴，扣留该机动车，处15日以下拘留，并处2 000元以上5 000元以下罚款；构成犯罪的，依法追究刑事责任。

4. 酒后驾驶

根据我国新修订实施的《道路交通安全法》规定，针对酒后驾驶营运车的驾驶行为处罚包括：

饮酒后驾驶营运机动车的，处15日拘留，并处5 000元罚款，吊销机动车驾驶证，5年内不得重新取得机动车驾驶证。

醉酒驾驶营运机动车的，由公安机关交通管理部门约束至酒醒，吊销机动车驾驶证，依法追究刑事责任；10年内不得重新取得机动车驾驶证，重新取得机动车驾驶证后，不得驾驶营运机动车。

饮酒后或醉酒后驾驶机动车发生重大交通事故并构成犯罪的,依法追究刑事责任,并由公安机关交通管理部门吊销机动车驾驶证,终生不得重新取得机动车驾驶证。

▶▶案例情景

驾驶员赵某好朋友结婚,他喝了四两左右白酒,然后驾驶一辆轻型货车晃晃悠悠上路了。行驶到交叉路口时,赵某驾驶的小货车与一辆小汽车发生碰撞。

案例评析◁◁

经过交警检测,驾驶员赵某属于醉酒驾驶。按照我国新修订实施的《道路交通安全法》规定,吊销机动车驾驶证,依法追究刑事责任;10年内不得重新取得机动车驾驶证;重新取得机动车驾驶证后,不得驾驶营运机动车。

5. **客运超员、货运超载**

道路客货运输共同规定:违反道路交通安全法律、法规的规定,发生重大交通事故,构成犯罪的,依法追究刑事责任,并吊销机动车驾驶证;造成交通事故后逃逸的,吊销机动车驾驶证,且终生不得重新取得机动车驾驶证。

道路旅客运输规定:道路旅客运输车辆载客超过额定乘员的,处200元以上500元以下罚款;超过额定乘员20%或者违反规定载货的,处500元以上2 000元以下罚款。

道路货物运输规定:道路货物运输超过核定载质量的,处200元以上500元以下罚款;超过核定载质量30%或者违反规定载客的,处500元以上2 000元以下罚款。

6. **驾驶改装车辆**

驾驶拼装或改装的机动车或者已达到报废标准的机动车上道路行驶的,处200元以上2000元以下罚款,并吊销机动车驾驶证。

▶▶案例情景

2012年8月24日,4台超载货车同时驶入哈尔滨市三环路群力高架桥洪湖路上行匝道时,导致匝道倾覆,4台货车翻落至地面,造成3人死亡、5人受伤的特大道路交通事故。

案例评析◁◁

事故调查结果显示:哈尔滨"8.24"特大交通事故,为"一起由于车辆严重超载而导致匝道倾覆、车辆翻落至地面,造成人员伤亡的特大道路交通事故。"《中华人民共和国交通安全法》规定,违反道路交通安全法律、法规的规定,发生重大交通事故,构成犯罪的,依法追究刑事责任,并吊销机动车驾驶证。

7. **其他处罚规定**

机动车驾驶员有违反道路交通安全法律、法规关于道路通行规定的,处警告或者20元以上200元以下罚款。

机动车驾驶员有违反交通管制的规定强行通行,不听劝阻的,处200元以上2 000元以下罚款。

故意损毁、移动、涂改交通设施,造成危害后果,尚不构成犯罪的,处200元以上2 000元以下罚款。

机动车行驶超过规定时速50%的,处200元以上2 000元以下罚款,可以并处吊销机动车驾驶证。

驾驶员有下列违法行为之一的:造成交通事故后逃逸,尚不构成犯罪的;强迫机动车驾驶人违反道路交通安全法律、法规和机动车安全驾驶要求驾驶机动车,造成交通事故,尚不构成犯罪的；非法拦截、扣留机动车辆，不听劝阻，造成交通严重阻塞或者较大财产损失的，处200元以上2 000元以下罚款，可以并处15日以下拘留。

【小结】通过本知识点的学习，我们深刻体会到：法律、法规赋予道路运输驾驶员的权利是做好道路运输安全生产和经营服务的前提；驾驶员从事道路旅客、货物运输工作，必须依照相关法律承担相应的义务。在运输过程中，驾驶员违反法律法规的规定，要承担相应的法律责任，并受到行政处罚或刑事处罚。在此，希望驾驶员朋友在道路运输过程中，一定要履行好自己应尽的权利和义务，保障生命财产安全。

三、道路运输行政法规、部门规章相关规定

道路运输行业行政法规、部门规章及相关规范性文件是驾驶员从事运输经营服务的依据，是道路运输驾驶员必须遵守的行为要求准则。

（一）道路运输经营服务的内容

1. 携带有效证件运输

驾驶员从事道路运输服务，应取得相应资质，并随车携带相关有效证件，以备查验。有效证件包括驾驶证、机动车行驶证、道路运输证、驾驶员从业资格证等。

特别提示：有效证证件不得转让和出租给他人使用。

道路旅客运输驾驶员还应随车携带"道路客运班线经营许可证明"，并在规定位置放置客运标志牌。道路货物运输中涉及超限运输的，驾驶员还应随车携带超限运输车辆通行证。

2. 遵守安全操作规程

驾驶员违法行为是导致交通事故发生的主要原因。驾驶员要遵守国家相关法规和道路运输安全操作规程，做到以下几个方面。

行车时间规定：不违章作业，连续驾车不得超过4 h，每天驾驶时间不超过8 h。

车辆日常维护：认真做好车辆日常维护，确保车辆技术状况良好，保持车辆清洁和车内空气清新。

安全设施齐全：车上配备安全锤、安全顶窗可开，消防设施齐全有效。

3. 按规定载客、载货，不超载运输

旅客运输：客运车辆不得违反规定载货，乘客随身携带的行李要按规定放置在行李架或行李舱内。

货物运输：货运车辆不得载客，未持有"超限运输车辆通行证"的，不得超限装载。

客货运车辆均不得超载，因为超载会导致车辆安全性能下降，还会增加车辆燃料消耗。

4. 按经营要求运输

旅客运输：道路旅客运输驾驶员应按照经营许可的线路、班次、站点运行，在规定的客运站、候车亭、招呼站等站点上下旅客。无正当理由不得改变行驶路线，不得站外上客或者沿途揽客。

货物运输：道路货物运输驾驶员不得运输违禁物品。

5. 保护货物和乘客人身、财产安全

旅客运输：道路旅客运输驾驶员应采取必要措施保证旅客的人身和财产安全。发生紧急情况，应该采取正确的救护措施，以"先救人，后救物"原则，最大限度减少人员伤亡和财产损失。

货物运输：道路货物运输应采取措施防止货物变质、腐烂、短少或者损失。

6. 客运驾驶员应配合客运站工作

道路旅客运输驾驶员应当在发车前 30 min 备齐相关证件，进站等待发车；不得误班、脱班、停班。若不按时派车应班，1 h 以内为误班，1 h 以外为脱班。如果因车辆维修、肇事、丢失或者交通堵塞等特殊原因导致不能按时应班的，应提前告知客运站经营者。

7. 货运驾驶员大件、重载、超限运输的规定

大件运输：从事大型物件运输的车辆，应当按规定粘贴、喷涂标志和悬挂标志旗；夜间行驶和停车休息时应当设置标志灯。

重载车辆运输：总质量超过 14 t 的重型货运车辆、牵引车辆运输应安装行驶记录仪，车辆行驶途中驾驶员要严格按照相关规定正确使用。

超限车辆运输：我国新颁布实施的《道路安全保护条例》规定，超过公路、公路桥梁、公路隧道限载、限高、限宽、限长标准的车辆，不得在公路、公路桥梁或者公路隧道行驶；如果确实需要在上述道路上行驶的，从事运输的单位和个人应当向公路管理机构申请公路超限运输许可。

经批准进行超限运输的车辆，应当随车携带"超限运输车辆通行证"，按照指定的时间、路线和速度行驶，并悬挂明显标志。

8. 货运车辆规范装载要求

我国新颁布实施的《公路安全保护条例》规定，车辆应当规范装载，装载不得触地拖行。车辆装载物易掉落、遗洒或者飘散的，应当采取厢式密闭、遮盖防护等有效措施方可在公路上行驶。

公路上行驶车辆的装载物掉落、遗洒或者飘散的，车辆驾驶员、押运员应当及时采取措施处理；无法处理的，应当在掉落、遗洒或者飘散物来车方向适当距离外设置警告标志，并迅速拨打 122，报告公路管理机构或者公安机关交通管理部门。

▶▶案例情景

一辆核载 39 人，实载 50 人的大客车，驾驶员长时间驾驶已经有些疲惫。当行驶在 108 国道某段时，因避让其他车辆撒落在路面的货物，与中央隔离护栏发生碰撞后侧翻于第一、二行车道内，造成大客车上 10 名乘客当场死亡，5 名乘客经送医院抢救无效死亡，20 名乘客受伤，车辆损坏的道路交通事故。

案例评析◁◁

根据《中华人民共和国道路运输管理条例》的有关规定，驾驶员违反运输经营服务要求，要承担相应的法律责任，受到行政处罚或刑事处罚。

（二）违反道路运输经营服务要求的处罚规定

1. 道路运输违法行为的基本处罚规定

未取得从业资格证，处 200 元以上 2 000 元以下的罚款；构成犯罪的，依法追究刑事责任。

非法转让、出租经营许可证，责令停止违法行为，收缴有关证件，处 2000 元以上 1 万元以下的罚款；有违法所得的，没收违法所得。

未按规定携带车辆营运证,责令改正,处警告或者20元以上200元以下的罚款。

使用无道路运输证的车辆参加客货运输的,责令改正,处3 000元以上1万元以下的罚款。

不按规定维护和检测运输车辆的,责令改正,处1 000元以上5 000元以下的罚款。

擅自改装已取得车辆营运证的车辆,责令改正,处5 000元以上2万元以下的罚款。

〖问题〗对于道路旅客和货物运输违法行为处罚又有哪些呢?

2. 道路旅客运输违法行为处罚规定

主要涉及道路旅客运输经营许可证和客运班线、包车客运这两部分内容。

(1)关于道路客运经营许可的违法行为驾驶员有下列行为之一:未取得道路客运经营许可,擅自从事道路客运经营的;未取得道路客运班线经营许可,擅自从事班车客运经营的;使用失效、伪造、变造、被注销等无效的道路客运许可证件从事道路客运经营的;超越许可事项,从事道路客运经营的。

处罚措施:责令停止经营;有违法所得的,没收违法所得,处违法所得2倍以上10倍以下的罚款;没有违法所得或者违法所得不足2万元的,处以3万元以上10万元以下的罚款;构成犯罪的,依法追究刑事责任。

(2)关于客运班线、包车客运的违法行为驾驶员有下列行为之一:客运班车不按批准的客运站点停靠或者不按规定的线路、班次行驶的;加班车、顶班车、接驳车无正当理由不按原正班车的线路、站点、班次行驶的;客运包车不按约定的起始地、目的地和线路行驶的;在旅客运输途中擅自变更运输车辆或者将旅客移交他人运输的;以欺骗、暴力等手段招揽旅客的;未报告原许可机关,擅自终止道路客运经营的。

处罚措施:责令改正,处1 000元以上3 000元以下的罚款;情节严重的,由原许可机关吊销《道路运输经营许可证》或者吊销相应的经营范围。

▶▶**案例情景**

驾驶员王某驾驶一辆小型班线客车,荷载5人,开往A地区。王某觉得乘客太少,并主动联系小面包车司机赵某,把5名乘客转交赵某运输。行驶途中,被交警查处。

案例评析 ◁◁

经过交警核实:小客车司机王某,在旅客运输途中擅自变更运输车辆或者将旅客移交他人运输情况属实责令其改正,并处以罚款;小面包车司机赵某,未取得道路客运经营许可,擅自从事道路客运经营,责令停止经营,没收违法所得,并处以罚款。

3. 道路货物运输违法行为处罚规定

(1)在道路货物运输中,驾驶员有下列行为之一:未取得道路货物运输经营许可,擅自从事道路货物运输经营的;使用失效、伪造、变造、被注销等无效的道路运输经营许可证件从事道路货物运输经营的;超越许可的事项,从事道路货物运输经营的。

处罚措施:责令停止经营;有违法所得的,没收违法所得,处违法所得2倍以上10倍以下的罚款;没有违法所得或者违法所得不足2万元的,处3万元以上10万元以下的罚款;构成犯罪的,依法追究刑事责任。

(2)在道路货物运输中,驾驶员有下列行为之一:强行招揽货物的;或者在运输途中,没有采取必要措施防止货物脱落、扬撒的。

处罚措施:责令改正,处1 000元以上3 000元以下的罚款;情节严重的,由原许可机关吊销道路运输经营许可证或者吊销其相应的经营范围。

(三)从业人员管理相关规定

道路运输管理部门对驾驶员从业资格考试、从业资格证件管理、从业行为规定以及从业人员诚信考核以及从业人员继续教育等都有明确的规定,意在严把驾驶员准入资格关,规范驾驶员的从业行为,建立驾驶员诚信考核机制,不断提高从业人员职业道德。

1. 道路运输从业人员管理

(1)从业资格考试管理。

国家对道路运输从业人员实行从业资格考试制度。从业资格是对道路运输从业人员所从事的特定岗位职业素质的基本评价。

道路运输从业人员从业资格考试应当按照交通部编制的考试大纲、考试题库、考核标准、考试工作规范和程序组织实施。

(2)从业资格证件管理。

① 换证与补证。

道路运输从业资格证件有效期为 6 年。

驾驶员在从业资格证件有效期届满 30 日前到原发证机关办理换证手续。

从业资格证件遗失、毁损的,应当到原发证机关办理证件补发手续。

② 证件变更和备案。

驾驶员服务单位变更的,应当办理变更手续。

驾驶员在发证机关所在地以外从业时间超过 3 个月的,应当到服务地管理部门备案。

③ 证件注销和吊销。

驾驶员年龄超过 60 周岁的、机动车驾驶证被注销或者被吊销、超过从业资格证件有效期 180 日未换证等情形的,发证机关注销其从业资格证件。

(3)道路客、货运驾驶员从业行为规定。

① 经营范围规定。

经营性道路客货运输驾驶员以及道路危险货物运输从业人员应当在从业资格证件许可的范围内从事道路运输活动。

道路危险货物运输驾驶员除可以驾驶道路危险货物运输车辆外,还可以驾驶原从业资格证件许可的道路旅客运输车辆或者道路货物运输车辆。

② 随身携带证件。

道路运输从业人员在从事道路运输活动时,应当携带相应的从业资格证件,并应当遵守国家相关法规和道路运输安全操作规程,不得违法经营、违章作业。

③ 不得超限超载超时。

经营性道路客货运输驾驶员和道路危险货物运输驾驶员不得超限、超载运输,连续驾驶时间不得超过 4 个小时。

④ 填写行车日志。

经营性道路旅客运输驾驶员和道路危险货物运输驾驶员应当按照规定填写行车日志。行车日志式样由省级道路运输管理机构统一制定。

⑤ 保护人身财产安全。

经营性道路旅客运输驾驶员应当采取必要措施保证旅客的人身和财产安全,发生紧急情况时,应当积极进行救护。

(4) 道路危货运输从业人员行为规定。

指定的行车时间和路线:道路危险货物运输驾驶员应当按照道路交通安全主管部门指定的行车时间和路线运输危险货物。

装卸管理人员现场监督:道路危险货物运输装卸管理人员应当按照安全作业规程对道路危险货物装卸作业进行现场监督,确保装卸安全。

押运人员进行全程监控:道路危险货物运输押运人员应当对道路危险货物运输进行全程监管。

按照道路运输标准操作:道路危险货物运输从业人员应当严格按照《汽车运输危险货物规则》(JT617)、《汽车运输、装卸危险货物作业规程》(JT618)操作,不得违章作业。

特别提示:在道路危险货物运输过程中发生燃烧、爆炸、污染、中毒或者被盗、丢失、流散、泄漏等事故,道路危险货物运输驾驶员、押运人员应当立即向当地公安部门和所在运输企业或者单位报告,说明事故情况、危险货物品名和特性,并采取一切可能的警示措施和应急措施,积极配合有关部门进行处置。

(5) 从业资格证件违反处罚规定。

在道路旅客、货物运输中,驾驶员有下列情形之一:未取得相应从业资格证件,驾驶道路客货运输车辆的;使用失效、伪造、变造的从业资格证件,驾驶道路客货运输车辆的;超越从业资格证件核定范围,驾驶道路客货运输车辆的,由县级以上道路运输管理机构责令改正,处 200 元以上 2 000 元以下的罚款,构成犯罪的,依法追究刑事责任。

在道路危险货物运输中,驾驶员有下列情形之一:未取得相应从业资格证件,从事道路危险货物运输活动的;使用失效、伪造、变造的从业资格证件,从事道路危险货物运输活动的;超越从业资格证件核定范围,从事道路危险货物运输活动的,由设区的市级人民政府交通主管部门处 2 万元以上 10 万元以下的罚款;构成犯罪的,依法追究刑事责任。

2. 道路运输驾驶员诚信考核

道路运输驾驶员的诚信考核,是指对道路运输驾驶员在道路运输活动中的安全生产、遵守法规和服务质量等情况进行的综合评价。

道路运输驾驶员应当自觉遵守国家相关法律、行政法规及部门规章,诚实信用,文明从业,履行社会责任,为社会提供安全、优质的运输服务。

《道路运输驾驶员诚信考核办法》对驾驶员实行诚信考核计分制,考核结果作为道路运输经营者培训、辞退驾驶员及调整驾驶员奖励标准或工资的重要依据。

(1) 诚信考核等级分类。

从初次领取从业资格证件之日起计算,依照累计计分情况,驾驶员诚信考核等级分为优良、合格、基本合格和不合格,分别用 AAA 级、AA 级、A 级和 B 级表示,分值越高等级越低。

(2) 诚信考核内容。

安全生产情况:记录安全生产责任事故情况;

遵守法规情况:记录违反道路运输相关法律、行政法规、规章的有关情况;

服务质量情况:记录服务质量事件和有责投诉的有关情况。

(3) 诚信考核计分和周期。

诚信考核实行计分制，计分分值分别为 1 分、3 分、5 分、10 分、20 分五种，考核周期为 12 个月，满分为 20 分。

（4）违法行为的考核方法。

对驾驶员的道路运输违法行为，处罚与计分同时进行。驾驶员一次有两个以上违法行为的，计分时分别计算，累加分值。

（5）诚信考核计分分值标准。

依照《道路运输驾驶员诚信考核计分分值标准》实施。详细内容见表1。

表1

一、道路运输驾驶员有下列情形之一的，一次计 20 分
1．从事道路运输经营活动，发生重大以上道路交通事故，且负同等责任的
2．转让、出租从业资格证件的
3．超越从业资格证件核定范围，从事道路运输活动的
4．驾驶未取得《道路运输证》的危险货物运输车辆，从事道路危险货物运输的
5．本次诚信考核过程中或者上一次诚信考核等级签注后，发现其有弄虚作假、隐瞒相关诚信考核情况，且情节严重的
二、道路运输驾驶员有下列情形之一的，一次计 10 分
1．从事道路运输经营活动，发生重大以上道路交通事故，且负次要责任的
2．驾驶无《道路运输证》的车辆，从事道路旅客或者货物运输经营活动的
3．驾驶无包车客运标志牌、包车票、包车合同的车辆，从事客运包车经营的
4．驾驶未取得《超限运输车辆通行证》的车辆，从事超限运输经营活动的
5．擅自涂改、伪造、变造从业资格证件上相关记录的
6．有受到省级及以上交通运输主管部门或者道路运输管理机构通报批评的服务质量记录的
三、道路运输驾驶员有下列情形之一的，一次计 5 分
1．驾驶无道路客运班线经营许可的车辆，从事班车客运经营的
2．超越"道路运输证"上注明的经营类别或者经营范围，从事道路运输经营活动的
3．驾驶擅自改装的车辆，从事道路运输经营活动的
4．驾驶客运班车不按批准的客运站点停靠或者不按规定的线路、班次行驶的
5．驾驶客运包车未按照约定的时间、起始地、目的地和线路行驶的
6．未配合汽车客运站执行车辆安全例行检查以及出站检查制度，擅自驾驶客车出站的
7．在旅客运输途中擅自变更运输车辆或者将旅客移交他人运输的
8．驾驶的危险货物运输车辆未按照危险化学品的特性采取必要安全防护措施的
9．有受到设区的市级交通运输主管部门或者道路运输管理机构通报批评的服务质量记录的
四、道路运输驾驶员有下列情形之一的，一次计 3 分
1．没有采取必要措施防止货物脱落、扬撒的
2．驾驶未按规定维护、检测的车辆，从事道路运输经营活动的
3．驾驶未按规定投保承运人责任险的车辆，从事道路旅客或者危险货物运输经营活动的
4．无正当理由超过规定时间 30 日以上未签注诚信考核等级的
5．超过规定时间 30 日以上未参加继续教育培训的
6．有受到县级交通运输主管部门或者道路运输管理机构通报批评的服务质量记录的

续表1

五、道路运输驾驶员有下列情形之一的，一次计1分
1．未按规定携带《道路运输证》、《道路运输从业人员从业资格证》，从事道路运输经营活动的
2．未按规定随车携带《道路客运班线经营许可证明》，从事班线客运经营的
3．未在规定位置放置客运标志牌，从事道路旅客运输经营活动的
4．服务单位变更，未申请办理从业资格证件变更手续的
5．道路危险货物运输和经营性道路旅客运输驾驶员未按规定填写行车日志的
6．超过规定时间，未签注诚信考核等级，且未达30日的
7．超过规定时间，未参加继续教育培训，且未达30日的

（6）诚信考核满分处理。

在诚信考核周期内，累积计分达到满分20分或者诚信考核等级B级的驾驶员，道路运输管理机构要做一下的处理：参加继续教育学习、驾驶员黑名单、撤销驾驶员从业资格证。

（7）参加继续教育学习。

驾驶员在考核周期内累计计分达到20分的，应当在计满20分之日起15日内，到档案所在地有培训资格的机构，接受不少于18个学时的道路运输法规、职业道德和安全知识的教育。继续教育结束后，道路运输驾驶员凭继续教育合格证明到设区的市级道路运输管理机构办理清除计分手续。

（8）驾驶员黑名单。

道路运输驾驶员：在考核周期内累计计分达到20分，且未按照规定参加继续教育培训的；无正当理由超过规定时间，未签注诚信考核等级的；从业资格证件被吊销的；驾驶员有以上情形之一的，将被道路运输管理机构列入黑名单，并向社会公告。

（9）撤销驾驶员从业资格证。

道路运输驾驶员：连续3个考核周期诚信考核等级均为B级的或者在一个考核周期内累计计分有3次以上达到20分的。道路运输管理机构根据《国务院关于特大安全事故行政责任追究的规定》，按照其不具备安全生产条件，依法撤销其从业资格证件。

3. 道路运输驾驶员继续教育规定

随着我国经济社会快速发展，人们生活水平不断地提高，居民拥有车辆的数量大幅增加，驾驶员的数量也随之大幅度增加，给我国交通安全带来巨大的隐患。随意掉头、占用机动车道、闯红灯、逆向行驶等交通违法行为屡见不鲜，重特大交通事故时有发生，给人们的生命财产造成损失，也给社会稳定带来了不良影响。

其原因主要体现以下几点：驾驶员法律意识淡薄，安全生产责任意识差；驾驶技术操作不熟练，没有形成良好驾驶习惯。

因此，为了不断提高道路运输驾驶员职业素质，促进道路运输驾驶员继续教育科学化、制度化和规范化，交通运输部根据《中华人民共和国道路运输条例》及有关规章，制定了《道路运输驾驶员继续教育办法》（交运发〔2011〕106号）。本办法明确规定了：

（1）继续教育的学习内容主要包括道路运输相关政策法规、职业道德、运输安全和节能减排等。

（2）道路运输驾驶员继续教育周期为两年。道路运输驾驶员在每个周期接受继续教育的时间累计应不少于24学时。

（3）驾驶员在其从业资格证件有效期内未按规定完成继续教育的，要完成继续教育后才能办理换证手续。

（4）驾驶员在诚信考核周期内累计计分达到 20 分的，除应接受 18 学时的继续教育外，还应根据继续教育办法规定接受 24 学时的继续教育。

【小结】通过前面的学习，我们学习到了以下知识：道路运输经营服务的规定，违反法律法规的处罚规定以及从人员管理规定。其目的在于：明确道路运输从业人员经营服务的行为要求，提升道路运输行业的服务质量水平。

单元二　职业道德和社会责任

教学对象

道路旅客运输驾驶员、道路货物运输驾驶员、道路危险货物运输驾驶员。

教学目标

（1）了解道路运输驾驶员的职业特点。

（2）深入理解道路运输驾驶员的社会责任和职业道德。

教学内容

（1）道路运输驾驶员的职业特点。

（2）道路运输驾驶员应履行的社会责任。

（3）道路运输驾驶员职业道德包含的主要内容。

（4）道路运输驾驶员社会责任和职业道德培养。

教学重难点

（1）树立道路运输驾驶员职业道德和社会责任的价值观。

（2）优秀驾驶员职业道德和社会责任培养

教学方法

讲授法、演示法、案例教学。

教学时间

2 课时。

教学过程

一、道路运输驾驶员的职业特点

在交通事故当中，可以说绝大多数事故完全是人为造成的，是能够避免的，但却发生了。道路、车辆的存在仅仅只是客观因素，驾驶员是做出分析、判断、操控车辆的主体，也是酿成交通事故的主要因素。究其原因，主要有驾驶员的麻痹大意、违法驾驶和操作失误、车辆维护不利等，当然也包括行人和非机动车驾驶员不遵守交通规则等。其中机动车与机动车发生事故的原因可以大致总结为强行超车、抢先汇车、开"冒险车、斗气车、霸王车"、疲劳驾驶、违章操作等几类。表面上看事故是因违法驾驶造成的，其实违法操作是驾驶员职业道德水平的一种具体表现，因此，在大力提倡精神文明建设、构建和谐社会的今天，加强道路运输驾驶员职业道德素质的培养，提高驾驶员的社会责任就显得尤为重要。

▶▶**案例情景**

2014 年 7 月 19 日凌晨 3 时许，沪昆高速湖南省邵阳市境内 1 309 千米处隆回往洞口方向，一辆违法装载疑似酒精易燃品的厢式小货车与一辆大客车发生追尾后燃烧。事故已造成1辆大客车、3辆货车、1辆小客车燃烧、43人死亡、6人受伤，其中4人重伤。在公安部统一指挥协调下，湖南、福建、四川公安机关已对事故中涉及非法生产、销售危险化学品，非法改装、伪装车辆和非法运输危险化学品，以及不履行主体责任、违规从事客运的有关企业法人、安全管理人员、违法经营者等20名责任人采取控制措施，其中10人被依法刑拘。

案例评析 ◁

运输车非法改装又伪装 6.25 吨乙醇爆燃致重大损伤。

国务院下发的《危险化学品安全管理条例》明确规定，用于运输危险化学品的槽罐以及其他容器应当封口严密，能够防止危险化学品在运输过程中因温度、湿度或者压力的变化发生渗漏、洒漏。湘 A3ZT46 号厢式货车显然没达到这一标准。如果仅是货车和大客车追尾，本不会造成严重人员伤亡。但这台经过粗糙改装、伪装的厢式货车在碰撞后，其内部非法加装的容器破裂，6.25 吨乙醇瞬间泄露后爆燃，周边车辆根本来不及反应。最终，车载乙醇沿道路蔓延烧毁 5 台车，已致 43 死亡。

记者在现场看到，湘 A3ZT46 号厢式货车的车头挤压并不严重，货箱几乎没有变形。大火过后，货箱内仅剩一套金属框架和一些金属条状物，货箱地板能看到一个直径约为20厘米的洞。交警介绍，金属框是非法改装的容器燃烧后留下的，金属条状物是其管道燃烧后剩下的金属内胆。"这辆车形似普通的厢式货车，为了逃避检查，车主在货箱内部进行低成本改装加了个容器。此外，在侧面加装了一个门进行伪装。交警即使看到，也无法迅速判断里面是什么东西。"现场交警表示。如果小货车能够遵章守纪，不伪装不改装车辆，正确按照规定运输危险物品也许就不会发生这样惨痛的事故了。

案例评析 ◁◁

大客车违规时段行驶且"站外组客"暴露运营管理缺陷。

7月18日上午8时，莆田汽车运输股份有限公司城厢分公司车牌号为闽 BY2508 大客车，从涵江汽车站出发，前往四川宜宾。客车出站后，在福建厦门、泉州、漳州等地均有上车的乘客。

大客车乘客 53 人，而从涵江车站出发时车上只有 12 人。莆田汽车运输股份公司负责人表示，事故暴露出公司在经营管理方面存在硬伤，客车经营者违规"站外组客"。

长途营运客车长途客运车辆凌晨 2 时至 5 时停止运行的规定，但事发时，司机没有遵守相关规定。"运输公司视频监控人员也没有及时提醒、制止司机的违规行为，管理存在问题。"保障乘客的生命和财产安全是驾驶员应履行的责任，这种责任不仅仅是一种社会责任，也是一种法律义务。因此，作为一名合格的道路旅客运输驾驶员，必须肩负起保障乘客生命财产安全的责任，不仅要保证行车安全，避免发生道路交通事故，还要在乘客生命财产安全受到威胁时尽全力帮助，把乘客安全送达目的地。显然这家运输公司没有按照规章制度行事，最后导致了事故的发生。

案例总结

道路运输驾驶员需具备强烈的社会责任感和良好的职业道德，必须严格遵章守纪，依法行驶，严于律己，以身作则，保证道路运输顺畅，保障道路运输安全。"7·19"事故的发生，暴露出一些地方、部门和单位没有牢固树立安全"红线"意识和科学发展观，安全责任不落实，重生产轻安全；肇事的危险化学品运输企业无视国家法律、非法改装车辆、非法充装危险品、非法从事营运；客运企业未严格执行凌晨 2 时至 5 时停运的规定，地方政府及其有关部门未积极推行接驳运输的组织方式；车辆超载问题严重，违法违规行为突出；一些地方政府及其有关部门监管不力、执法不严，打非治违和隐患排查治理不深入、不扎实、不彻底。必须清醒地看到这些问题，深刻汲取这血的教训，下大气力加以解决。

由于驾驶员的工作环境不断发生变化，就决定着驾驶员将会面对不同的生活人群，不同的驾驶环境。道路运输驾驶员的职业特点有以下4个方面。

1. 意外因素多，安全意识要求高

驾驶员的工作环境不断发生变化，决定了驾驶员每天将会面对不同的社会人群和不同的驾驶环境。车辆在行驶途中遇到的情况复杂多变，意外因素很多。驾驶员必须保持较高的警觉性，提高安全意识，及时处理各种信息。为了应对复杂的驾驶环境，驾驶员还要严格遵守交通规则，不断提高驾驶技能，谨慎驾驶，保证行车安全。

2. 环境复杂多变，心理素质要求高

道路运输跨地域、不分昼夜，涉及各种道路条件，复杂的交通环境容易引起驾驶员心理状态发生变化，心理素质较差的驾驶员遇到紧急情况会手忙脚乱，不能采取正确的操作。面对复杂的行车环境，驾驶员必须具备过硬的心理素质，克服惊慌和恐惧心理，沉着应对。

那么道路运输驾驶员有哪些必备的职业健康心理素养呢？

职业心理是人们在职业活动中表现出来的认识、情感、意志等心理倾向或个性心理特征。在职业心理中，性格影响着一个人对职业的适应性，一定性格的人适于从事一定性格特质的职业；同时，不同的职业对人也有不同的性格要求。

汽车是由人来驾驶的，人是受心理支配的，不同的人有着不同的心理活动，如感情、意志、性格等都有相对的差异。作为驾驶员，除了具备较好的身体素质外，还要具备以下职业健康心理素养：

（1）安全态度。

安全观念和态度对于每一个人来说都不一样，因此所对应的安全效果也不一样。作为道路运输驾驶员，能够积极地将安全视为至高无上的前提，是做好驾驶员工作的基础。

（2）速度估计。

在道路上，驾驶员时常会遇到超车、会车、让车以及在危险路段交错的情况，为了使车辆能安全地交错，不仅要知道自己的车速，还要正确地估计其他车辆的速度。

（3）处置判断。

在行车途中，驾驶员对交通情况处置的好坏直接影响着交通安全，所以要求驾驶员要有较高的交通情况处置判断力。

（4）复杂反应。

驾驶员在行车中，不可避免地会遇到突如其来、瞬息万变的情况，如观察道路情况，同时观察指挥信号，又要操作转向盘及换挡等，形成了由许多动作组成的重叠进行的反应。因此，要正确地判断和处理，否则会引起交通事故。

3. 工作强度大，身体素质要求强

道路运输往往要求驾驶员长时间驾驶车辆，复杂的道路环境还要求驾驶员能够迅速、准确地对外界信息进行比较分析，做出决策，并迅速、果断地进行操作，工作强度大。就要求驾驶员要具有很强的感知能力和运动能力，良好的身体素质，并保证自身各种器官有机协调配合。

4. 服务对象广，综合素质要求高

道路运输行业的开放性，决定了驾驶员每天都要与众多的旅客、货主接触，在提供运输服务的过程中会产生语言、感情、思想等方面的联系，这些联系构成了道路运输过程中错综复杂的社会关系。在各种社会关系中，驾驶员不仅仅应是一名"技术司机"，更应是一名具备较好服务意识和责任意识的综合性服务人员。

二、道路运输驾驶员的社会责任

由于道路运输驾驶员职业的特殊性，驾驶员肩负起道路运输安全行车的责任就显得尤为重要，明确驾驶员的社会责任有助于社会和谐，有序发展。由职业驾驶员的特殊性就决定了驾驶员主要的社会责任一是要保证道路运输顺畅，二是要保证道路运输安全，二者缺一不可。

道路运输驾驶员的社会责任主要有以下四个方面：

1. 保障乘客以及其他交通参与者生命财产安全责任

（1）保障乘客生命财产安全。
（2）保障其他交通参与者的生命财产安全。

乘客购票上车后，就把保障生命财产安全的重任交到了道路旅客运输驾驶员身上，道路旅客运输驾驶员的工作不仅仅是"开车"这么简单，还包含更多的责任在里面。这种责任不仅仅是一种社会责任，也是一种法律义务。因此，作为一名合格的道路旅客运输驾驶员，必须肩负起保障乘客生命财产安全的责任，不仅要保证行车安全，避免发生道路交通事故，还要在乘客生命财产安全受到威胁时尽全力帮助，把乘客安全送达目的地。

道路运输车辆因体型大、质量重等特点，在道路交通环境处于"强势"地位，行人、骑车人、小型机动车等其他交通参与者相对而言处于"弱势"地位。如果道路运输车辆与其他交通参与者发生交通事故，势必会威胁其他交通参与者的生命财产安全，也会给自己带来一系列的困扰、麻烦，甚至官司。因此，驾驶员应在行车过程中注意礼让这些"弱势"交通参与者，以避免发生事故造成无法挽回的生命财产损失。

2. 保障货物安全、完好、及时送达责任

从货物装载完毕那一刻开始，道路货物运输驾驶员就肩负着保障货物完好、及时送达的责任。保证货物完好、及时送达也是道路货物运输驾驶员的法定义务。尤其是在物流业高速发展的今天，道路货物运输驾驶员的这份责任就显得更加重大。道路货物运输驾驶员安全、顺利、及时地把货物送达目的地，不仅会为企业带来良好的声誉和利益，更会得到顾客信任，有利于个人职业生涯的长远发展。

3. 为顾客提供优质服务的责任

在道路运输中，驾驶员不仅仅是一名"司机"，还是一名服务人员，为顾客提供安全、优质、高效的服务是驾驶员肩负的重要责任。肩负起这种社会责任的意义主要包含两个方面：一是提高顾客满意程度，从而使自己获得尊重和自信，增强工作及生活的动力；二是促进社会和谐与文明，使人们有一个美好的生活环境。

4. 节能减排、保护环境的责任

道路运输业所消耗的成品油占全国成品油消耗总量的30%左右，在低碳交通运输体系建设中，驾驶员应承担起节能减排、环境保护的重任，在道路运输生产过程中，努力学习节能驾驶知识，掌握节能驾驶技术，减少燃料消耗，为建设低碳运输体系做出贡献。

【小结】通过对前面的学习，相信大家已经深刻地认识到道路运输驾驶员所肩负的社会责任，希望各位驾驶员朋友：严于律己，以身作则，保证道路运输顺畅，保障道路运输安全。

三、道路运输驾驶员的职业道德

在社会生活中，有的机动车驾驶人在穿越人行横道时，不但鸣笛惊吓、挤撞行人，而且还出言不逊，谩骂过路人；有的驾驶人经十字路口闯了红灯，交警纠正时还蛮不讲理强辩道："凭什么说我闯红灯，有证据吗？"显出一副无赖的样子；有的驾驶人在泥泞的路面和下雨天照样开快车，不顾泥浆溅到行人身上；还有的驾驶人为了逃避电子警察的拍照，干脆蒙上或者拆下号牌……这些不文明行为，直接影响着现代文明社会的进步。

驾驶人缺乏职业道德的原因，一是机动车培训学校只注重驾驶技术的培训，忽视了职业道德的教育；二是驾驶人本身素质不高，只管驾车，缺乏职业道德修养；三是社会团体、企事业单位和基层交安委组织，只注重行车安全，忽视了文明道德教育，等等。

驾驶行业是个"窗口"行业，直接体现着社会精神文明的程度，因此，很有必要重视对驾驶人员职业道德的教育。机动车驾驶培训学校应该开设职业道德课程，既培训驾驶技术，又要进行职业道德教育，为社会输送有技术的文明驾驶人；驾驶人本身要自觉加强职业道德修养，认真学习《中华人民共和国道路交通安全法》内容，做文明驾驶、礼貌行车、遵纪守法的优秀驾驶人；社会团体和企事业单位车管部门以及基层交安委组织在抓好驾驶人安全管理的同时，应当经常开展精神文明和职业道德的教育，不断提高驾驶人的职业道德水平。

▶▶案例情景

2013年10月5日，凌晨两点半左右，成绵广高速的江油段，一辆红色的大货车撞上前面的面包车，事发后，肇事司机逃逸，造成面包车内6人当场死亡。

案例评析 ◁◁

在此次交通事故中，肇事司机在撞上前面的面包车后，不但没有报警抢救伤员，承担自己应承担的后果，反而肇事后逃逸了，造成面包车内6人当场死亡。肇事司机的道德何在？自己犯下的错误没有勇气承担选择逃跑躲避，良心终会受到谴责。在警方的协助下，肇事司机被抓获，受到应有的法律制裁。因此，驾驶员在驾驶车辆的过程中一定要小心谨慎，以防出现交通事故，但是一旦出现交通事故不要选择逃避，而是勇于承担，正确处理。

发生交通事故后，道路交通参与者均应当依照法律规定履行相应的职责。

1. 发生交通事故怎么办？

作为司机，一旦发生交通事故，要立即停车，保护现场，抢救伤者和财产（必须移动时应当标明位置），迅速报告公安机关或执勤民警，听候处理；过往车辆驾驶人员和行人也应予以协助。

2. 怎样保护交通事故现场？

出了交通事故后，司机有责任主动保护现场。在民警没有到达现场前，遇移动事故受伤者送医院抢救时，要对伤者的躺卧位置和姿态设置标志。总之，凡有必要移动现场任何有关事故的物品，包括人、车、散落物品等，都应标明原始位置的标记。如遇下雨、刮风等天气，应就地取材，用塑料布、席子等物将痕迹盖起来保护好。切勿不作任何标记就擅自将事故车开动驶离事故现场，送伤者去医院。

3. 肇事司机驾车逃跑怎么办？

交通事故受伤者或目击者，在发生事故后，首先应记下肇事车辆的车牌号码及肇事车辆的外部特征，立即报警。遇肇事司机驾车逃逸，应注意保护原始现场，保全物证，及时报警。对肇事逃逸者，一旦被公安机关抓获，将予以吊销驾驶证等从严处罚。对举报肇事逃跑的有功人员，公安机关将给予表彰奖励。

驾驶员从事事关人身和财产安全的特殊行业，并且往往单独执行任务，具有操作独立性强、活动自由度大的特点。因此，驾驶员能否自觉运用职业道德来束缚自己的从业行为，保证行车安全，就显得至关重要。

（一）道路运输驾驶员的职业道德要求

1. 树立"四个意识"

（1）道德意识。

驾驶员必须清楚自己的责任和应遵循的规矩。说该说的话，做该做的事，遵循社会道德。本分做人，实在做事。

（2）守法意识。

遵守交通法律法规是维护驾驶员职业活动正常开展的重要保证。驾驶员要学法、懂法、守法和用法，在行车过程中，驾驶员自觉遵守道路交通管理法规，自觉接受交通管理部门的依法管理，这是驾驶员职业道德的基本要求，也是安全行车的重要保证。

（3）安全意识。

作为驾驶员来说，安全行车是头等大事，它关系到社会的安定，也关系到他人和自己家庭的幸福，要做到行车安全，就必须牢固树立安全意识；保养好自己驾驶的车辆，不开故障车；行车中要谨慎驾驶，时时刻刻注意安全，不辜负社会和家庭对你的期望。

（4）服务意识。

驾驶员职业就是一种服务性工作，需要讲究服务意识。对驾驶员来说，树立服务意识、遵从自己的本分，才能成为一名称职合格的职工。

2. 弘扬"三种精神"

（1）爱岗敬业精神。

驾驶员担负着国民经济建设和人们日常生活中交通往来的重任，不论是专职驾驶员还是非专职驾驶员，都要有高度的责任感，勤勤恳恳，认真负责。

（2）见义勇为精神。

当今社会存在各种各样的不稳定因素，违法犯罪现象不时有发生，道路上的各类意外事故也经常可见，当国家和人民群众安全受到威胁，社会公共利益受到危害时，驾驶员应该挺身而出、伸张正义、不畏强暴、敢于斗争和善于斗争。

（3）救死扶伤精神。

救死扶伤是每个公民应尽的义务，驾驶员在驾驶工作中经常会遇到突发性的伤病员，如交通事故中的受伤者，急需救助的病人和孕妇，遇到这种情况，驾驶员应急群众之所急，将伤病者尽快送往医院救治。

（二）违反道路运输驾驶员职业道德规范的主要表现

机动车驾驶员在驾驶过程中必须遵守道路交通安全法律法规及其部门规章，同时还要遵守职业道德行为。不良行为有：无证驾驶、肇事逃逸、开故障车、酒后驾驶、疲劳驾驶、严重超载、长时间占用超车道、夜间行车交会不关闭远光灯、违章超车、交会时不讲社会公德等，希望驾驶员自我对照，有则改之，无则加勉。

▶ **案例情景一**

2014年8月12号京沪高速上海往北京方向上发生的一起交通事故，两辆大货车在行驶的过程中发生追尾，后方货车上的两名驾乘人员被困，此次交通事故主要原因是司机疲劳驾驶。

▶▶ **案例情景二**

2014年5月25日，遂渝高速两车追尾，一名司机被困，后方车辆司机疲劳驾驶所致。

案例评析 ◁◁

这两起交通事故都是由于司机疲劳驾驶所致。驾驶车辆高速行驶时，驾驶人的注意力十分集中，始终处于高度精神紧张的状态，而随着速度的不断提高和驾驶时间的延长，驾驶人会逐渐出现疲劳感觉。在高速公路上行驶，道路环境单一，交通干扰少，速度稳定，行车中的噪声和振动频率小，更易使驾驶人产生单调感而困倦瞌睡，出现"高速公路催眠现象"。

疲劳驾驶的危害：

驾驶人疲劳时判断能力下降、反应迟钝和操作失误增加。驾驶人处于轻微疲劳时，会出现换挡不及时、不准确；驾驶人处于中度疲劳时，操作动作呆滞，有时甚至会忘记操作；驾驶人处于重度疲劳时，往往会下意识操作或出现短时间睡眠现象，严重时会失去对车辆的控制能力。驾驶人疲劳时，会出现视线模糊、腰酸背疼、动作呆板、手脚发胀或有精力不集中、反应迟钝、思考不周全、精神涣散、焦虑、急躁等现象。如果仍勉强驾驶车辆，则可能导致交通事故的发生。

那么在高速公路行车如何防范疲劳呢？

首先，驾驶人没有休息好或感到有点疲劳时，不要驾车进入高速公路。其次，在高速公路上行车时，最好在1个半小时到2小时操作后，到就近的服务区休息一下；若感觉疲倦或有睡意时不要在继续驾驶，最好立即休息。

缓解疲劳可以采取以下方法：

（1）用清凉空气或冷水刺激面部。

（2）喝一杯热茶或热咖啡或吃、喝一些酸或辣的刺激事物。

（3）停车到驾驶室外活动肢体，呼吸新鲜空气，进行刺激，促使精神兴奋。

（4）收听轻音乐或将音响适当调大，促使精神兴奋。

（5）做弯腰动作，进行深呼吸，使大脑尽快得到氧气和血液补充，促使大脑兴奋。

（6）用双手以适当的力度拍打头部，疏通头部经络和血管，加快人体气血循环，促进新陈代谢和大脑兴奋。

当然,以上方法只能是暂时的缓解疲劳驾驶,不能从根本上解除疲劳,唯有休息才是缓解疲劳和恢复清醒最可靠、最有效的方法。

核心提示:疲劳驾驶危害多,一幅幅惨痛的画面,一条条逝去的生命,一个个破碎的家庭……疲劳驾驶害人害己!请开车的朋友们珍爱自己和他人的生命,珍爱自己和他人的家庭,坚决杜绝疲劳驾驶!

▶▶案例情景

2014年8月18日,成都一男子无证驾驶,并且是酒后驾驶,看见警察后却掉头就跑,最后面临15日的拘留处罚。

案例评析◁◁

《中华人民共和国道路交通安全法》第十九条第四款规定:机动车驾驶时,应当随身携带机动车驾驶证。所以,未随身携带驾驶证是一种违法行为,应该承担相应的处罚。酒精的刺激使人兴奋,当酒精在人体血液内达到一定浓度时,人对外界的反应能力及控制能力就会下降,处理紧急情况的能力也随之下降。对于酒后驾车者而言,其血液中酒精含量越高,发生交通事故的几率越大。而案例中的驾驶员不仅无证驾驶还酒后驾驶,这种违法行为是绝对禁止的,喝酒不开车,开车不喝酒,持证驾驶是最基本的一种职业道德修养。

超载的现象在我们的身边也是很常见的事了,客运司机为了赚钱更多的钱财,在行驶途中严重超载运输,那么超载到底有哪些危害呢?

车辆超载行驶主要危害包括:

(1)车辆超限超载行驶严重破坏了公路基础设施。由于超限超载车辆的荷载远远超过了公路和桥梁的设计载荷,致使路面损坏、桥梁断裂,使用年限大大缩短。

(2)车辆超限超载行驶,质量增大而惯性加大,制动距离加长,危险性增大。如果严重超载,则会因轮胎负荷过重、变形过大而引起爆胎、突然偏驶、制动失灵、翻车等事故。另外,超载还会影响车辆的转向性能,易因转向失控而导致事故。

(3)驾驶人驾驶超限超载行驶的车辆,往往会增加心理负担和思想压力,容易出现操作错误,影响行车安全,造成交通事故。

(4)由于超限超载后的行驶车辆无法达到正常速度行驶,长时间占用车道,直接影响道路的畅通。

一个个生动的案例教育我们,机动车驾驶员在驾驶过程中必须遵守道路交通安全法律法规及其部门规章,同时还要遵守职业道德行为。文明行车,安全行车。

四、道路运输驾驶员职业道德的培养

道路运输驾驶员必须具备良好的职业道德。良好的职业道德可以帮助纠正驾驶员不健康的心理,形成良好的信念、习惯,约束行为,可以调整个人和社会以及人们彼此之间的关系。驾驶员要以高度负责的精神热爱驾驶工作,明确自己职业的责任,忠于职守,爱岗敬业。在日常行车中,以交通法规为准则,不论在什么情况下,坚决不做违犯交通法规、违反安全制度的事情。自觉维护交通秩序,增强自我管教和约束能力,不开赌气车、不开英雄车、不开带病车,发生矛盾主动礼让，出现意外尽量忍耐，坚持文明行车。

〖思考〗怎样成为一名优秀的道路运输驾驶员呢？

1. 具有高度的职业责任感和良好的思想道德意识

驾驶员的职业性特点包括独立性强、责任性强等。驾驶工作有严格的法律法规对其具体的操作行为进行约束规范，所以，驾驶员在行车过程中，必须严格遵章守纪，依法行驶。能否严格遵章守纪，直接影响着自己和他人的生命财产安全。而拥有了驾驶证，仅仅能证明你掌握了一些基本的机械常识、交通规则和操作规程，并不能证明驾驶员拥有良好的职业责任感和优秀的职业思想道德素质。所以在工作中不断学习提高，自觉培养良好的思想道德素质是我们每个道路运输驾驶员的职责所在。

举例来说，交通事故谁都不希望发生，但发生交通事故后，驾驶员必须立即停车，保护现场，抢救伤者和财产，迅速报告公安机关或者执勤的交通警察，听候处理。这些都是驾驶员法定的义务。然而，有极少数驾驶员在发生交通事故后，特别是在夜间或人烟稀少的地方时，不是立即停车积极抢救伤者，保护现场，及时报案，而是置伤者于不顾，驾车或弃车逃跑，甚至有的人将受伤者带离事故现场进行隐藏、抛弃，以至使其因延误抢救时机而死亡。这种行为不仅是一种极不道德的行为，而且构成犯罪。

另外，开故障车上路是一种极不负责任的行为。有些驾驶员缺乏职业安全责任感，平时忽视对所驾驶车辆的例行保养，不能保持车况良好。在明知方向，制动等安全装置存在故障的情况下，不仅不及时修理，还开着带病车辆上路，对自己、对他人的安全造成了严重的威胁，甚至会酿成车毁人亡的惨祸。有的驾驶员无视交通安全法规，盲目超载、超速、疲劳驾驶，还有相当一部分的驾驶员在酒后神志不清的情况下还继续驾车上路，由此造成的事故惨案不计其数。这些都是没有良好的思想道德素质的表现。因此，具有良好的思想道德素质和高度的职业责任感是道路运输驾驶员所应该具备的最基本的道德准则。

2. 要遵纪守法、安全行车、文明驾驶，养成良好的职业习惯

道路交通安全的法律法规可以说是无数起交通事故血的教训的总结，是人们在参与交通活动时都必须遵守的行为规范。每一个驾驶员都必须认真学习、熟练掌握、严格遵守，确保行车安全。

文明驾驶、礼让三先，这是对道路运输驾驶员的严格要求。在车辆行驶过程中，驾驶员要养成良好的心态，学会控制情绪，哪怕是别人错了，也要学会忍让，先礼于人，先让于人。这不是纵恶避邪，而是驾驶员这一特殊职业的特殊要求。现在汽车的速度越来越快，交通环境日益复杂，特别是在混合交通的道路上，行人、非机动车、机动车往来拥挤的路段，由于各种原因，人们违反交通规则的行为时有发生，这就要求驾驶员必须具有一种特殊的职业素质——忍让。这是因为对于行人和非机动车来说，机动车是强者，而又大又长的运输车辆更应该学会礼让。文明驾车不仅是对人民、对自己高度负责的一种表现，也是确保安全行车的基本要求。如果说在拥挤的交叉路口，大家都寸步不让，互相挤占，最后会造成道路堵塞，大家都无法顺利通行；如果大家都相互忍让，让出空间，有序通行，就不会发生道路堵塞的情况。

因此，礼让"三先"，礼貌行车，常念"忍、让、慢"三字经，不开霸王车、斗气车、冒险车，认真做到转弯不忘三件事：减速、鸣号、靠右行，这些不仅是安全行车的要求，还是培养良好道德修养的要求。在平时的驾驶过程中努力克服侥幸心理、逆反心理等不正常的心理，以公正、直爽、谦逊等美德来提高自身的道德修养，是我们每一个驾驶员都应该努力养成的职业习惯。

3. 具有良好的生理素质和心理素质

道路运输驾驶员的工作性质和特点，决定了我们必须要有健康的身体、良好的心理素质。职业驾驶员的工作是一项艰苦而繁重的体力劳动和脑力劳动结合，要求精神高度集中，需要脑、眼、耳、鼻、手、脚、腰等身体全方位的协调、配合，要付出很大脑力和体力。因此良好的体能是驾驶员的工作基础。

良好的心理素质表现在具有较强的自信心、自制力和宽阔的胸怀。待人处事能处处宽厚大度，懂得体谅与忍让，语言文明，有涵养，能倾听不同的意见，正确对待委屈和误解；在遇到突发的情况时，不慌乱、临危不惊，能独立、果断地处理突发事件；能充分控制和抑制自己的情绪，不随意耍态度，不因为一些小事而产生情绪的较大波动；不将生活、工作中不愉快的情绪带到工作上，开赌气车、英雄车、霸王车，从而影响行车安全和对乘客的服务工作。

4. 积极弘扬爱岗敬业、见义勇为、救死扶伤的精神

行车安全与车辆的技术状况、道路环境、气候条件及驾驶员操作水平有着直接的因果关系，更与驾驶员的安全意识和工作态度息息相关。因此爱岗敬业对于驾驶员来说，首先就是要把安全放在第一位。

保证行车安全是驾驶员的根本职责，也是驾驶员爱岗敬业的精髓所在。安全行车是头等大事，它关系到社会的安定，也关系到自己和他人家庭的幸福。要做到行车安全，就必须牢固树立安全意识，遵纪守法，认真保养维护好自己驾驶的车辆，不开故障车，行车过程中要时刻保持高度的谨慎，时时刻刻把安全放在首位。遵守道路交通安全的法律法规，是维护安全的重要保证。驾驶员要学法、懂法、守法，用法规来约束自己的行为，自觉遵守道路交通管理的法规，自觉接受交管部门的管理。这是驾驶员职业道德最基本的要求，也是安全行车的重要保证。

爱岗敬业同时要求驾驶员树立优质服务意识。驾驶员的工作，就是通过驾驶车辆运送乘客和行李物品，这其实也是一种服务性的工作。对驾驶员来讲，单独作业、社会接触面广、人员流动性大的特点决定了我们的工作性质和环境，每天都要面对不同地区、不同层次、各种不同类型的乘客，我们的一举一动、一言一行代表的不仅是个人和企业的形象，还是一个城市的窗口，在某一方面代表了这个城市的形象，因此特别需要讲究树立优质服务的意识，把乘客或乘坐人当做自己的亲人，把他们的财产物品当做自己的财物一样爱护，牢固树立全心全意为人民服务的意识，自觉维护个人、企业、城市的形象。

爱岗敬业也包括"干一行、爱一行、精一行"的内容。既然做了一名职业驾驶员，就应该热爱这一职业，爱惜所驾驶的车辆，认真钻研驾驶技术，努力做好服务。

优秀的驾驶员应该有一丝不苟的工作态度，能牢固掌握五种技能，即能准确无误地操作车辆、及时保养维护车辆，使车辆始终处于良好的技术状态；注意节约燃料、材料消耗，努力降低成本，为企业提高效益；能及时察听、准确判断和排除车辆简单故障，确保行车安全；全面掌握所驾驶车辆的工作原理及其技术性能，以适应车辆新技术的发展变化；能加强自我学习，不断提高自身修养和素质，做全面发展的优秀人才。

优秀的驾驶员还要有勇于奉献、见义勇为、助人为乐的精神。当今社会存在各种各样的不稳定因素，违法犯罪现象还时有发生，道路上的各类意外情况和事故也经常可见。当国家和人民群众的生命财产安全受到威胁，社会公共利益受到危害时，驾驶员应该主动挺身而出，伸张正义，不畏强暴，敢于和邪恶力量斗争。我们从事驾驶员的职业，在长途行车过程中难免遇到各种各样

的情况。如果遇到其他车辆发生事故，应主动停车，积极协助抢救伤者；若自己发生事故，必须立即停车，抢救伤者，并保护好现场，决不能肇事逃逸或伪造事故现场。每位驾驶员都要树立善于帮助人，树立起"我为人人、人人为我"的思想观念，要认识到帮助别人其实就是帮助自己，当然这也是构建和谐社会的需要。

救死扶伤是每个公民应尽的义务。由于驾驶员的任务是运送乘客和货物，在驾驶工作中经常会遇到诸如交通事故中的受伤者，乘客中有突发病情或急需救助的病人和孕妇等突发性的伤病员，遇到这种情况，驾驶员应急群众之所急，将伤、病者尽快就近送往医院救治。

5. 要互相尊重，有关心集体、顾全大局的团队精神

驾驶员相互之间要体谅尊重，以诚相待。相互尊重是社会上各行各业从业人员最基本的道德修养，也是建立正常人际关系的基础。驾驶员也是一样，我们要以同行为友，互相尊重，互相学习，真诚相待，合作共事，取长补短，共同提高。在现实生活中，每个人对自己都要有正确的估价，既有强人之项，也有弱人之点，也就是要有自知之明，在驾驶员的职业生活中，其实每个人身上都有闪光的地方，都有长处，优秀的人就是因为善于发现别人的长处、优点，并虚心向别人学习，不断努力提高自己的水平。要讲礼貌、讲礼节，与人为善，加强团结协作才是可取之举。要以优质的服务态度、服务效率、服务质量来赢得社会的公信。坚决反对损人利己、弄虚作假、互相拆台的不正当竞争。要懂得顾全大局，个人利益、局部利益要自觉服从集体和全局利益，自觉抵制损害集体和国家利益、破坏安定团结的各种行为。

【总结】作为一家优秀的道路运输企业，特别在近几年车辆的更新速度明显较快，新设备、新技术的使用越来越多，这就要求驾驶员对车辆的使用、驾驶操作技术和机械常识、理论基础知识、动手解决问题的能力都要过硬，要求比较全面，也就是不仅要求驾驶操作经验丰富，更重要的是学习能力、适应能力强。有些新进驾驶员由于在社会上工作时间长了，再加上平时只顾工作，忽视了对驾驶操作动作的规范和技术严格要求，对学习车辆新技术方面不够重视，也有的由于一些其他原因造成驾驶、操作的不规范，机械常识、理论知识了解、掌握很少，可以说知其然不知其所以然，只会开车，但不一定能开好车。因此，驾驶员要有高度的责任感，要想真正的开好车，就要不断通过努力学习、积极参加培训，相互多交流沟通，才能使我们广大驾驶员充分掌握良好的职业技能、驾驶操作技术，不断提高自身的安全意识、修养素质、服务水平和服务质量，从根本上规范我们的动作，改变我们的行为，提高我们驾驶员的综合素质，只有这样才能提高道路运输企业的整体形象，只有不断通过学习，使驾驶员队伍内部形成一种积极上进的氛围，促使大家都真正成为"素质高、形象好、技术精"的驾驶员。

在市场竞争越来越激烈的条件下，驾驶员如何在这场竞争中经受住社会和环境的考验，是我们每位驾驶员都必须认真面对的问题。所以，为了自己的人生目标，也为了他人的平安幸福，每一位驾驶员都应该牢固树立良好的职业道德，为建设安全畅通、和谐愉快的社会环境做出自己应有的贡献。

单元三　道路运输驾驶员职业心理和生理健康

教学对象

　　道路旅客运输驾驶员、道路货物运输驾驶员、道路危险货物运输驾驶员。

教学目标

　　(1) 了解驾驶员心理、生理健康与道路运输安全的关系。

　　(2) 掌握驾驶员不良心理预防措施。

　　(3) 掌握道路运输驾驶员常见职业病及预防措施。

教学内容

　　(1) 驾驶员心理、生理健康对行车安全的影响。

　　(2) 影响驾驶员心理、生理健康的主要因素。

　　(3) 道路运输驾驶员不良心理的预防措施。

　　(4) 酒后驾驶、疲劳驾驶、疾病驾驶的危害。

　　(5) 道路运输驾驶员常见职业病及其预防措施。

教学重难点

　　(1) 认识驾驶员的心理、生理因素引起的不良后果。

　　(2) 自我预防因酒精引起的不良生理状况，谨防驾驶员酒驾心理产生。

　　(3) 认识职业病产生的原因，并能有效地预防。

教学方法

　　讲授法、演示法、案例教学。

教学时间

　　2课时。

教学过程

　　道路运输驾驶员是一种长期从事高风险作业的特殊职业人群，他们的身心健康和生理状况直接关系到人们的生命财产安全。随着我国交通运输的飞速发展，交通事故也急剧上升，给人们生命财产造成很大威胁，而交通事故的发生与驾驶员的心理健康和生理健康有关。因此，驾驶员的心理和生理健康状况就特别引起大家高度重视。

一、驾驶员心理健康与行车安全

　　在道路运输过程中，驾驶员往往更关注驾驶技术的提高和对交通规则的遵守，而忽略了心理因素对安全行车的影响。道路交通事故统计分析显示，相对于技术因素，驾驶员心理健康状况对安全行车的影响更明显。

心理健康的驾驶员精神饱满、注意力集中、情绪稳定，驾驶操作规范、运行平稳，面对紧急情况不慌不乱；心理不健康的驾驶员易情绪异常、注意力分散，驾驶操作不规范、不安全。

〖问题〗影响驾驶员心理的主要因素有哪些？

对驾驶员安全行车产生影响的主要心理因素包括驾驶员的驾驶习惯、性格、情绪、心理应激反应和注意力等。

1. 驾驶习惯与安全驾驶

每个人自己的行为习惯，驾驶员在学习驾驶、熟练掌握驾驶技能、从事道路运输过程中，也会逐渐形成自己的驾驶习惯。

养成良好的驾驶习惯是保证道路运输安全，避免事故的有效措施。养成良好的驾驶习惯主要从以下三方面做起：

（1）在行车前，对车辆进行安全检查，保证车辆技术性能良好，保证车辆安全设施完好有效，排除车辆存在的安全隐患；对自己的情绪和身体状况进行审视，检视自己此时适不适合驾驶车辆。

（2）在行车中，遵守道路交通法规，文明行车安全驾驶；按照交通规则、道路交通标志标线引导安全、文明驾驶；起步前系好安全带；行车过程中集中注意，时刻保持高度的警惕；掌握防御性驾驶的要领，拥有过硬的驾驶技术，操作熟练，遇见突发紧急情况，能够从容应对。

（3）在行车后，做好车辆日常维护和保养，保持车辆干净整洁，其次，把车辆停放在规定地点，关闭好门窗，以防失盗现象。

2. 性格与安全驾驶

性格是指表现在人对现实的态度和相应的行为方式中的比较稳定的、具有核心意义的个性心理特征，是一种与社会相关最密切的人格特征。性格主要体现在对自己、对别人、对事物的态度和所采取的言行上。性格的形成离不开后天的生活环境和工作环境。

驾驶员的性格与安全行车有着密切的关系见表2。

表2

性格类型	表现特征	行车风险
理智型	理智、原则性强、行为谨慎的驾驶员往往遵纪守法，谨慎驾驶	较 低
情绪型	情绪化、性情急躁、粗心大意的驾驶员发生事故的概率较高	较 高
意志型	行动目的明确，主动积极，沉着冷静，处理事情果断	一 般

温馨提示：驾驶员要确保安全驾驶，必须充分认识到自己性格中不利于安全行车的特征，努力进行自我调控。

3. 心理情绪与安全驾驶

道路交通事故分析发现：很多事故发生前的6 h内，驾驶员的情绪、情感都发生过剧烈的变化，出现过兴奋、欣喜、得意等积极亢奋情绪，或生气、烦躁、郁闷、恐惧等消极低沉情绪。无论是积极亢奋情绪，还是消极低沉情绪，都会影响行车安全。

驾驶员的情绪主要受生活、工作情感影响和道路运交通环境、其他交通参与者影响；表现出积极、平和、消极的驾驶情绪支配驾驶员向不同方向发展。

当表现出积极的情绪，驾驶员往往就表现出高兴、兴奋、欣喜、得意的心态，驾驶过程中就会过度自信、忘乎所以，导致异常驾驶行为。

当表现出消极的情绪，驾驶员往往就表现出抑郁、悲观、消极、愤怒、仇恨的心态，驾驶过程中就有报复心理、仇视心理，导致攻击型驾驶行为。

当表现出和平的情绪，驾驶员往往就表现出从众、谦让、不急不躁的良好心态，这样有利于安全行车。

【问题】通过前面的学习大家都明白了，良好的心理情绪有利于安全行车，那么，驾驶员不良心理情绪对安全行车又会产生什么影响呢？

驾驶员不良心理情绪主要包括：麻痹大意，心理疲倦，满目自信，表现心理，烦躁情绪、报复情绪，愤怒情绪，虚荣好胜，心理焦虑，从众心理，兴奋与沮丧，侥幸心理，恐惧，紧张，急躁等。容易导致交通事故的发生，对安全行车产生很大的影响。

因此，驾驶员在行车过程中，每隔一段时间要审视自己心理状况，及时调控自己心理情绪，自觉地克服不良心理状态，确保行车安全。

4. 心理应激反应与安全驾驶

道路交通事故发生前的瞬间，每个驾驶员的应激反应都不一样。

有经验、受过专门训练的驾驶员，从容镇定，能正确处理紧急情况；

经验不足、准备不充分的驾驶员，往往手足无措，处置不当。

应激反应不当的驾驶员，容易导致转向过度、不假思索避让、忘记紧急制动、手足无措等操作错误。

5. 注意力与安全驾驶

注意力是指人的心理活动指向和集中于某种事物的能力。

注意力是驾驶员安全行车中重要的心理因素之一。驾驶员出现走神、注意力分散的情况时，不能全面观察、正确判断和妥善处理当前的交通状况，容易导致交通事故的发生。能否集中注意力驾驶是安全行车的关键。

注意力主要受生理状况、驾驶习惯、性格特征这三个方面的影响。

生理状况包括：精力充沛，身体疲劳，药物作用，酒精影响。

驾驶习惯包括：专心，无常性，特殊兴趣，欲望。

性格特征包括：理智型，情绪性，意志型。

引起注意力分散的因素主要包括：不良驾驶习惯、生理状况、车内环境、运输任务、兴趣趋向。详细了解注意力分散的表现以及对安全行车的影响。

不良驾驶习惯表现在：观察事故现场；行驶途中打电话、发短信；利用车载麦克风讲话；行车吸烟。容易导致：误操作、紧急制动。

生理状况表现在：睡眠不足；身体不舒服；药物影响容易导致：误操作，车辆在道路上"画龙"，影响其他车辆通行。

车内环境表现在：车上比较吵闹，容易导致：误操作。

运输任务表现在：运输工作程序繁琐；运输任务重，劳动量大。容易导致：疲劳驾驶，误操作。

兴趣趋向表现在：喜欢观察自己感兴趣的建筑，观景等；喜欢观察道路上的行人。容易导致：车辆偏离自己的行车道，出现紧急情况。

【小结】通过本知识点的学习，我们知道了驾驶员的驾驶习惯、性格、情绪、心理应激反应和注意力等心理因素对安全行车产生重大的影响。因此，驾驶员保持心理健康，有助于安全行车。

二、道路运输驾驶员不良心理状况

在行车过程中，驾驶员的心理活动与安全行车有着密切关系，心理活动制约着驾驶行为。驾驶员不良的心理容易引起交通事故的发生。

（一）驾驶员常见的不良心理

驾驶员经常出现的不良心理有：好胜心理、表现心理、急躁心理、赌气心理、负重心理、过瘾心理、侥幸心理、麻痹心理、效仿心理、寄托心理、自满心理、躲避心理、恐惧心理、谋利心理、捉弄心理。

（二）预防和克服不良心理的措施

随着社会经济的迅速发展，交通道路建设日新月异，车辆随之增多，交通愈加发达。这不仅对驾驶员朋友提出了更高技术要求，也给驾驶员的心理增加了很大的压力。因此，优化驾驶员的心理素质，消除不良的心理行为，提高驾驶员心理健康，对预防车辆事故，保证行车安全具有重要意义。

〖问题〗驾驶员良好的心理，有助于安全驾驶。驾驶员不良的心理，该怎么预防呢？

我们应从驾驶员自身和运输企业这两方面来预防驾驶员不良心理。

1. 个人自我预防

驾驶员要保持安全驾驶行车，就必须及时调控自己的情绪，形成良好的心理态势。学习和运用健康驾驶心理知识，纠正不良的驾驶心理，是防止交通事故，保障交通安全的重要前提。

（1）加强心理情绪的调节。驾驶员常见的心理问题有心理疲劳、焦虑、抑郁等，心理问题的解决以驾驶员自我调节为主，必要时可借助于专业人员或其他人员的心理疏导。

消除紧张、急躁、侥幸、好胜的情绪，积极坦然地对待周围的人和事，避免过激的心理活动，做到"静平如镜"，注意保持心理平衡状态，就容易规范驾驶行为。

（2）加强培养"注意心理"。在驾驶过程中，要经常提醒自己"我正在开车"、"要保持冷静"、"安全第一"等等。女性驾驶员在经期前后，由于情绪波动大，为了调整好驾车时的情绪，轻者可在出车前散散步，让情绪稳定下来，行车时注意控制情绪。严重者需要休息治疗，不能勉强出车。女性驾驶员还要特别注意，不宜穿高跟鞋驾驶，以保证正常的驾驶动作不受影响。

（3）创建舒适的工作环境。保证驾驶员充足的睡眠时间和安静、舒适的休息环境，可以有效地缓解驾驶员精神和心理疲劳。从事一些有益的休闲活动，如听音乐、散步等，可以有效的消除精神和体力上的疲劳。家人对驾驶员要多关心、多体贴，让驾驶员心情愉快，精力充沛。运输企业领导要多关心下属员工，安排运输任务要合理，不要给驾驶员造成巨大的压力。

2. 运输企业预防

运输企业预防驾驶员不良心理状况主要从以下三个方面做起：

（1）抓好职业道德教育。

职业道德：指从事一定职业活动的人们，在其职业活动整个过程中应遵守的行为规范和准则的总和。良好的职业道德可以使人形成一种信念、一种习惯，一种意识，他们可以有效约束自己的行为，调整个人和社会以及人们彼此间的关系。

（2）抓好安全生产管理。

强化运输企业安全生产管理意识，在抓安全工作中，各级管理机构多方形成合力，树立全员抓安全、全面抓安全、长远抓安全的观念。

（3）做好平时思想工作。

加强经常性思想工作，以切实改善驾驶员心理机制，增强自我疏导、排遣能力和道德评鉴能力，消除心理上的障碍，使之形成正确的人生观、价值观和道德观，并能处处严格要求自己，正确处理人际关系，养成吃苦耐劳、助人为乐、积极向上的品格。

【小结】通过前面的学习，相信大家都认识到：驾驶员各种不良心理产生的原因和导致的结果，深刻地理解驾驶员心理健康与安全行车的关系缜密，驾驶员要学会自我调解和疏导，用各种方法缓解消极情感，尽量减少对行车安全的影响。

三、驾驶员生理健康与行车安全

除了驾驶员的心理健康对行车安全有影响之外，驾驶员生理健康也对行车安全有重要影响。

（一）驾驶员生理健康对行车安全的影响

在行车过程中，驾驶员主要依靠视觉、听觉、知觉来获取信息，大脑对获取的信息分析、判断，指挥身体器官做出反应。

1. 视觉

光作用于视觉器官，使其感受细胞兴奋，其信息经视觉神经系统加工后便产生视觉。通过视觉，人和动物感知外界物体的大小、明暗、颜色、动静，获得对机体生存具有重要意义的各种信息，至少有80%以上的外界信息经视觉获得，视觉是人和动物最重要的感觉。

由此可见，驾驶员通过眼睛所获的信息占全部信息的80%以上，行车过程中，驾驶员的视觉能力直接关系到驾驶员行为，对行车安全起着决定性作用。

接下来，我们来认识衡量视觉的几个特征：视力、视野、明适应与暗适应、炫目。

（1）视力。

视力指视觉器官对物体形态的精细辨别能力。驾驶员的视力可分为静视力、动视力和夜视力。

静视力是人在静止状态时的视力；动视力是人在运动状态时的视力；夜视力是人在黑暗环境中的视力，黄昏时刻的辨别能力。

影响驾驶员动视力的因素有车辆相对运动速度、年龄、目标的颜色和照度、道路及其环境等。

其中，车速对动视力的影响最大。车速越高，动视力下降越明显，并且随着年龄的增加，动视力下降的幅度也越大。

另外，夜视力与驾驶员的年龄有关。年龄越大，夜视力越差。20-30岁的夜视力最好。夜视力还与车速有关，速度增加，夜视力下降。

(2) 视野。

眼睛观看正前方所能看见的空间范围成为视野。当头部和眼球固定不动时，眼睛观看正前方所能看见的空间范围叫静视野。头部固定不动，眼球自由转动所能看见的空间范围叫动视野。

特别提示：驾驶员的视野与行车速度有密切关系，随着车速增加，注视点前移，视野变窄，对交通环境的分辨率变低，容易引起交通事故。

(3) 明适应与暗适应。

当人长时间在暗处而突然进入明亮处时，最初感到一片耀眼的光亮，不能看清物体，只有稍待片刻才能恢复视觉，这称为明适应。相反，当人长时间在明亮环境中突然进入暗处时，最初看不见任何东西，经过一定时间后，视觉敏感度才逐渐增高，能逐渐看见在暗处的物体，这种现象称为暗适应。

驾驶员朋友都经历过进出隧道的路段，如当车辆进入隧道时，光线由明亮转为黑暗，这就是暗适应；在这个过程中，暗适应时间较长，一般需要 4~6 min，完全适应则需要 30 min。相反，当车辆从隧道出来时，光线由黑暗转为明亮，这就是明适应。明适应时间较短，一般需要几秒到 1 min。

特别提醒：在明暗适应的过程中，如不做好相应的准备（如减速），极有可能发生事故。

(4) 炫目。

人的眼睛突然受到强光照射会出现暂时性的视觉障碍，称为"炫目"。炫目发生时驾驶员会看不清周围的物体，极容易发生交通事故。

在此，特别提醒驾驶员朋友：在夜晚会车时，禁止使用远光灯。

常见引起炫目的产生主要有两种情况：夜晚会车时，使用远光灯，容易引起对方驾驶员产生炫目，出现视觉障碍，容易导致交通事故的发生；太阳光、灯光或者反射光的强度较大，直射到眼睛，容易引起炫目。

〖问题〗我们该怎么预防呢？

道路运输过程中，驾驶员应设法减少强光射到眼睛内，可通过改变车灯光束与眼睛的投影角度等预防炫目。

2. 知觉

知觉是一系列组织并解释外界客体和事件的产生的感觉信息的加工过程；

知觉在驾驶过程很重要，驾驶员依靠知觉获取什么信息呢？

我们先从几个概念谈起：

(1) 空间知觉：对物体的形状、大小、远近、方位等空间特性获得的知觉，即空间知觉。

(2) 运动知觉：是人对空间物体运动特性的知觉。它依赖于对象运行的速度、距离以及观察者本身所处的状态。

(3) 时间知觉：也称时间感，指在不使用任何计时工具的情况下，个人对时间的长短、快慢等变化的感受与判断。

（4）错觉：知觉经验虽系因环境中的刺激物所引起，而知觉经验中对客观性刺激物所作的主观性解释，就真实性的标准来看，显然有很大的距离。错觉的产出原因很复杂，很大程度上和驾驶员的经验、知识水平有很大关系。

因此，对于驾驶员来说，空间知觉和运动知觉很重要。行车中驾驶员要随时了解道路几何形状及其他交通工具的大小、离本车的距离和行驶方向等，离不开较好的空间知觉；分辨物体的静止和运动及运动速度的大小，离不开运动知觉。

3. 听觉

声波作用于听觉器官，使其感受细胞兴奋并引起听神经的冲动发放传入信息，经各级听觉中枢分析后引起的感觉。听觉在驾驶过程中很重要。

当超车或会车、在高速公路上高速行车、遇到前方有行人、在雾天行驶时，常用按喇叭的方式来引起对方驾驶员和行人的注意。驾驶员听觉不正常，就无法接收有声信息，易导致交通事故。

其次，通过听觉可以判断周边车辆的运行状况，是否周边有来车，是否周边有快速驶来车辆，也给驾驶员提前预防做好准备。

4. 反应特征

反应特征是对某种刺激所产生的应激动作，即从接收信息（感知）到反应（决策）产生效果的过程。整个过程所需的时间，可以划分为感知时间和反应时间。

感知时间是指在正常条件下，从眼睛观察到聚焦目标再到大脑识别出危险类型和性质的时间。反应较快的驾驶员一般需要 1.75 s 的感知时间。车辆时速为 88 km 时，这相当于 43 m 的距离。反应时间是指正常条件下，从大脑识别出危险类型和性质到脚踩下制动踏板这段时间。驾驶员一般需要 0.75 s 的反应时间。车辆时速为 88 km 时，这相当于 18 m 的距离。特殊的生理状况会很大程度上影响驾驶员的感知和反应时间。

驾驶员反应越快，处理情况越及时，安全行车就越有保障。

研究表明，驾驶员的反应能力除了于年龄、技术、经验有关外，还受到疲劳程度、车速、药物和酒精等因素的影响，在行车中要尽量排除这些因素的负面干扰。

（二）影响驾驶员生理的主要因素

影响驾驶员的生理的主要因素包括疲劳驾驶、酒精、疾病、药物以及生活方式。

1. 疲劳驾驶

（1）驾驶疲劳的定义。

驾驶疲劳是指驾驶人在长时间连续行车后，产生生理机能和心理机能的失调，而在客观上出现驾驶技能下降的现象。驾驶人睡眠质量差或不足，长时间驾驶车辆，容易出现疲劳。驾驶疲劳会影响到驾驶人的注意、感觉、知觉、思维、判断、意志、决定和运动等诸方面。

（2）疲劳驾驶形成的原因。

疲劳后继续驾驶车辆，会感到困倦瞌睡，四肢无力，注意力不集中，判断能力下降，甚至出现精神恍惚或瞬间记忆消失，出现动作迟误或过早，操作停顿或修正时间不当等不安全因素，极易发生道路交通事故。因此，疲劳后严禁驾驶车辆。

引起疲劳驾驶的因素是多方面的。驾驶人的疲劳主要是神经和感觉器官的疲劳，驾驶人长时间坐在固定的座位上，长时间保持固定姿势，血液循环不畅所引起的肢体疲劳。行车过程中，驾驶员注意力高度集中，忙于判断车外刺激信息，精神状态高度紧张，从而出现眼睛模糊、腰酸背痛、反应迟钝、驾驶不灵活等驾驶疲劳现象。

〖问题〗夏季行车容易导致疲劳和高速行车容易导致疲劳驾驶，这是为什么呢？

在夏季炎热天气或驾驶室内温度过高的环境下驾驶车辆，驾驶人很容易疲劳，往往会感到精神疲倦，视线逐渐变得模糊、思维变得迟钝，尤其是午后行车极易瞌睡，甚至会出现驾驶人瞬间失去记忆的现象，勉强驾驶会导致交通事故发生。

温馨提示：夏季炎热天气行车，应尽量保持驾驶室空气畅通、温度和湿度适宜，出现疲劳时应及时停车休息，不得勉强驾驶车辆。

驾驶车辆时，随着速度的提高或持续高速行车，驾驶人会出现不同程度的驾驶疲劳现象。驾驶车辆高速行驶时，驾驶人的注意力十分集中，始终处于高度精神紧张的状态，而随着速度的不断提高和驾驶时间的延长，驾驶人会逐渐出现疲劳感觉。在高速公路上行驶，道路环境单一，交通干扰少，速度稳定，行车中的噪声和振动频率小，易使驾驶人产生单调感而困倦瞌睡，出现"高速公路催眠现象"。由此可见，驾驶车辆高速行驶，容易导致驾驶疲劳。

（3）疲劳驾驶的表现。

① 驾驶人疲劳时，判断能力下降、反应迟钝和操作失误增加。

② 驾驶人处于轻微疲劳时，会出现换挡不及时、不准确。

③ 驾驶人处于中度疲劳时，操作动作呆滞，有时甚至会忘记操作。

④ 驾驶人处于重度疲劳时，往往会下意识操作或出现短时间睡眠现象，严重时会失去对车辆的控制能力。

温馨提示：驾驶人疲劳时，会出现视线模糊、腰酸背疼、动作呆板、手脚发胀或有精力不集中、反应迟钝、思考不周全、精神涣散、焦虑、急躁等现象。如果仍勉强驾驶车辆，则可能导致交通事故的发生。当开始感到困倦时，切忌继续驾驶车辆，应迅速停车，采取有效措施，适时的减轻和改善疲劳程度，恢复清醒。

（4）生活小常识：缓解疲劳驾驶的方法。

清醒头脑：用清凉空气或冷水刺激面部。

饮食调节：喝一杯热茶或热咖啡或吃、喝一些酸或辣的刺激事物。

肢体活动：停车到驾驶室外活动肢体，呼吸新鲜空气，进行刺激，促使精神兴奋；或者做弯腰动作，进行深呼吸，使大脑尽快得到氧气和血液补充，促使大脑兴奋。

头部按摩：用双手以适当的力度拍打头部，疏通头部经络和血管，加快人体气血循环，促进新陈代谢和大脑兴奋。

播放音乐：收听轻音乐或将音响适当调大，促使精神兴奋。

当然，以上方法只能是暂时的缓解疲劳驾驶，不能从根本上解除疲劳，唯有睡眠才是缓解疲劳和恢复清醒最可靠、最有效的方法。

特别提示：驾驶疲劳极易引起交通事故，危害他人生命财产安全，给社会造成巨大影响。因此，驾驶员朋友一定要谨记，切勿疲劳驾驶。

2. 酒精

2008年世界卫生组织的事故调查显示，大约50%～60%的交通事故与酒后驾驶有关，酒后驾驶已经被列为车祸致死的主要原因。在中国，每年由于酒后驾车引发的交通事故达数万起，而造成死亡的事故中 50%以上都与酒后驾车有关，酒后驾车的危害触目惊心，已经成为交通事故的第一大"杀手"。

（1）饮酒引起的生理反应。

饮酒时，酒精的刺激使人兴奋，在不知不觉中就会喝多，当酒精在人体血液内达到一定浓度时，人对外界的反应能力及控制能力就会下降，处理紧急情况的能力也随之下降。对于酒后驾车者而言，其血液中酒精含量越高，发生撞车的几率越大。驾驶员饮酒后容易引起触觉能力下降、判断能力降低、视觉能力下降、心理发生变态等。

① 触觉能力降低。由于酒会对人的中枢神经起麻醉抑制作用，饮酒后人的手、脚触觉反应较平时降低，踩制动踏板时软弱无力，方向盘掌握不稳，车辆容易失控，驾驶人脚提起来要踩刹车，其实已慢了一两秒。而一辆车时速 60 km，一秒钟跑出 16.67 m；若时速 100 km，一秒则为 27.78 m，这种相差其后果是相当危险的。反应能力降低，严重影响驾驶员对车辆的操控能力。

② 判断能力降低。饮酒后，人对光、声刺激的反应时间延长，操作错误增加，从而无法正确判断距离和速度。实验证明，饮酒者每 100 mL 血液中含酒精 50 mL 时，反应能力即有所下降。达到 100 ml 时，下降约 35%，达到 150 mL 时，下降 50%，并使人动作失调，手脚失控。血液中酒精含量越高的驾驶人，越不能正确思考和判断车宽与路宽的关系，行为带有很大的盲目性。

③ 视觉能力下降。人获取外界的信息约有 80%左右靠视觉，驾驶人对车内外的感知也不例外，并且感知的信息绝大部分同色彩有关。驾驶人饮酒后色彩感觉能力降低，不能正确区分交通信号，容易出现判断失误，导致交通违法行为或交通肇事的发生。

酒精还能使驾驶人的视觉敏锐度下降，对运动的物体难以看清，空间知觉能力、眼睛对光的适应能力下降。这些都会使驾驶人在行车中，因观察出现障碍而造成交通事故。

视角范围下降：一般人在平常状态下的视觉角度为 180°，酒后的视觉角度将会大大减小，而且眼睛只盯着前方目标，对处于视野边缘的危险隐患难以发现。

④ 心理发生变态。酒后飘飘然的愉悦感，容易使驾驶人过高估计自己的能力，对周围人劝告不予理睬，往往做些反常态的事情，这样很容易导致交通事故的发生。

（2）酒驾心理。

我们先来观看一段小品《后悔来不及》。从视频短片我们可以看出，酒驾心理的形成主要源于驾驶员自身，据调查表明：

40%的酒后驾车者"过高地相信自己的驾驶技术"。这类驾车者认为自己酒量大，开车技术过硬，总想用酒后驾车来"炫耀"自己的技术，结果造成险象环生；27%的酒后驾车者的"安全意识淡薄"；3%的酒后驾车者存在"侥幸心理"。

① 自以为酒量高。半斤不脸红，一斤不心跳，二斤倒不了！这样的驾者往往都有超乎寻常的"自信"，觉得自己既是喝了酒，也能把车开到目的地；既是喝了酒，在遇上突发的事情时，也能从容应对和处理。显然，他们已经忘记了酒精会使人神经麻痹、反应迟钝的亘古不变的真理。等出了车祸，悔之晚矣。

② 自以为经验老到，驾驶车辆技术高超。数据统计分析表明：1 年以下驾龄的很少酒后驾车，大量的酒驾行为出现在驾龄 5～20 年的司机身上。岂不知，酒精入体之后，它并不认得你有几年驾龄。而事故却恰好会因为驾龄高、自持高，从而重视度低、防范心理差而多发。

③ 侥幸心理。酒后驾驶者往往存在"侥幸心理",认为自己以前饮酒驾驶从来没有出过事,也没有被抓过,而且也经常看到其他人酒后驾驶,于是便侥幸酒后驾驶,造成惨剧。有了以上思想作怪,驾驶者往往把酒后开车不当回事,使酒后驾驶屡禁不止。驾驶员存在上述心理,其实已经忽视了:酒后驾驶会造成严重社会危害。在此提别提醒驾驶员朋友:"开车不喝酒,喝酒不开车",珍惜生命、平安出行。

(3) 酒驾的刑事行政处罚。

2011年2月25日,十一届全国人大常委会第十九次会议表决通过了刑法修正案(八),对刑法相关条款进行了修改、增加,首次将醉酒驾车这种严重危害群众利益的行为规定为犯罪,并于5月1日正式实施。具体规定为:"在道路上驾驶机动车追逐竞驶,情节恶劣的,或者在道路上醉酒驾驶机动车的,处拘役,并处罚金。"醉酒驾驶的界定标准:每百毫升血液中的酒精含量高于或等于80(含)mg。

这也意味着,今后凡是在道路上醉酒驾驶机动车的,一旦被查获,将面临着最高半年拘役的处罚。其性质也由过去的行政违法行为衍变为刑事犯罪行为。

新修订《道路交通安全法》第91条明确规定:

饮酒后驾驶机动车的,处暂扣6个月机动车驾驶证,并处1 000元以上2 000元以下罚款;饮酒后驾驶营运机动车的,处15日拘留,并处5 000罚款,吊销机动车驾驶证,五年内不得重新取得机动车驾驶证;因饮酒后驾驶机动车被处罚,再次饮酒后驾驶机动车的,处10日以下拘留,并处1 000元以上2 000元以下罚款,吊销机动车驾驶证;醉酒驾驶机动车的,由公安机关交通管理部门约束至酒醒,吊销机动车驾驶证,依法追究刑事责任;五年内不得重新取得机动车驾驶证;醉酒驾驶营运机动车的,由公安机关交通管理部门约束至酒醒,吊销机动车驾驶证,依法追究刑事责任;十年内不得重新取得机动车驾驶证,重新取得机动车驾驶证后,不得驾驶营运机动车。

提示:酒精会影响中枢神经系统,严重影响驾驶能力,导致感知能力下降、反应速度变慢、预警能力下降和自我判断能力变差,对于安全行驶非常有害。

3. 疾病驾驶

▶▶案例情景

2014年1月8日下午,驾驶人罗某驾驶一辆货车,沿六舒三路由南向北行驶至五十铺时,突然冲向路边的树上,路人瞠目。

案例评析 ◁◁

经调查,事故原因是由于肇事司机带病驾驶机动车,在行驶途中病发导致车辆失控所致。幸好没有造成人员伤亡,只是造成车辆受损。

交警提示:在身体不适情况下驾车,机动车驾驶人容易出现注意力分散和反应能力下降的症状,对安全驾驶造成的负面影响等同甚至超过酒后驾驶。特别是感冒病人,对人的行动能力会产生重大影响,其作用几乎等同于喝了8 L啤酒。

在患有疾病的情况下驾驶车辆,驾驶员的判断能力、观察能力、控制能力都会大大降低,增加发生交通事故的可能性。

因此,驾驶员需注意以下事项:

(1) 有强烈的疼痛感,有包扎或绷带会影响行动能力,不宜驾驶。

(2) 定期到医院做身体检查,及时发现身体存在的不良状况。

（3）严重心脑血管疾病患者不宜从事驾驶职业。

（4）注意劳逸结合，保持心情愉快。

带病驾驶是一种不负责任的行为，对自己、他人的人身财产安全造成了严重威胁，也给社会带来了不良影响，因此，驾驶员要时刻谨记，切勿带病驾驶。

4. 药物

（1）药驾的定义。

药驾指驾驶员服用了某些可能影响安全驾驶的药品后依然驾车出行的现象，由于这些药物常用、易得，服用之后可能产生不同程度的不良反应，因而很容易酿成祸患。

近年来，据有关部门统计，因服药后驾驶导致的交通事故明显增多，服药后驾驶已成为当今引发交通事故的重要因素之一。众所周知，饮酒后严禁驾车。但是，人们对服药后开车的危险性却缺乏认识。那么，服用哪些药物会影响安全驾驶呢？

临床上服用后会影响驾车的药物多达十几类，多是用于治疗一些常见疾病的，由于这些药物中含有抑制中枢神经的成分，人在服用后会产生嗜睡、头晕、反应迟钝等不良反应，这些因素将严重影响驾驶人的驾车安全。

（2）影响驾驶员安全行车的药物。

抗过敏药：苯海拉明、异丙嗪、扑尔敏、克敏嗪、赛庚啶等抗过敏药主要用于治疗各种过敏性疾病，如支气管哮喘、荨麻疹、血管神经性水肿等。因其具有减轻鼻塞、流涕等感冒症状，也被用于感冒的治疗，目前市售的抗感冒药，如：日夜百服宁、恺诺、重感灵、新康泰克等，都含有扑尔敏的成分，服用后可能出现嗜睡、眩晕、头痛、乏力、颤抖、耳鸣和幻觉等症状，容易引发交通事故。

镇静催眠药：安定、氯硝安定、佳静安定等药物，服用后可引起嗜睡、乏力、头痛、头晕、运动失调等副作用，严重者可出现视力模糊、精神紊乱、兴奋不安、眼球震颤等症状。服用巴比妥类、水合氯醛等催眠药，可产生头晕、困倦等后遗效应，停药两三日后，仍可能出现以上不适反应。

解热镇痛药：如阿斯匹林、水杨酸钠、安乃近、非那西丁、氨基比林等，此类药如使用剂量过大，可出现眩晕、耳鸣、听力减退、大量出汗，甚至虚脱等副作用。

镇咳药：患者服用可待因、克咳敏、美沙芬等镇咳药后，可出现嗜睡、头晕等不适反应，过量服用还可引起兴奋、烦躁不安。此类药物为高空作业、驾驶车辆、操作机器时所禁用。

胃肠解痉药：阿托品、东莨菪碱和山莨菪碱等解痉止痛药，服用后常出现视物模糊和心悸等副作用；过量服用则出现焦躁、幻觉、瞳孔散大、谵妄和抽搐等中枢兴奋症状。

止吐药：胃复安、吗叮啉、枢复宁等药物，可引起倦怠、嗜睡、头晕等不适，长期或大量服用可出现肌震颤、斜颈、共济失调、惊厥等不良反应。

抗高血压药：如利血平、可乐定、特拉唑嗪、硝苯地平、吲哒帕胺等，部分患者服用后可出现心悸、体位性低血压、头痛、眩晕、嗜睡、视力模糊等症状。

抗心绞痛药：硝酸甘油、心得安、消心痛和心痛定等药物，服用后会有搏动性头痛，在高速行驶或颠簸不平的道路上行驶时，驾驶员容易出现眼压、颅压升高等副作用，导致视力不清、头痛、头晕、乏力等症状。

抗微生物药：长期或过量使用链霉素、庆大霉素、卡那霉素和新霉素等氨基糖苷类抗生素及酮康唑等抗霉菌药物，驾驶员可出现头痛、耳鸣、耳聋、视物不清、颤抖和体位性低血压等不良反应。

降糖药：胰岛素、优降糖、美吡达、达美康等降糖药，如使用剂量把握不当，可导致低血糖反应，出现心悸、头晕、多汗、虚脱的症状。

抗心律失常药：长期、较大剂量服用慢心律、心得安等抗心律失常药物，可出现头痛、眼花、耳鸣和低血压等不良反应；剂量过大时可产生心动过缓、传导阻滞，甚至低血压昏厥。

温馨提示：以上药物的副作用均可影响驾车的安全性，进而导致交通事故的发生。因此在一般情况下，建议驾驶员驾车时应尽量不服用以上药物。

（3）药物驾驶的预防措施。

特别提醒：在生病服药期间最好不要驾车。如果生病了必须服药请注意以下几点：

① 看病时，主动表明身份："我是司机"或"我开车上班"。请医生尽量避免使用会对驾驶员产生不良影响的药物。对于普通常见感冒，最好选用中成药或选择不含抗组胺药成分的，如日夜百服宁中的"日片"，白加黑中的"白片"等。

② 仔细阅读药品说明书或商品标签，特别是"用量、禁忌症和副作用"等。驾驶员如果由于病情需要而用药，一定要接受医生的指导，对因疾病必须服用的药物，应认真、详细了解其作用、服用方法、可能产生的不良反应和注意事项，严禁随便用药。如服药后出现身体不适等异常情况，应去医院请教医生，不要勉强开车，以免发生行车事故。

③ 不可超剂量用药，避免多药联合服用。引起药品不良反应的原因主要有3个：用药剂量不当、重复用药和药物相互作用。因此，考虑到多种药物联合应用可能加重药物的副作用，若自己买药吃，种类要越少越好。

（4）药驾处罚。

根据《中华人民共和国道路交通安全法》中规定，服用国家管制的精神药品或者麻醉药品不得驾驶机动车。

5. 生活习惯

驾驶员有不合理饮食、缺乏体育锻炼、吸烟、酗酒和熬夜等不良的生活习惯，严重影响驾驶员的生理健康。因此，为了驾驶的安全，驾驶员应养成良好地生活习惯，时刻保持充沛的体力和饱满的精神。

【小结】 通过前面的学习，相信驾驶员朋友们已经知道：驾驶员的生理健康对安全行车产生较大的影响，充分认识到疲劳驾驶、酒后驾驶、疾病驾驶以及药物驾驶的危害。因此，保证驾驶员良好的生理状况，有助于安全行车。

四、道路运输驾驶员常见职业病及预防措施

数据显示，80%以上驾驶员的健康状况令人担忧，他们都不同程度地患有颈椎病、肩周炎、骨质增生、坐骨神经痛等疾病。这些疾病与他们的特殊工作性质和不良生活方式有关，如久坐、紧张、疲劳、睡眠不足、饮食无规律等职业因素。

（一）驾驶员常见职业病及预防措施

驾驶员常见的职业病有：胃病、肩周炎、颈椎病、腰疼、震动病、视力障碍、耳聋等疾病，驾驶员了解一些常见的职业病类型，并积极地、有针对性的采取措施，有利于预防疾病的发生。

1. 胃病

由于驾驶员的饮食不规律，经常凑合一顿甚至不吃饭。长期不合理、不规律的饮食习惯，带来的后果就是易患消化系统疾病，常表现为消化不良、胃部疼痛，严重者会引起胃肠大出血。

胃病的预防措施：驾驶员应做到合理安排车辆行程，做到间隔 4~5h 用餐一次，定时定量，坚持"衡、软、缓、淡"的饮食习惯。长途运输时必须常备些新鲜水果、糕点和饮用水。

2. 肩周炎

肩周炎是一种驾驶员最常见的职业病，尤其是 40 岁以上的驾驶员。由于驾驶员长期保持同一姿势驾驶，不能及时活动肩关节，导致肩关节疼痛和活动受限，引发肩周炎。

肩周炎的预防措施：休息时，有意识的活动身体，做一些简单的体操锻炼活动肩关节。做徒手体操，做肩关节 3 个轴向活动，用健肢带动患肢进行练习；做器械体操，利用体操棒、哑铃、肩关节综合练习器等进行锻炼；做下垂摆动，躯体前屈，使肩关节周围肌腱放松，然后做内外、前后、绕臂摆动练习，幅度可逐渐加大，直至手指出现发胀或麻木为止。

3. 腰痛

驾驶员腰病产生的重要原因在于行驶车辆产生的震动，对脊柱的损害极大，会影响颈椎间盘新陈代谢，加速椎间盘变形，甚至造成椎间盘突出，导致腰痛发生。其次，长时间同一姿势驾驶，还会无形中对腰部产生长期压力，如果不加强运动，腰背肌力量薄弱，久之就会引起腰椎变形，常见症状有腰腿疼痛、无力、麻木。

腰痛的预防措施：做好车辆定期维修和保养：应避免旧车"超期服役"，及时更换陈旧、磨损的零部件，尽量减少震动。

保持正确的驾车姿势，确保腰椎受力适度。驾车时双眼平视，座椅的靠背向后微倾，坐垫略向前翘起。臀部置于坐垫和靠背的夹角中，以在操作时不向前移为宜。

持续驾车期间多一些间歇性休息。一次驾车时间一般不宜过长，否则身心疲惫，既影响行车安全，又会危害健康。在驾车过程中，一般每隔 2h 可停车休息，这样可以帮助肌肉消除疲劳并起到复原作用，从而减少震动带来的危害。

4. 震动病

驾驶员如果长期受到车辆在行驶中震动的影响，会导致神经系统功能下降。例如，条件反射受到抑制，神经末梢受损，震动觉、痛觉功能减退，对环境温度变化的适应能力降低。震动使手掌多汗，指甲松动，震动过强时，有的驾驶员会感到手臂疲劳、麻木、握力下降。随着时间的推移，还会使肌肉痉挛、萎缩，引起骨、关节的改变，出现脱钙、局部骨质增生或变形性关节炎。

震动病的预防措施：为了预防震动病，驾驶员必须认真保养好减震器，使其车辆性能保持良好的状态；使用有花纹轮胎，可以有效地降低车辆的振动。

驾驶车辆时应平顺柔和，避免野蛮操作；将驾驶座位调整至适当的位置，最好在座位靠背上装配具有弹性的垫子，以起到分散震动冲击的作用；在握方向盘时用力要适度，最好戴纱手套，使手掌与汽车的接触成为间接接触，以缓冲震动的作用和刺激。

5. 颈椎病

职业驾驶员长时间开车，姿势相对固定，开车时很难保持正确的坐姿，长此以往就会引起颈部肌肉僵硬，血供不畅，发展为颈椎变形增生，从而引起颈椎病，最常见的就是颈肩疼痛、颈部僵硬、头晕乏力、上肢酸软麻木、心慌多汗。

颈椎病的预防：首先，调整好驾驶座位，使方向盘和踏板容易够得到；调整好驾驶姿势，驾车时要坐直，臀部尽量靠紧椅背，上身挺直，膝盖略屈，但不可妨碍操纵方向盘；必要时可调整后视镜角度；操纵方向盘时，手臂应稍弯曲；若将方向盘看成一个时钟面，左手应握在9点至10点之间，右手则握在2点至3点之间。

6. 耳聋

机动车发动机运转、汽车喇叭、所载物体的震动等，可产生不同强度的噪声。部分机动车驾驶室内噪声强度超过规定标准，喇叭声在某些地方不绝于耳。驾驶员长期在噪声的"轰击"下，易导致噪声性耳聋。

耳聋的预防措施：驾驶员最好在平时不妨碍驾驶安全的情况下，关闭车窗，或在车上播放舒缓的音乐。

7. 视力疲劳

驾驶员驾车时精力高度集中，透过车前玻璃，车两旁路边的房舍、树木、田园等静止物，在车轮滚滚向前瞬间快速向后退去，尤其是在晴天太阳光线强烈的情况下，这种"动"的光线刺激，一旦让长时间疲惫行车的驾驶员接受，便要消耗很多视紫质。

视力疲劳的预防措施：驾驶员在停车后，应尽量眺望远处或绿色植物，以缓解眼部疲劳，或者做眼保健操；其次，驾驶员要常饮茶，加速视紫质合成，有效保护视力，对保障行车安全能起到积极作用。

8. 其他疾病

驾驶员在道路状况不好，特别是堵车时情绪容易波动、烦躁，或遇上事故，就更难控制自己的情绪，这些都容易加重失眠、焦虑等方面的疾病，也易引起高血压等疾病。另外，如男性驾驶员长期久坐，空间密闭，温度高，会影响生殖能力。此外，驾驶员还会因为长时间不方便而憋尿，易引起泌尿系统疾病，如前列腺炎、泌尿系统感染及功能性排尿障碍等疾病。

（二）驾驶员保健知识

驾驶员的工作非常辛苦，能量和体力消耗比较大，懂得一些生活保健知识，有助于及时调节驾驶员的身心健康。

首先，饮食营养要调理得当。驾驶员的能量和体力消耗较大，因此，在饮食营养方面应以高蛋白、适量脂肪、多维生素、多纤维素类食物为主，多吃水果、蔬菜类食品，行车途中要多饮白开水或淡茶水。

其次，注意劳逸结合，防止透支健康。驾驶员要保证每天都有足够的睡眠时间，夜间要按时休息，保证足够的睡眠时间。此外，行车途中，还可利用装、卸货物的空当，抓紧时间打个盹儿，要学会忙里偷闲进行休息。

再次，坚持加强体育锻炼。每天坚持体育锻炼，如跑步、做健身操等户外活动。此外，驾驶员善于利用装、卸货物或等停车休息的空当，走出驾驶室，呼吸新鲜空气，做些松弛脊椎、腰部、关节和四肢的活动。

另外，保持健康的心理状态。驾驶员在工作和生活中，要学会摆脱不良情绪困扰，始终保持乐观、积极、健康的心理状态。

（三）驾驶员保健操

由于货车司机职业的特殊性，长时间的固定坐姿对颈椎、腰椎及骨关节等都会造成一定的损伤，容易出现头晕、腰背疼痛、全身乏力、四肢麻木等症状，严重的还会患上颈椎病、腰椎间盘突出等职业病。针对这些情况，斯堪尼亚推出"驾驶员保健操"，长时间坚持锻炼能缓解上述症状，减少驾驶员职业病的发生几率。

下面是具体的保健操步骤：大家一定要跟我学习。

第一步：向后转动肩膀作大得圆周运动，以释放压力并促进血液循环，重复几次。

第二步：提肩并同时吸气，保持 3 s；放松肩膀同时呼气，使肩膀下抑并内吸 3 s，下颌向内收以放松颈部，重复几次。

第三步：张大嘴巴数次使下颌放松，然后左右移动下颌。

第四步：收紧臀部肌肉，在座位上坐直，可以促进血液循环，随后放松，重复数次。

第五步：拱起下背以活动肢体，重复数次。

第六步：启动巡航控制并让脚做上下运动以暖身，这可以防止血管中出现血块。

第七步：把一只手的手掌按在门的内侧，转过身去，两边换着，每次保持 15～30 s，重复数次。

第八步：把一个脚后跟放在登车台阶上，慢慢弯曲膝盖，然后把手放在背部。向前弯腰，保持背部挺直，伸展腿的背面。两边换着来。每次锻炼保持 15～30 s，重复几次。

第九步：向前俯身，手撑在驾驶室上，一只脚后退一步，脚后跟落地，这样可以感到腓肠肌处于紧张状态，两边换着来保持 15～30 s，重复几次。

第十步：抓住脚踝，双膝并拢并送跨，以感到大腿及跨前部紧张为佳。两边换着来，每次锻炼保持 15～30 s，重复数次。

第十一步：将手放在胯部，慢慢地将身体尽量往后弯，重复 5～10 次。

第十二步：向头肩膀倾斜，以感到颈部肌肉紧张为佳，两边换着来，保持 15～30 s。

第十三步：慢慢地向左，右转动头部。

第十四步：把手往后或往外翻，紧握另一只手并往上拉，两边换着来。

【小结】通过本知识点的学习，相信驾驶员朋友都认识到了常见驾驶员职业病产生的原因和预防措施，懂得了一些驾驶员保健知识，学会了驾驶员保健操。要保持健康的精神和身体状况，需从自我预防做起。

单元四　道路运输车辆

教学对象

道路旅客运输驾驶员、道路货物运输驾驶员、道路危险货物运输驾驶员。

教学目标

（1）了解客运车辆新标准以及新技术，新设备的作用。

（2）掌握客运车辆维护周期及维护作业内容。

（3）掌握客运车辆常见故障识别。

（4）掌握客运车辆的安全检视项目、方法。

教学内容

（1）道路运输车辆动态监控要求和正确使用。

（2）货运车辆的维护及相关安全备品、工具使用。

（3）道路运输车辆常见故障以及处理方法。

（4）道路货物运输车辆行车前、行车中和收车后的安全检查方法步骤和重点项目。

（5）道路运输车辆知识及使用常识。

教学重难点

（1）了解客运车辆的维护及相关安全备品、工具的使用，其中包括日常维护、一级维护、二级维护以及车辆备品、工具和消防器材的原理、配置及使用方法。

（2）能够对道路旅客运输常见的故障加以识别、描述，并能够掌握实用的故障排除方法。

教学方法

讲授法、案例教学。

教学时间

2课时。

教学过程

一、道路运输车辆动态监控要求和正确使用

在道路运输系统中新技术不断更新应用。近几年来，为了实施对运输车辆的动态监控，卫星定位系统等一些高新技术也相继应用到道路运输系统中。透过这些新技术，不但加强了车辆的安全管理，同时也提高了驾驶员应对突发事件的能力。

（一）安装卫星定位装置的规定

交通运输部《关于加强道路运输车辆动态监管工作的通知》（交运发（2011）80号）规定，2011

年 8 月 1 日起，新出厂的旅游包车、三类以上班线客车和运输危险化学品、烟花爆竹、民用爆炸物品的车辆（简称两客一危），在车辆出厂前应安装符合标准的卫星定位装置。道路运输管理部门将对未按规定安装符合标准的卫星定位装置的新增车辆，不予核发道路运输证。

《关于进一步加强客货运驾驶人安全管理工作的意见》（公通字（2012）5 号）规定，对于已经取得道路运输证但尚未安装卫星定位装置的两客一危车辆或已安装但未接入全国重点营运车辆联网联控系统的两客一危车辆，自 2012 年 2 月 1 日起，道路运输管理部门将暂停其资格审验。

（二）车辆卫星定位系统的功能

1. **政府平台**

政府平台是指对管辖范围内的车载终端和接入平台进行管理的系统平台，主要包括对上级平台的数据报送和对下级政府平台的管理、对企业平台的监管和服务的实现。

其基本功能包括对平台进行管理，对各种运营车辆（旅游包车、班线客运车辆、货运车辆）实现动态监控或动态视频监控，报警和报警管理，对道路运输企业进行管理。

2. **企业监控平台**

企业平台是对服务范围内的车载终端和用户进行管理，并提供安全运营监控的系统平台，主要实现对平台中的车辆安全运营的实时监控。

企业监控平台的业务功能如下：

（1）偏离路线报警。

偏离路线报警是指当车辆偏离预设的行驶路线范围一定距离时报警。

（2）线路关键点的监控。

线路关键点的监控是指当车辆未按照规定时间内到达或离开指定位置时，进行实时提示。

（3）区域报警。

区域报警是指可在平台上设定圆形或多边形的限制区域，实现车辆进出该区域后报警功能。

（4）分路段限速控制。

分路段限速控制是指分路段设置限速范围，实现车辆超速报警的功能。

（5）疲劳驾驶报警。

疲劳驾驶报警是指当驾驶员连续驾驶时间超过规定时间范围时报警，并提供疲劳驾驶报警的记录和处理。

（6）驾驶员身份识别。

驾驶员身份识别是指对终端上传的驾驶员身份信息识别，并将驾驶员身份有效性地结果信息下传至终端，完成驾驶员身份识别过程。

（7）班线客运特殊业务功能。

班线客运特殊业务功能是指提供班线客运线路查询。

通过拍照或视频方式监控车辆超员情况。

3. **车载终端**

（1）车载终端的定义。

车载终端是指安装在道路运输车辆上满足工作环境要求，具有卫星定位系统、移动网络接入、道路运输车辆行驶记录、道路运输车辆相关信号采集和控制，与其他车载电子设备进行通信，提供政府平台或企业平台所需的信息，完成卫星定位系统对车辆控制功能的装置。

驾驶员通过按键、触摸屏或遥控器等方式操作终端，终端通过语音报读设备与显示设备，结合信号灯或蜂鸣器等设备向驾驶员提供信息。

（2）车载终端的功能。

车载终端具有自检功能、定位功能、通信功能、信息采集功能、行驶记录功能、监听功能、通话功能、休眠功能、警示功能、终端管理功能、人机交互功能、信息服务功能、电召服务功能、多中心接入功能。这里主要给大家讲讲自检功能、定位功能、信息采集功能、行驶记录功能、监听功能和警示功能。

① 自检功能：通过信号灯或显示屏明确表示车载终端当前主要状态，若出现故障，则显示故障类型等信息，存储并上传至监控中心。

② 定位功能：提供实时的时间、经度、纬度、速度、高程和方向等定位状态信息，同时通过无线通信方式上传至一个或多个监控中心。

③ 信息采集功能：终端可采集驾驶员身份、电子运单、车辆 CAN 总线数据、车辆载货状态、车辆运营数据、收费结算数据、图像、音频、视频等信息。

④ 行驶记录功能：可记录行驶状态数据、车辆行驶里程等信息。

⑤ 监听功能：终端具有车辆 ACC 点火检测功能。当车辆熄火后，终端向监控中心发送车辆熄火信号并自动进入休眠状态。

⑥ 警示功能分为人工报警与自动提醒。

◎人工报警。人工报警是驾驶员根据现场实际情况触发的报警，包括：当遇到抢劫、交通事故、车辆故障等紧急情况，驾驶员通过触动应急报警按钮向监控中心上传报警信息，同时关闭语音报读模块。如果终端具有图像、视频、音频采集功能，应立即启用该功能。

◎自动提醒。自动提醒指驾驶员不对终端进行任何操作，终端根据监控中心设定的条件触发，包括以下内容：

（1）区域提醒：当车辆驶入禁入区域或驶出禁出区域时触发。

（2）路线偏离提醒：当车辆驶离设定的路线时触发。

（3）超速提醒：终端可根据预设的速度阈值或通过接收监控中心下发的信息触发，提醒驾驶员当前处于超速状态。

（4）疲劳行驶提醒：驾驶员连续驾驶时间超过疲劳驾驶时间阈值时触发。

（5）蓄电池欠压提醒：终端检测车辆蓄电池电压低于预设值时触发，同时终端须停止从车辆蓄电池取电，转由终端内置备用电池供电。

（6）断电提醒：终端在被切断主供电源时触发。

（7）超时停车提醒：停车时间超过系统预设时间时触发。

（8）终端故障提醒：当终端主机及与终端主机连接的外部设备工作异常时触发，并上传至监控中心。

（三）车辆卫星定位装置的使用方法以及注意事项

为保障卫星定位装置设备正常运行，在出车前、行驶中和收车后都要对车辆卫星定位系统的工作状况进行检查。如果发现设备故障或工作状态不正常，必须及时报修和相应处理。

在车辆行驶过程中，驾驶员应保持良好的习惯，认真收听车辆卫星定位系统的语言提示信息，禁止使用车载电话聊天等。如果确实需要，应由副驾驶员接打或者选择安全区域停车后接打。

◎ **使用注意事项**

（1）车辆在维修保养过程中需要电焊作业的，要切断车辆卫星定位系统的供电电源。

（2）维修需要拆装车辆卫星定位系统终端设备，应请专业人员拆装。

（3）严禁私自修理、故意破坏和拆、拔车辆卫星定位系统设备各部件。

（4）严禁擅自修改有效参数值。

（5）严禁覆盖车辆卫星定位系统天线。

（6）严禁重物堆压设备。

（7）维护及清洗车辆时，要防止仪器受潮损坏。

【小结】通过本知识点的学习，我们了解到了卫星定位系统的功能以及卫星定位装置的使用方法和交通运输部对于卫星定位装置的安装规定。卫星系统这些性技术相继应用到道路运输中，通过对运输车辆的动态监控，不但加强了车辆的安全管理；同时也提高了驾驶员应对突发事件的能力。

二、道路运输车辆的维护及相关备品、工具使用

道路运输经营者应当加强对车辆的维护和检测，确保车辆符合国家规定的技术标准；车辆维护有利于减少车辆故障，延长使用寿命，保障行车安全。另外，在出车前准备好相应的安全备品、工具，对保障行车安全也很重要。

车辆维护是指道路运输运行到国家有关标准规定的行驶里程或间隔时间，必须按期执行的维护作业。车辆维护有利于降低车辆故障率，延长车辆的使用寿命，保障行车安全。根据交通部公布的《道路运输车辆维护管理规定》第五条规定，道路运输车辆的维护分为日常维护、一级维护、二级维护。

（一）日常维护

车在使用过程中，各部件将产生不同程度的松动、磨损和损伤，使汽车技术状况变坏。日常维护是保持汽车正常状况的基础工作，由驾驶员负责完成。日常维护的好坏，直接影响到行车的安全。为了预防事故和保证行车安全，应随时了解和掌握汽车的技术状况，汽车在使用时，驾驶员必须坚持进行日常维护。

▶▶**案例情景**

徽省某保险公司一行94人赴泾县一日游，分乘两辆客车。当客车行至合巢芜高速公路上行线74k段试刀山隧道附近时，在前面行进的1号车由于没有进行日常维护，车辆机械磨损严重，车尾部突发漏油，客车驾驶员下车对旅行车辆进行简单维修，2号车也停下来。5小时后，1号车终于修好，两辆车才又载旅客开往目的地。这起车辆故障事故让旅客感到不满，最终让交通民警来协调解决，交通民警经过调查，认定这起事故由旅行社负全部责任。

案例评析 ◁◁

客车没有做好维护就上路，给乘客、驾驶员、交通民警、旅行社都带来麻烦，也给事故

埋下隐患。可见，日常维护很重要，直接影响行车安全。为预防事故和保证行车安全，驾驶员应随时了解和掌握车辆的技术状况，坚持进行日常维护。

汽车日常维护的主要内容：坚持"三检"、保持"四清"、防止"四漏"原则。坚持"三检"即出车前、行车中、收车后检视车辆的安全机构及各部机件连接的紧固情况；保持"四清"，即保持机油滤清器、空气滤清器、燃油滤清器和蓄电池表面的清洁；防止"四漏"，即防止漏油、漏水、漏气和漏电，以保持车容整洁、车况良好。

（二）一级维护

一级维护是由维修企业负责执行的车辆维护作业。其作业中心内容是除日常维护作业外，以清洁、润滑、紧固为主，并检查有关制动、操纵等安全部件。

清洁：除了日常维护里面保持车身表面清洁外。还要更加细致的如清洗和更换发动机的空气过滤器，检查转动机的手柄，清洁里面的沉淀物等等。

润滑：这个项目主要是各润滑脂油嘴是否齐全有效、安装位置正确；所有润滑点均已润滑、无漏洞。还有检查曲轴箱、化油器以及制动液液面的高度，如果超出标准的高度，则是对车子有害的，而且还要检查整辆车漏水、漏油、漏电的情况 以确保车辆整洁。

紧固：这项检查主要是检查、紧固车身和其他附件的螺丝是否安全拧紧。转向、制动系统灵敏可靠；各部紧固无松动；车轮轮毂轴承有无松旷。转向臂、转向拉杆、制动操作机构工作是否可靠，锁销是否齐全有效；转向杆球头、转向传动十字轴承、传动轴十字轴承有无松旷。转向器、变速器、驱动桥的润滑油面，应在检视口下 0—15mm（车辆处于停驶状态），通风孔畅通；变速器、减速器突缘螺母是否紧固可靠。以保障车辆在行驶过程中，车身的零件不出状况。

检查装置：汽车一级维护需要检查车内的各种装置。如：

发动机前后悬挂、进排气歧管、散热器、轮胎、传动轴、车身、附件支架等外露螺栓、螺母须是否齐全、紧固、无裂纹。

三元催化器转换装置、散热器、进排气歧管、化油器、风扇、空气压缩机、发电机等各种车内细小而又重要的部件。

轮胎气压应符合充气规定，胎面无嵌石及其他硬物。

离合器踏板和制动踏板自由行程符合技术规定。

灯光、仪表、喇叭、信号是否齐全有效。

蓄电池电解液液面应高出极板 10～15 mm，通风口畅通，接头是否牢靠。

短途试车检查维护效果。试车中，发动机、底盘是否运行正常，无异响；各操纵部位是否符合技术要求。

（三）二级维护

二级维护是由维修企业负责执行的车辆维护作业。其作业中心内容是除一级维护作业外，以检查和调整转向节、转向摇臂、制动蹄片、悬架等经过一定时间的使用容易磨损或变形的安全部件为主，并拆检轮胎，进行轮胎换位。

车辆车二级维护项目一：发动机。这个项目的检查相对一级维护而言，较为精细，汽车二级维护需要检测发动机的怠速、中速和高速运转时候的状况，以及气缸压力和真空度等是否符合标准。并且发动机通过三清三滤作业后的各项指标的情况是否符合规范，有无漏水、漏电、漏油、漏气等现象。

车辆二级维护项目二：离合器。这个项目是检测对离合器操作的方便性、平稳性、可靠性的检测，确保离合器在使用的时候方便、无异响、液压系统也没有漏油。让司机更好的使用离合器。

车辆二级维护项目三：轮胎。检测轮胎的胎压是否正常，以及轮胎纹路里面是否夹杂碎石子等容易伤害轮胎的杂质以及检测轮胎是否存在老化、鼓泡等现象。还要检测轮胎的正常运行时是否与车厢底板有摩擦现象。

车辆二级维护项目四：整车检验。这个项目是检测车的整体情况，如车架的裂缝、螺丝的松动，照明的启用以及行车时有无不正常的响声等等。如有发现，则会立即检查、调整和排除。确保车辆正常行驶。

车辆二级维护项目五：转向盘自由行程和前轮前束符合要求，转向轻便、灵活、可靠，行驶时前轮无摆头和跑偏。

车辆二级维护项目六：变速箱、驱动桥、万向节（或半轴）传动装置等润滑良好，连接可靠，无异响和过热现象，不跳挡，换挡灵活，不漏油。

车辆二级维护项目七：制动踏板自由行程和制动器间歇符合要求，行车，驻车制动良好，制动时无跑偏和拖滞现象，惯性比例阀工作正常，不漏油。

车辆二级维护项目八：悬架、减震固定可靠，功能正常，轮毂、轴承温度在行驶后无明显过热。

车辆二级维护项目九：各润滑点加注润滑油。

备品、工具和消防器材的配置是每一辆车都必不可少的，警告标志就是其中一个重要的部分。

▶▶案例情景

一辆货车载着超过自身载重的铁皮行驶在浙省某干道时，突然爆胎。驾驶员直接将货车停在路中间，没有放置任何警告标志，随后找来维修人员进行维修，整个过程只留了一人在路边观看来往车辆。当交通民警到达现场后，要求车辆负责人设置警示标志，负责人却告知车辆没有随车配备任何警示标志，自己对相关的车辆备品也不清楚，交警对其教导之后，方才知道需要将车辆警示尾灯换掉，最后，交警找来了三角牌，所幸没有出现严重事故。

案例评析◁◁

这辆事故车在行车过程中不仅超重，更是在出现事故后没有设置任何警告标志，只留下一人在路边查看来往车辆，而且，查看的人也没有将心思完全放到提示周围车辆的事上。虽然最终交警找来了警示三角牌，没有导致严重事故，但也提醒各位驾驶员朋友，警告标志的配备是必需的。

〖问题〗在遇到突发故障时，应该怎样利用警示标志呢？

车辆备品、工具和消防器材主要包括：警告标志、三角木、安全锤、车载灭火器、安全出口、车辆急救箱。

1. 警告标志

当车辆在一般道路上，行驶过程中遇见突发故障，需要检修 或者事故时，应该离车身后距离至少 50 m 以上的地方放置警告标志。如果是在高速公路上遇见以上情形，警告标志的放置距离则应该在车身后至少 150 m 以上。警告标志对于在特殊天气、特殊情形下尤为重要，如：雨天，雾天、夜间或弯道。

2. 三角木

三角木又称掩木，当车辆在坡道，山区道路停车是三角木是必备的物品。当车辆在坡道，山区道路停车是，在车轮下垫放三角木，可以防止车辆后滑、溜车等现象，甚至不可预料的意外事故。当车辆在装卸货物时，避免车辆因移动导致意外事故，则应该且必须在车轮下垫放三角木。

3. 安全锤

车辆在发生火灾或倾翻等情急情况时，这时车内人员则可以使用安全锤敲碎玻璃，逃生。安全锤是车内必备的求生工具，一般放置在车内容易拿取的地方。在敲车窗玻璃时，我们应该用安全锤较尖锐的一头敲击车窗四角和边缘的位置，因为钢化玻璃中间部分最为牢固，四角和边缘最薄弱。

道路运输车辆对安全锤数量的配备有规定：空调长途卧铺客运车辆至少配备6把安全锤；其他客运车辆至少配备4把安全锤；货运车辆至少配备2把安全锤。

4. 车载灭火器

车载灭火器是车辆应急救援的必备物品。当车辆发生火灾时，驾驶员使用灭火器消灭初期火灾可很大程度上避免更严重的损失甚至灾难。

应该定期检查灭火器压力，或查看有效期。灭火器失效后，驾驶员可以拿到消防器材销售部门重新填装使用，并在测试合格后粘贴标签。

灭火器主要针对客运汽车，不同的客车配备的灭火器数量位置也不同。具体情况如下：

车长不大于10 m的座位客车至少配备2具灭火器，一具靠近驾驶员，一具位于乘客舱中后部。

车长大于10 m的单层座位客车，卧铺客车，至少配备3具灭火器，一具靠近驾驶员，一具位于乘客舱中部。一具位于乘客舱后部。

双层客车至少配备4具灭火器，一具靠近驾驶员，一具位于下层中后部，一具位于上层中前部。一具位于上层中后部。

5. 安全出口

一般长度大于7 m的客车均安装有安全门，安全门在车身左侧。

车内外开启安全门的锁止装置手柄附近，有红色醒目的符号标记或简明的文字，标明安全门的开启方法，且有"安全门"或"安全出口"等字样。

长途、旅游客车还设置安全顶窗，安全顶窗可从车内、外开启。应急出口处用易击碎的透明玻璃封闭。

6. 车辆急救箱

道路运输车辆，可以配备急救箱，以备驾驶员或乘客在晕车、突发疾病或发生事故后开展自救和互救时使用。

急救箱宜配备的药品有：消毒绷带，消毒棉花，急救包，医用胶布，三角巾，碘酒，酒精，止血带，止血粉，晕车药，止痛片等。

【小结】通过本知识点的学习，我们了解到了车辆日常维护，一级维护、二级维护的内容以及操作方法。车辆维护有利于降低车辆故障，延长车辆的使用寿命，并保障行车安全。还有正确使用车辆备品、工具和消防器材,对保证车辆运输安全的重要性。

三、道路运输车辆常见故障以及处理方法

在道路运输过程中,车辆出现故障是在所难免的,但只要各位驾驶员能够冷静处理,积极应对,就能够避免危险事故的发生或者将事故的损害减小。

▶▶案例情景

涪陵区驾驶员马某驾驶一辆黄色中巴车从堡子镇回涪陵城区,一路上40多千米都没有出现任何问题。但在城里经历连续两个长下坡之后,马师傅突然发现刹车失灵。此时车上载有10多名乘客,马师傅马上采取了两个措施,一是拉手刹,二是强制减挡。

车上的GPS记录的数据显示,马师傅的措施先是让车辆的速度有所减缓,但巨大的惯性还是让车辆继续沿着坡道滑行,而且速度也越来越快。由于制动失效,处于下坡状态的车辆时速又从8 km增加到19 km。当时正值下班高峰,人和车辆都很多,此时马师傅采取了第三个措施,主动地用自己的车去撞击道路前方的一辆长安面包车,希望用这种方式让车辆的速度减缓下来。

车上的GPS数据显示,马师傅故意对前面的面包车追尾的做法起到了一定效果,车子的时速从19 km降到了16 km。但是,前面的面包车被推行了几十米之后,面包车司机也采取紧急措施,向右猛打方向,车辆原地掉头停在了路上。马师傅又不得不独自面对紧急状况。危急关头,马师傅又有了对策:用车去撞树,连怎么撞也考虑好了。

警方当时通过监控也发现了这一突发事件,摄像头随即也移动了几次。从画面上可以看得很清楚,马师傅驾驶的中巴车冲下花台后,按照他的设想开到了花台的左侧,利用上坡的地形停了下来,车里的人员终于脱离了危险。

案例评析◁◁

驾驶员马某在开车行驶的过程中,遇到了刹车失灵的故障。当他发现刹车无法得到控制时,冷静的进行了处理,利用撞击面包车、避让人群、撞击树木、选择上坡路段等方法及时将客车停了下来,确保了车上人员的安全。

〖问题〗道路运输车辆常见故障以及处理方法有哪些呢?

先从汽车的大体构成说起。汽车基本机构由发动机、底盘、车身和电气设备四部分组成。汽车经长时间使用,磨损消耗,发动机、底盘和电气设备等都可能出现故障。

在道路运输过程中,驾驶员要学会识别常见故障,及时处理,避免"小异常酿成大故障",危及行车安全。

(一)道路运输车辆常见故障的处理原则

车辆在行驶过程中,一旦发现故障,应立即停车检查。驾驶员在面对常见故障的处理时应遵循如下原则:

(1)判断故障是否影响行驶安全,对于简单故障时,应根据车辆使用说明书的要求进行,不能盲目操作。如果可能带来危险性后果时,应立拨打救援电话,等待专业人员进行处理。

（2）对于可以判断且容易处理的故障，要及时进行简单的处理排除，尽快把车辆开到最近的修理厂进行进一步处理。

（二）发动机常见故障的识别及处理方法

汽车发动机是汽车的核心部件，起正常高效的运转对于汽车的使用起着决定性影响。以下将介绍发动机常见故障的识别和处理方法。

1. 发动机不能启动

检查分电器、火花塞、高压线路等是否因汽车淋雨或洗车而受潮。处理方法：先将车辆熄火，将受潮部分的机件晾干再发动汽车。

检查蓄电池电压是否足够。处理方法：利用连接电缆与其他车辆电池连接进行暂时性供电，以便启动车辆。

2. 换挡时车辆熄火

发动机怠速过低。处理方法：根据车辆情况将挡位调整到正确的怠速挡上。

怠速截止阀未拧紧，插头脱落。处理方法：如果怠速截止阀或连接部分的插头脱落，将其重新插好即可。

3. 车辆行驶时方向盘发抖

车辆轮胎上是否粘有泥块、石头等杂物。处理方法：清除轮胎缝隙中的石块及粘贴在车轮上的杂物。

轮胎经撞击变形或车轮平衡块脱落。处理方法：为避免安全隐患应及时更换变形的轮胎，并就近寻找汽修店安装平衡块。

更换轮胎后未进行四轮定位。处理方法：应及时寻找专业汽修店进行四轮定位，避免安全隐患。

（三）底盘常见故障的识别及处理方法

这个内容主要分三部分讲解，分别是传动系故障的判断与处置、制动系故障的判断与处置以及前桥和转向系故障的判断与处置。

1. 传动系故障的判断与处置

1）离合器分离不彻底
（1）现象：挂挡困难，有撞击声；挂挡后不抬离合器踏板，汽车即行走或使用发动机熄火。
（2）判断与处置见表3。

表 3

故障原因	原因分析	处 置
调整不当	离合器踏板自由行程过大；分离杆内端面不在同一平面或过低；中间主动盘限位螺钉调整不当	调整
磨损与破损	分离杆内端面磨损、支架销孔磨损或脱出；摩擦片破碎	更换

续表 3

故障原因	原因分析	处 置
折断	分离杆折断；个别分离弹簧折断、过软或高低不均；部分压紧弹簧折断或弹力不均	更换
变形	分离杆弯曲；从动盘翘曲；中部主动盘	检修、更换
松旷	分离杆调整螺钉松动；从动盘铆钉松脱	紧固
其他	从动盘花键槽与变速器第一轴花键齿卡滞	检修、更换
	液压操纵系统中有空气或漏油	放气、捡漏

2）离合器打滑

（1）现象：①起步时，虽已抬起离合器，但仍不能顺利起步，有时直至完全抬起时，才勉强起步；②加速时，行驶速度不能随之提高；上坡加油时，发动机转速虽提高，但仍感乏力；③重负荷时，发出焦臭味和黑烟。

（2）判断与处置见表 4。

表 4

故障原因	原因分析	处 置
离合器踏板工作不良	离合器踏板活动阻滞	立即检修
	离合器踏板没有自由行程	调整
	离合器踏板复位弹簧力不足、折断、脱落	立即检修、更换
摩擦片状态不良	摩擦片过薄、硬化、烧蚀、铆钉外露、沾有油污、出现斑点	更换
压盘压紧弹簧状态不良	压盘压紧弹簧过软、折断、弹力不足或膜片式弹簧裂纹	更换
松旷	离合器盖松旷；飞轮松动	紧固
分离杆调整不当	分离杆调整过高	调整

3）离合器发抖

（1）现象：①起步不稳，有突然窜动的感觉；②起步瞬间伴有车身抖动现象，严重时整车抖振。

（2）判断与处置见表 5。

表 5

故障部位	原因分析	处 置
分离机构	分离杆变形	更换
	分离叉、分离套筒卡滞	及时检修
	分离杆调整不当，其内端面不在同一平面	调整
摩擦盘、片	主、从动盘翘曲或磨损起槽；摩擦片破损、变形、松动、铆钉外露、表面油污、烧焦、硬化；减振盘破裂	更换
弹簧	压紧弹簧疲劳、弹力不均、折断；膜片弹簧疲劳、弹力不均、断裂；减振弹簧疲劳、弹力不均、折断	更换

续表 5

故障部位	原因分析	处置
其他	离合器踏板没有自由行程	调整
	发动机、变速器固定不牢；飞轮、离合器壳松动	紧固
	离合器从动盘与变速器第一轴间锈蚀、积垢而卡滞	及时检修、更换

4）离合器异响

(1) 现象：① 怠速时，踏下离合器踏板，发出异响，踏板放松时异响消失；

② 踏下和松抬离合器踏板，均有异响。

(2) 判断与处置见表 6。

表 6

故障部位	原因分析	处置
分离机构	分离杆螺钉弹簧松动	紧固
	分离杆螺钉折断、杆支架销及销孔磨损松旷	更换
	分离叉卡滞	及时检修
分离轴承	润滑不良、卡滞、烧毁	润滑、检修、更换
	磨损过甚、损坏；轴承座复位弹簧过软、折断、脱落；轴承与套筒松旷；分离套筒与变速器第一轴松旷；离合器踏板复位弹簧折断	更换
从动盘	减振弹簧折断；摩擦片变形、破裂、铆钉外露、松动、钢片翘曲、变形；从动盘壳歪斜、键槽磨损	更换
其他	离合器与压盘配合松旷（单片式）；传动销与中间主动盘销孔松旷（双片式）；传动销过长	及时检修

5）变速器挂挡困难

(1) 现象：挂挡不顺利，有齿轮撞击声。

(2) 现象与处置见表 7。

表 7

故障部位	原因分析	处置
变速器操纵机构	操纵机构调整不当	调整
	远距离操纵机构变形；变速器操纵杆变形；变速叉变形、轴弯曲变形	及时检修、更换
变速器锁止机构	变速叉轴锁止弹簧过硬；钢球毛糙、卡滞、破裂	更换
同步器	同步器散架、耗损、缺陷	更换
变速器第一轴	第一轴弯曲、变形；第一轴花键严重磨损	更换
齿轮油	齿轮油品质下降	更换
	齿轮油油量不足	加注

6）变速器跳挡

(1) 现象：汽车以某一挡位行驶时，当抬起加速踏板或遇颠簸，变速器操纵杆自行跳到空挡位置。

(2) 判断与处置见表 8。

表8

故障部位	原因分析	处置
变速机构	齿轮、齿套磨损过甚；变速器轴承磨损松旷；齿轮啮合长度不足；第一轴、第二轴与中间轴平行度超差；滑动齿轮花键槽及第一轴花键齿磨损过甚	更换
锁止机构	变速叉轴磨损过量；锁止弹簧过软、折断	更换
同步器	同步器散架、锁销松动、锥盘齿轮磨损过量	更换
其他	变速器操纵杆变形；变速叉磨损、变形；变速器第一轴与发动机曲轴同轴度超差	更换
	变速器固定螺栓松动	紧固

7) 变速器异响

（1）现象：① 空挡有异响，踏下离合器踏板时声响消失；② 低速挡有异响，高速挡声响减弱或消失；③ 仅在个别档位有异响；④ 直接挡无异响，可其他挡位均有异响；⑤ 各挡位均有异响。

（2）判断与处置见表9。

表9

故障部位	原因分析	处置
变速器操纵机构	变速器操纵杆变形；变速叉轴变形；变速叉变形或固定螺栓松动	及时检修、更换
	变速器操纵机构各连接处松动	紧固
变速齿轮	齿轮油量不足	添加
	齿轮油品质下降；齿轮齿形磨损异常、轮齿磨损或折断、齿隙过大；常啮合齿轮副不匹配	更换
轴承	第一轴前、后轴承松旷、损坏；第二轴前段滚针轴承损坏；第二轴后轴承松旷、损坏；中间轴前、后轴承损坏；倒挡齿轮组滚针轴承松弛、损坏	更换
部件变形、损坏	第二轴弯曲；中间轴弯曲；衬套破碎；同步器耗损；止堆垫圈破损	更换
定位	变速器壳前端面与第一、第二轴轴心线垂直度超差；第一、第二轴与发动机曲轴同轴度超差；第二轴花键与滑动齿轮毂配合松旷；变速器总成定位不准	及时检修

8) 传动轴异常

（1）现象：① 起步或变速时有异响，伴有车身抖动；② 起步无异响，行驶时却有异响；③ 起步无异响，滑行时却有异响；④ 起步或松抬加速踏板有异响；⑤ 整个行驶过程中均有异响，车速越高，声响越大。

（2）判断与处置见表10。

表 10

故障部位	原因分析	处置
万向节、伸缩节中间轴承支架	十字轴及滚针磨损、断碎	更换
	十字轴装配过紧，不灵活；两端万向节叉不在同一平面内	调整
	万向节连接处松动	紧固
	伸缩节花键槽、齿磨损；变速器第二轴花键齿与凸缘花键槽磨损过甚	更换
	松动、位置偏斜，垫块、隔离套、紧固螺栓过紧或过松	紧固、调整
	橡胶垫环隔套损坏、轴承磨损过甚	更换
	轴承润滑不良	润滑
	轴承安装不当	及时检修
传动轴	传动轴弯曲	矫正或更换
	传动轴未按标记安装或安装不当、凸缘和轴管焊接歪斜、平衡块脱落、轴凹陷；十字轴回转中心与传动轴同轴度超差	及时检修、矫正

9）后桥异响

（1）现象：① 行驶中出现异响，高速行驶时或急剧改变车速时，声响明显；② 行驶中出现异响，脱挡滑行时，有的异响不消失，有的减弱或消失；③ 直线行驶时无异响，但转弯时却出现异响；④ 上坡时出现异响或下坡时出现异响，或上、下坡均有异响。

（2）判断与处置见表 11。

表 11

故障部位	原因分析	处置
直线行驶良好，曲线行驶时出现异响	行星齿轮转动困难	调整、更换
	行星齿轮轮齿表面损伤、折断；行星齿轮与半轴齿轮不配套，啮合不良	更换
	减速器从动齿轮与差速器壳的铆钉松动	重铆
行驶有异响，脱挡滑行时减弱或消失	行星齿轮与半轴齿轮啮合间隙过小；半轴齿轮花键键槽与半轴配合松旷；圆锥主、从动齿轮啮合不均或间隙过大、齿轮损伤或折断	调整、更换
行驶、滑行时均有异响	后桥齿轮润滑油量不足	添加
	后桥轴承预紧度过大；圆锥主动齿轮滚柱轴承磨损、调整不当、松旷、凸缘未压紧；圆锥主、从动齿轮啮合间隙过小；差速器圆锥滚子轴承盖紧固螺栓松动	及时检修、调整、更换

2. 制动系故障的判断与处置

1）液压制动不良

（1）现象：① 将自动踏板踩到底，车辆不能立即减速、停车；② 制动时，车辆出现跑偏；③ 制动时，车辆出现侧滑。

（2）判断与处置见表 12。

表 12

故障部位	原因分析	处置
真空助力器	漏气、失效	更换
制动主缸	制动液不足、变质、有杂质	添加、更换
	补偿孔堵塞、加液口盖通气孔堵塞	疏通
	皮碗、皮圈老化、发胀、变形或被踏翻、活塞与缸体磨损或漏油	立即检修
	活塞复位弹簧过软、自由长度不足、回油阀密封不良、出油阀弹簧过软、折断或密封不良	更换
制动轮缸	轮缸皮碗老化、发胀、复位弹簧过软或折断	更换
	轮缸活塞卡滞；轮缸活塞与缸体磨损、漏油	立即检修
车轮制动器	制动器间隙不当；制动摩擦片接触面积和部位不符合要求	调整
	制动鼓失圆、起沟槽；制动鼓磨损过量；制动摩擦片硬化、油污、水湿、铆钉外露、破碎、磨损过量、轴锈蚀卡滞	更换
其他	制动踏板自由行程过大	调整
	液压制动系统内渗入空气、温度过高而发生气阻	排气
	制动管路凹瘪；制动管路接头松动、渗漏；制动软管老化、破裂、堵塞	立即检修、更换
	前轮定位不准；前轴变形	及时检修

2）气压制动不良

（1）现象：将制动踏板踩到底，车辆不能立即减速、停车。

（2）判断与处置见表 13。

表 13

故障部位	原因分析	处置
空气压缩机	传动带松弛打滑	调整
	传动带油污打滑	应予清洗或更换
	传动带老化、裂开；空气压缩机阀座松动、漏气或阀门卡滞、损坏	立即检修、更换
制动阀	制动阀调整不当	调整
	制动阀膜片、接头处漏气	及时检漏、更换
	制动阀上出气阀复位弹簧过硬	更换
制动室与调整臂	制动室平衡弹簧顶张力过小	更换
	制动室推杆行程过长；调整臂蜗杆调整不当	调整
车轮制动器	制动摩擦片表面烧焦、磨损后过薄、破碎、铆钉外露或制动摩擦片表面硬化、油污、水湿；制动鼓磨损过量、起沟槽、失圆	更换
	制动摩擦片接触面积和部位不符合要求；制动器间隙不当	调整
	凸轮轴锈蚀卡滞；制动蹄片轴锈蚀卡滞	立即检修
其他	制动踏板自由行程过大	调整
	储气筒气压不足	视情检修
	制动管路破裂或接头松动漏气	紧固、更换

3. 前桥和转向系故障的判断与处置

1）转向沉重

（1）现象：转动转向盘感觉沉重费力。

（2）判断与处置见表14。

表14

故障部位	原因分析	处置
转向器	蜗杆上、下轴承过紧、损坏	及时检修、更换
	蜗杆与滚轮啮合过紧	及时检修、更换
	转向器缺油	添加
转向节	转向主销与衬套配合过紧或润滑不良；转向止推轴承润滑不良或损坏	润滑、调整、更换
	转向节臂变形	检修或更换
横、直拉杆	球头调整过紧或润滑不良；横拉杆与转向节臂过紧或润滑不良	调整、润滑
前钢板弹簧	前钢板弹簧折断或挠度不符合要求	更换
其他	转向轮胎气压不足	充气
	前轮定位不准；车架变形	调整、矫正
	超载	纠正

2）行驶跑偏

（1）现象：车辆行驶中，不能保持直线方向，而自行偏向一侧。

（2）判断与处置见表15。

表15

故障部位	原因分析	处置
钢板弹簧	两侧钢板弹簧弹力不均或一侧钢板弹簧折断	更换
	一侧钢板弹簧错位	检修
轮胎	左、右轮胎气压不一致、规格不一、花纹差异过大	纠正、更换
制动器	一侧制动器拖滞或轮毂轴承过紧	及时检修、调整
位置不准	前轴、车架变形；前轴与车架定位不准；左、右轴距不等；后桥轴管变形；前轮定位不准；转向节臂或转向节变形	矫正、更换

（四）电气设备常见故障的识别及处理方法

1. 蓄电池故障的判断与处置

1）自放电

（1）现象：蓄电池停用一段时间或数天后，电能自行消失，无法使用。

（2）原因：蓄电池外部不清洁，造成正、负极接线柱间导通；外部电路有个别短路；蓄电池内部电解液中含有过量的铜、铁等金属杂质，造成短路。

（3）处理：清洁、检修；更换电解液。

2）内部短路

（1）现象：启动发动机时，启动机运转无力；充电时温度上升快，长时间充电气泡仍很小；检查单格电池的端电压，电压很低，甚至为零。

（2）原因：蓄电池内部极板翘曲、隔板损坏、大量极板活性物脱落后沉积，造成正、负极板之间短路。

（3）处理：检查、及时清洗。

2. 启动机故障的判断与处置

1）启动机不转动

（1）现象：转动点火钥匙至"START"位置，能听到启动机电磁开关动作的声音，启动机不转。

（2）判断与处置见表16。

表 16

故障部位	原因分析	处 置
蓄电池	电能不足或电源线接线柱接触不良	检修、清洁或充电
点火开关	失效、损坏继电器	更换
继电器	接触不良、失效	更换
电磁开关	接触不良、失效	检修或更换
启动机	电刷或换向器磨损、烧蚀、接触不良	检修或更换
启动机	励磁绕组或电枢短路、损坏	检修或更换起动机
启动系	电路接触不良或断路	检修电器

2）启动机运转无力

（1）现象：转动点火钥匙至"START"位置，起动机能转动，但运转无力。

（2）判断与处置见表17。

表 17

故障部位	原因分析	处 置
蓄电池	电能不足或电源线接线柱接触不良	检修、清洁或充电
电磁开关	触点接触不良	检修或更换
起动机	电刷磨损、弹簧弹力下降	检修或更换
起动机	换向器磨损、沾污、接触不良	检修或更换起动机
起动机	励磁绕组或电枢绕组间短路、抽头接触不良	检修或更换起动机
起动系	电路接触不良或断路	检修电路

3）启动机空转

（1）现象：转动点火钥匙至"START"位置，启动机空转。

（2）判断与处置见表18。

表 18

故障部位	原因分析	处 置
单向离合器	磨损、打滑	检修或更换
电磁开关	接通过早、驱动齿轮未接合	检修或调整
驱动齿轮	轮齿损坏	检修或更换
飞轮齿圈	轮齿损坏	检修或更换
吸拉线圈	失效	检修或更换
调节螺栓	失调	调整

3. 充电系统故障的判断与处置

1）不充电

（1）现象：充电指示灯亮或电流表指示放电。

（2）判断与处置见表 19。

表 19

故障部位	原因分析	处 置
发电机	传送带过松或断裂	检查、调整或更换
发电机	电刷或滑环磨损、沾污、烧蚀、接触不良	检修或更换
发电机	励磁绕组或电枢导线短路或断路	检查或更换发动机
电压调节器	低速触点烧蚀、沾污或弹簧失调（过松）	检查或更换
整流二极管	击穿或连接线断路	检查或更换
充电系	电路断路或短路	检修

2）充电量过小

（1）现象：电流表指示值过小或大灯昏暗。

（2）判断与处置见表 20。

表 20

故障部位	原因分析	处 置
发动机	传送带过松或打滑	检查、调整或更换
发动机	电刷或滑环磨损、沾污、烧蚀、接触不良	检修或更换
发动机	励磁绕组或电枢绕组个别匝间短路	检修或更换发动机
电压调节器	低速触点沾污、弹簧失调	检修或更换
整流二极管	个别整流二极管击穿损坏	检修或更换

3）充电量过大

（1）现象：电流表指示值过大或灯泡、电器易烧毁。

（2）判断与处置见表 21。

表 21

故障部位	原因分析	处　置
蓄电池	过量放电	及时充电
电压调节器	高速触点烧蚀或弹簧失调（过紧）、附加电阻烧毁	检修或更换电压调节器
电路	接错	检修电路

【小结】通过本知识点的学习，我们了解到了：怎样识别常见故障，且遇到常见故障时该如何处理等知识。

四、道路运输车辆行车前、行车中和收车后的安全检查步骤和重点项目

在车辆行驶过程中，为确保其行驶安全，在行车前、行车中、收车后驾驶员都应该对车辆进行安全检视。

（一）出车前安全检视

避免和减少车辆因机件故障发生交通意外，在行车前应对驾驶室内部、发动机舱、车辆外部和轮胎等部位进行检查。

确保转向机构、轮胎、照明信号和制动等装置处于完好状态，确保车辆保持良好的运行状态。检查的项目主要有：

（1）绕车一周，检视车身外表情况和各部机件完好状况，是否有漏油、漏液、漏气、漏电现象。

（2）擦拭门窗玻璃、清洁车身外表，保持灯光照明装置和车辆号牌清晰。

（3）检查燃油箱储油量、散热器的冷却液量、曲轴箱内机油量、制动液量（液压制动车）、蓄电池内电解液量等是否合乎要求。

（4）检查发动机风扇传动带是否有老化、断裂、起毛线等现象，松紧度是否合适

（5）检查轮胎外表和气压。剔除胎间及嵌入胎纹间的杂物、小石子，轮胎气压应符合规定。还要注意带好备胎，放置要牢靠。

（6）检查转向机构是否灵活，横、直拉杆等各连接部位是否有松旷。

（7）检查轮毂轴承、转向节主销是否松动，轮胎、半轴、传动轴、钢板弹簧等处的螺母是否紧固。

（8）检视驾驶室内各个仪表和操纵装置的完好情况。检查灯光、刮水器、室内镜、后视镜、门锁与升降器手摇柄等是否齐全有效。

（9）检查转向盘、离合器、制动踏板自由行程和驻车制动器的情况是否正常，离合器踏板与制动踏板自由行程应符合正常规定值。注意转向盘自由转动量不得超过30度。

（10）启动发动机后，检查发动机有无异响和异常气味，察看仪表工作是否正常。

（二）行车中安全检视

在车辆行驶中，驾驶员也应该时刻保持对车辆状况的关注，借助听觉、嗅觉、触觉和视觉进

行的实时检视。随时注意车辆运转情况,车辆各部件有无异响、异味,制动、转向。离合、节气门、换挡机构操纵是否灵活可靠。仪表指示是否不正常等。

需要停车检查的项目有:
(1)仪表指示不正常时。
(2)漏油、漏电、漏气时应立即停车检查。
(3)轮毂、制动鼓或盘、变速器、分动器、主减速器和差速器温度超过正常值时应停车检查。
(4)驾驶过程中,若发现车轮自动跑偏,车身偏斜等轮胎气压不足现象时应立即停车检查。
(5)检查轮胎外表及胎压,轮胎花纹中是否嵌有石子等杂物。货物装载是否有偏斜。

(三)收车后安全检视

为确保下一次的行车安全,我们应在每一次手车后都应该对车辆进行安全检视。避免检查车辆在运行中可能出现的问题或故障,以便及时排除事故隐患,为下一次的行车安全做好准备。

收车后的主要检视内容如下:
(1)检视车辆有无漏油、漏气、漏水、漏电等现象,若有应及时检修和排除。
(2)检查轮胎的外观及气压情况;检查双轮夹缝之间是否夹有异物;检查轮胎是否有铁钉、玻璃碴等异物。
(3)检查制动系统,排净储气筒内的污水。
(4)检查车身应无裂损现象,各部件应齐全、完好、有效。
(5)对车辆使用过程中及收车后检查出的故障应及时进行保修。

【小结】通过本知识点的学习,我们了解到了怎样识别常见故障,且遇到常见故障时该如何处理等知识。

五、道路运输车辆知识及使用常识

适应道路运输车辆技术发展的必然趋势,驾驶员除了应了解装备发动机(排气)制动器或缓速器等辅助制动装置以及 ABS 防抱死制动系统等,还应学会牵引车、半挂车的链接和分离方法。

(一)发动机排气制动系统检查和使用

1. 发动机(排气)制动器

当车辆挂挡行驶时,踩下制动踏板,将自动启用排气制动(这时无需打开排气制动开关),可提高车辆的制动能力,减少蹄片的磨损。松开制动踏板,排气制动也自动解除。下长坡时,可单独开启排气制动,以降低下坡时的车速。

2. 缓速器

汽车在减速或下长坡时,启用缓速器,可以平稳减速,免去使用刹车而造成的磨损和发热。
汽车缓速器目前有两种结构的:电涡流缓速器和液涡轮缓速器。
电涡流缓速器:相当于在传动轴上装了个"发电机",不通电时,无接触无磨损,需要制动时接通电路，传动轴便受到电磁场的阻力，达到制动目的。无磨损但结构庞大。目前重卡、大客多有选用此缓速器。电涡流缓速器的原理与发电机一样。

液涡轮缓速器：在变速箱箱壳后端增加一个涡轮室，当制动电路开启后，使变速箱油在涡轮中产生阻力达到制动效果，无磨损但要增加散热。目前 ZF 变速箱在高档客车上有使用。

（二）（半）挂车 ABS 防抱死制动系统

《机动车运行安全技术条件》（GB 7258-2012）对载货车及挂车做了强制安装 ABS 的要求：

总质量大于 16 t 且允许拖挂总质量大于 10 t 挂车的载货车、总质量大于 10 t 的挂车必须安装符合国家有关标准要求的防抱死制动装置（ABS）。

未安装 ABS 防抱死制动系统的车辆在冰雪路面或是湿滑的路面制动时，往往会出现车轮抱死等情况，有的车辆甚至会出现侧滑和折头，极易发生交通事故。

1. ABS 防抱死制动系统的组成及工作原理

它是电子技术在汽车上的应用，是模拟点刹技术。ABS 防抱死制动系统主要包括电子控制单元（ECU）、齿圈、车轮转速传感器、电磁阀、ABS 警告部件。汽车减速后，一旦 ABS 电脑检测到车轮抱死状态消失，它就会让主控制阀关闭，从而使系统转入普通的制动状态下进行工作。

如果蓄压器的压力下降到安全极限以下，红色制动故障指示灯和琥珀色 ABS 故障指示灯亮。在这种情况下，驾驶员要用较大的力进行深踩踏板式的制动方式才能对前后轮进行有效的制动。

2. 基于 ABS 系统的其他新技术

在 ABS 系统现有基础功能上，研发了很多种安全辅助系统：ASR 驱动防滑、RSC 防侧翻稳定控制、ESC 电子稳定控制、TPM 轮胎压力监控、EBL 电子制动力控制等。

ASR，即驱动防滑系统，可以最大限度利用发动机的驱动力矩，保证车辆启动、加速和转向过程中的稳定性。它主要通过对制动过程的调解来改善牵引力。

RSC 防侧翻稳定控制，就是在车辆转弯过程中检测车辆横向加速度，通过控制发动机、缓速器和对车轮进行制动，让车辆横向加速度始终保持在安全范围内，避免翻车。

ESC 电子稳定控制，它在 RSC 的基础上增加了转向角度传感器和压力传感器，可纠正车辆过度转向和转向不足，防止车辆折叠或滑出道路，可纠正车辆行驶不安全状态。

TPM 轮胎压力监控，它可以检测到轮胎漏气和胎压不足，避免爆胎事故发生。

EBL 电子制动力控制，它可以通过监控制动期间前后桥滑移率的差别，控制后桥制动压力使车辆在不同载荷不同道路条件下都有良好的制动稳定性。

（三）车辆制动系统

1. 气压制动系统的使用

气压制动系统使用时，要注意以下几方面事项：

（1）出车前要检查管路是否连接好，有无漏气现象；排除储气筒内的污水。

（2）尽量少使用喇叭，避免气压下降过快，降低制动效能。

（3）注意观察气压表读数，气压低于最低限度时，不应继续行驶。

（4）下坡时切忌熄火滑行，以确保气压正常。

（5）运输前应对牵引车、挂车做同步制动实车试验。

（6）挂车制动最好略早于牵引制动，一般应提前 0.2～0.5 s，避免挂车冲撞牵引车。

2. 气压制动系统的检查

启动发动机，使其在 75%的额定功率转速下运转，观察气压表，6 min 内气压表的指示气压应从零开始升至起步气压（未标起步气压的，按 400 kPa 计）。

在气压升至 600 kPa 且不使用制动的情况下，车停止空气压缩机运转 3 min 后，观察气压的降低值是否不大于 10 kPa；

在气压为 600 kPa 时，将制动踏板踩到底，待气压稳定后观察 3 min，看气压的降低值是否不大于 30 kPa。

3. 液压制动系统的检查

液压行车制动在达到规定的制动效能时，踏板行程不应大于踏板全程的 3/4；

车辆制动器装有自动调整间隙装置的，踏板行程不应大于踏板全行程的 4/5，其他车辆不应大于 150 mm。

采用液压制动的车辆，在保持制动踏板力为 700 N 达到 1 min 时，制动踏板不允许有缓慢向前移动的现象。

牵引车、（半）挂车连接、分离方法，对于甩挂运输车辆的牵引、分离是驾驶员必须掌握的一项知识。

（1）连接。

牵引车载连接半挂车中的过程中，要注意牵引车和半挂车各方面的连接，主要是牵引座与牵引销的连接和电气管、线路的连接。

① 牵引座与牵引销的连接。

检查连接装置是否可靠，有无受损。检查牵引座表面是否有足够的润滑油，保证牵引滑板的清洁。

调整支腿，使半挂车牵引滑板与牵引座高度相适应，一般以半挂车牵引滑板比牵引车牵引座的上平面中心位置低 1～3 cm 为准。

操作牵引座锁止机构，使锁止块张开，呈自由状态。将牵引车倒置半挂车前端，使牵引车与半挂车中心线处于同一直线；当牵引座口对准牵引销后，继续缓慢倒车，听到"咔咔"声响，锁止块回位，停止倒车。检查牵引座锁止块与牵引销间锁止是否牢靠。稍微前进牵引车，检查连接情况是否良好。

② 电气路连接。

将牵引车上的两个气管接头分别接在半挂车上的两个气管接头上，连接时同色相连接。

气管连接完成后，拧开牵引车上的气路连接分离开关，使其处于通气状态。

启动发动机，观察气压表，将牵引车和半挂车储气筒内压力提高到规定的压力。

检查气路有无漏气，制动系统是否正常工作。

将牵引车的电缆连接插头插入半挂车前端的七孔插座中。

检查各电极接合是否良好，确认各车灯工作正常。

（2）分离。

分离前，应选择平坦坚实的地面停车。

分离时，操作步骤如下：

① 检查半挂车制动是否有效。

② 操纵半挂车支腿，使底座落地，旋转摇把，使半挂车牵引滑板抬起一定间隙，以便退出牵引车。

③ 关闭牵引车上的气路连接分离开关，卸下牵引车的供气和控制管路接头。

④ 从半挂车的电缆连接插座上拔下电缆插头并放置到牵引车上。

⑤ 操作牵引座锁止机构，使锁止块张开。

⑥ 缓慢向前开出牵引车，使牵引座与牵引销脱离。

⑦ 长时间停车时，应操纵驻车制动阀，启用制动分泵的弹簧储能制动。

分离后，检查半挂车各部有无异常，松开储气筒下部的放水阀，排除筒内积水。

【小结】通过本知识点的学习，我们了解到了道路运输车辆的使用常识，包括制动系统的了解和使用，以及货运引车，半挂车连接、分离等方法。

单元五　道路运输行车危险源辨识

教学对象

道路旅客运输驾驶员、道路货物运输驾驶员、道路危险货物运输驾驶员。

教学目标

（1）掌握道路运输行车危险源辨识的基本知识。

（2）能正确辨识出道路运输过程中的危险源。

教学内容

（1）危险源辨识的基本概念。

（2）驾驶员、其他交通参与人的不安全行为危险源辨识。

（3）车辆、行李物品等的不安全状态危险源辨识。

（4）道路的不安全因素危险源辨识。

（5）夜间、特殊天气及自然灾害的负面影响危险源辨识。

教学重难点

（1）危险源的定义。

（2）道路运输过程中危险源的辨识。

教学方法

讲授法、演示法、案例教学。

教学时间

3课时。

教学过程

在学习道路运输行车危险源辨识之前，我们先来看看案例。

▶案例情景1

5月25日晚上9点半左右，晋江交警在巡逻的时候发现一辆大货车不仅是超长超高，更危险的是车后面的货物上竟然好坐着5个人。

案例评析◁

案例中我们可以发现，货车超高，超长是很危险的，很容易导致事故发生。超高不但可能会刮坏交通设施，同时重心过高容易发生侧翻。货车是用来载货的，无法提供安全防护措施，人乘坐货车是非常危险的，夜间危险系数更高。

▶▶案例情景2

6月14日上午，一辆桂E牌照的小汽车在行驶至泉南高速公路六律大桥时，突然碾到了在路面上的一块钢片，导致钢片被弹飞，砸中了后方一辆正常行驶的大客车前挡风玻璃，造成小汽车右前轮爆胎，大客车前挡风玻璃破了一个洞，惊魂未定的驾驶员迅速把车子停在了应急车道上。高速交警五大队民警接到报警后迅速出警，确认车上乘客的安全情况后，现场对该事故情况进行了详细的调查取证,检查发现,该散落物为汽车的刹车片。

案例评析 ◁◁

高速公路上车速都是非常快的,一旦路上有遗留物,驾驶员躲避不及,很容易发生事故。在这里提醒驾驶员朋友,行车过程不要向车窗外乱扔杂物,以免引起不必要的事故。

危险源的存在是事故发生的根本原因,防止道路交通事故就是消除、控制道路交通运输系统的危险源。驾驶员了解危险源的知识,掌握行车中的危险源的辨识方法,可以更有效的避免交通事故的发生。

一、危险源辨识的基本概念

(一)危险源的概念

危险源是指可能引发事故产生的根源、状态或活动或他们的组合,是构成风险的原因。凡存在能量、有害物质或危险物质,都可能导致事故的发生,都是产生风险的根源即危险源。如:高速路上出现事故的汽车。

道路交通事故造成巨大破坏的根本原因主要是高速行驶的汽车具有很大的动能,遇到阻碍,能量意外释放。高速行驶的汽车是危险源。

导致事故的直接原因在于驾驶员的操作不当,车辆的转向、制动等控制装置失效,使得高速行驶的汽车能量意外释放,也是危险源。

危险源的实质是具有潜在危险的源点或部位,是爆发事故的源头,是能量、危险物质集中的核心,是能量从那里传出来或爆发的地方。危险源存在于确定的系统中,不同的系统范围,危险源的区域也不同。

分析危险源应按系统的不同层次来进行。一般来说,危险源可能存在事故隐患,也可能不存在事故隐患,对于存在事故隐患的危险源一定要及时加以整改,否则随时都可能导致事故。对危险源的控制,实际就是消除其存在的事故隐患或防止其出现事故隐患。

(二)危险源的构成要素

危险源应由三个要素构成:潜在危险性、存在条件和触发因素。

危险源的潜在危险性是指一旦触发事故,可能带来的危害程度或损失大小,或者说危险源可能释放的能量强度或危险物质量的大小。

危险源的存在条件是指危险源所处的物理、化学状态和约束条件状态。一定的危险源总是与相应的触发因素相关联。在触发因素的作用下,危险源转化为危险状态,继而转化为事故。

触发因素在道路运输行车中主要指:驾驶人的不安全行为,如操作不当、疲劳驾驶、酒后驾驶等。车辆的不安全状态,如制动失灵、爆胎等。其他交通参与人的不安全行为,如车内的乘客与驾驶员嬉笑打闹,道路行人突然横穿道路,其他车辆不按规定行驶等。

(三)危险源的分类

根据危险源在事故发生中所起的作用不同,可将危险源划分为根源危险源(又称第一类危险源）和状态危险源（又称第二类危险源）。

　　能量和危险物质的存在是危害产生的最根本的原因，通常把可能发生意外释放的能量或危险物质称作根源危险源。如：高速行驶的汽车，极端自然灾害如地震、泥石流等。

　　造成约束、限制能量和危险物质措施失控的各种不安全因素称作状态危险源。如：转向失控、制动失效、驾驶员操作不当，造成汽车失去控制或躲避不及，对他人和自身造成伤害的危险源。

　　根源危险源是客观存在的；状态危险源大多是人为因素造成的。

　　所以防范事故的重点是控制状态危险源。驾驶员要控制不安全行为，时时注意道路异常情况，排除车辆（包括车辆所装货物）的不安全状态和环境不良因素对安全驾驶的影响。

（四）危险源辨识

　　危险源辨识的目的就是通过对系统的分析，界定出系统中的哪些部分、区域是危险源，其危险的性质、危害程度、存在状况、危险源能量与物质转化为事故的转化过程、规律、转化的条件、触发因素等，以便有效地控制能量和物质的转化，使危险源不至于转化为事故。

　　危险源辨识：就是识别危险源并确定其特性的过程。

　　特别提示：危险源辨识还是一个动态的过程，，每当工作场所发生变化，都要对危险源辨识重新进行辨识。

　　辨识原则：① 预见性；② 及时性；③ 全面性；④ 精确性。

　　道路运输过程中存在多种多样的危险源，主要有人、物、道路、行车环境、运输企业安全管理情况等。在这些危险源中，有的可能直接导致事故发生，如车辆故障等；有的可能是事故发生的深层次诱因或根本原因，如企业管理措施不完善等。无论哪种危险源，只要存在，就会为事故发生埋下隐患。

　　【小结】通过本小节的学习，相信大家已经掌握了危险源的概念、分类及如何辨识，在以后的行车过程中应积极有效地辨识危险源，提前防范行车风险。

二、驾驶员及其他交通参与者的不安全行为

　　▶案例情景

　　驾驶员刘某一边开车一边接听电话，行驶在靠边的一道上。突然从路边绿化带里窜出一个行人，刘某发现后紧急刹车减速，并长鸣喇叭，终于在距离行人一米的距离停下了，幸免发生事故。

　　案例评析 ◁

　　从案例中看出，驾驶员的行车过程中接听手机是不安全行为，未按交通法规随意窜出的行人也是不安全行为。

　　驾驶员的不安全行为可能是驾驶资格，可能是从业资格，也可能是驾驶行为，或者三者同时存在。

　　▶▶案例情景

　　扬州交警在例行检查时发现一辆外省牌照的大货车有点可疑。打开车门一看，吓出一身

冷汗，司机居然只有一条右腿，左腿几乎完全缺失。再一检查就更不对了，这位司机竟然驾驶证、行驶证一样都没有。

案例评析 ◁◁

案例中的货车驾驶员32岁，几年前骑摩托车出事故导致左腿截肢，无驾驶证，无从业证。《机动车驾驶证申领和使用规定》第十一条有规定：左下肢缺失或者丧失运动功能的，可以申请小型自动挡汽车准驾车型的机动车驾驶证。案例中的这位驾驶员由于身体残疾，开大货车已经是超出准驾驶车型，而且无驾驶证和行驶证等无证驾驶车辆行为，为事故埋下隐患。

（一）驾驶资格和从业资格

驾驶证是驾驶机动车依法应当取得的驾驶资格凭证。驾驶员无驾资格驾驶机动车上道路行驶是一种非常危险的和严重违返《道路交通安全法》的行为。驾驶员无驾驶资格的情形见表22。

表22

驾驶员无驾驶资格	驾驶证未审验的
	驾驶证被扣留的
	驾驶证被暂扣、吊销、注销、撤销的
	超出准驾驶车型的
	未降低准驾驶车型的
	到期未换证的
	身体不适宜驾驶的

从业资格证是对交通运输资格的确认。也就是说没有从业资格证，就不能从事道路交通运输。驾驶员无从业资格的情形见表23。

表23

驾驶员无从业资格	未取得或未携带驾驶证、行驶证、内部准驾证、准行手续，以及驾驶车辆与证件标明车型不符等无证驾驶车辆行为
	年龄超过60周岁
	未取得从业资格证
	超出从业资格证范围
	发生重大以上交通事故，且负主要责任
	连续3个考核周期诚信考核等级均为B级
	超过从业资格证件有效期180日未申请换证
	在1个考核周期累计积分有三次以上达到20分

▶**案例情景1**

十字路口，一名红色衣服妇女骑着电动自行车由北往南横穿，南北方向是红灯，东西方向的绿灯正在变灯闪烁。一辆卡车正由西向东加速行驶，准备在变红灯前通过路口。当冲出停车线时卡车司机才突然发现眼前的电动车，出于本能，急打方向向左避让。庞大的车身与妇女擦身而过，情急之下红衣女子赶紧跳车逃生，电动车被卷入车底支离破碎。庆幸的是红衣女子基本没有受伤。

案例评析 ◁

案例中，女子闯红灯了，而货车驾驶员在抢黄灯加速通过。驾驶员这种闯红灯，抢黄灯的行为属于驾驶员不安全行为习惯。

▶▶**案例情景 2**

19 日早上的 6 点，胡师傅正驾车在成渝高速重庆往成都方向，在一个转弯处，一辆亮着大灯的红色半挂车迎面向他开来！当时时速 80 km 左右，加上半挂车的前进速度，短短 100 m 的距离实际上留给他的时间不足 4 s，要不是他当时注意力非常集中且反应及时，结局可想而知。

半挂车司机原本从龙泉湖收费站进站，准备前往成都，由于不熟悉道路，又没有注意到路面上的指示牌，结果一不小心就越过了中实线，把车开进了从重庆方向出来的出口匝道。司机发现行驶错误时，由于半挂车太长不能在高速公路上掉头，就干脆硬着头皮想开到下一个收费站再说……值得庆幸的是，他的这一鲁莽行为没有造成严重的后果，这并不意味着他不要为他的违法行为付出代价。

案例评析 ◁◁

驾驶员粗心上错路，发现错误后，又没有及时求助交警，继续违法行为。高速公路逆行害人害己，隐患巨大。

通过前面的案例我们可以发现，驾驶员自身的不安全行为习惯可能导致严重后果，驾驶员要提醒自己改掉这些不安全习惯。现在我们来总结一下驾驶员有哪些不安全行为习惯。

（二）驾驶员的不安全行为习惯

1. 超过道路限制车速以及国家法律、地方法规和企业内部明令规定车速的超速驾车行为

（1）对视力的影响。

车速增加时，驾驶员的视力要比静止状态时的视力下降，车速越高，视力下降就越大。引起驾驶员视力下降的原因是由于汽车行驶中驾驶员与道路环境中的物体相对运动，眼睛分辨物体的最小距离发生变化：相对运动速度增大，眼镜分辨物体的最小距离也随之增大。

以驾驶员辨认道路交通标志为例：当汽车行驶速度为 20 km/h，其视力比静止状态时衰减 19.7%；当汽车行驶速度为 40 km/h，驾驶员视力比静止状态时衰减 34%。速度越高驾驶员视力下降速度越快，这将严重影响驾驶员对道路上信息的接收。因此，为了安全行车驾驶员应控制车速，以便有充分的时间辨别前方障碍物。

（2）对注视点和可视范围方的影响。

随着车速的提高，驾驶员注视点远移，双眼可能看到的范围缩小，引起驾驶员视野变窄。实验证明：当车速为 40 km/h，驾驶员注视点在车前约 180 m，可视范围为 95°；当车速增至 70 km/h，驾驶员注视点在车前约 360 m，可视范围为 65°；当车速增至 100 km/h，驾驶员注视点移至车前 600 m，可视范围只有 40°。

另外，汽车在高速行驶时，由于眼睛长时间地注视无限远方，还会出现一种视差，把近处的东西看成是远方的，医学上称之为"空虚近视"，对安全行车极为不利。

（3）对判断能力的影响。

驾驶员对于车外物体的辨认，主要是根据其位路变化而进行的。当车辆处于行驶状态时，车

外物体的位臵变化相对来讲是慢而细小的，车速越高，对这种慢而细小的变化就越难辨认，所以，驾驶员在运动状态下，对外界物体运动状态的辨别能力也会下降。驾驶员感知到目标出现偏差，将会导致其无法准确确认停车视距、超车视距以及会车视距等。

（4）对辨认视距的影响。

车辆行驶中，驾驶员需对各种交通标志或交通环境进行辨认。车速不同，驾驶员对各种标志辨认距离亦不同。随着车速提高，驾驶员的视认距离较短，加之视认时间缩短，势必增加其辨认的难度。在车速为 40 km/h，对警告标志、禁令标志、指示标志的辨认距离分别为 272 m、336 m、435 m；当车速增至 100 km/h，辨认距离分别是 179 m、239 m、326 m，辨认距离大幅度缩短。

2. 服用禁止性药物后驾驶车辆的

所谓"药驾"，指开车人服用了某些药物后驾车出行。根据美国《先驱快递报》报道，官方统计数据对比显示，服药后驾驶和酒后驾驶都属危险行为，严重情况可能致命，不仅影响公共健康，也危及公共安全。

研究发现，药物和酒精一样，都能削弱人类思维清晰性和判断力，而要安全驾驶汽车，司机需要保证基本的脑功能正常，包括认知、理解、注意力、平衡、记忆、小肌肉运动能力、协调力等。而药物和酒精都能直接损害这些能力。

根据世界卫生组织公布，有七类药品会对驾驶产生影响，并且建议服用这些药物期间禁止驾车。这 7 类药品分别是抗组胺药、抗抑郁、焦虑类药、镇静催眠类药、解热镇痛药、抗高血压药、心脏病用药以及降血糖类药。一份致命性交通事故中用药情况的《调查》表明：吃扑尔敏等抗组胺药（感冒常用药）的事故率，达 72%；而吃抗抑郁和镇静剂的人，事故率达 97%。由于这些药物中含有抑制中枢神经的成分，人在服用后会产生嗜睡、头晕、反应迟钝等不良反应，这些因素将严重影响驾驶人的驾车安全。

3. 饮酒后 8 小时之内及醉酒后 24 小时之内驾驶车辆的酒后驾车行为

饮酒后驾车是指车辆驾驶人员血液中的酒精含量大于或者等于 20 mg/100 mL 的驾驶行为。

醉酒驾车是指车辆驾驶人员血液中的酒精含量大于或者等于 80 mg/100 mL 的驾驶行为。

驾驶员饮酒会影响思维能力，造成感觉机能降低、反应迟钝、意识混乱、判断能力下降、动作不协调，严重时会失去控制能力而导致交通事故的发生。当您驾驶车辆或正要准备驾驶车辆时，严禁饮任何酒类。酒后驾车是一种违法行为。

（1）酒精对视力的影响。

饮酒后，色彩感觉功能降低、视力受到影响，不能迅速、准确地把握环境中的动态信息，感觉交通状况的失误开始增加。夜间会车时，由于暗适应时间延长，深度视力遭到破坏，对道路情况的预测会变得困难。

（2）酒精对思维、判断能力的影响。

饮酒后，中枢神经活动逐渐迟钝，知觉和感觉判断能力下降，反应迟钝，意识混乱，记忆能力低落，注意力水平降低。

（3）饮酒对触觉的影响。

饮酒后，触觉感受性降低，不能从触觉获得信息，不能凭触觉判断操作正误，不能及时发现车辆故障。

（4）酒醉后对情感的影响。

酒醉后，容易忘却当前的现实情况和各种顾虑，兴奋、话多、语言不清，不能控制自己的情绪，动作、神态失控。

（5）常见的酒后驾驶形态。

酒后驾驶形态表现为：行驶速度过慢或过快，车辆忽左忽右，曲线行驶；变更车道或转弯时不开转向灯，错占车道行驶，强行超车或在两车之间行驶；夜间会车时不变换灯光；起步急躁，过快；不遵守停车信号，闯红灯。

（6）酒后驾驶肇事特征。

酒后驾车往往不遵守交通法规，重大事故多，死亡率高；大多数事故发生在酒后 30～60 min；常见事故有：向静止物体撞击，驶入侧沟倾翻，冲出路外甚至平地翻车，夜间会车正面冲撞。

4. 连续驾驶车辆时间超过规定时限、休息时间不足的疲劳驾车行为

▶▶案例情景

2014 年 8 月 5 日下午，龙泉驿都大道和兴业大道路口，一辆 223 路公交车进站时，与前方一辆正在停车上下客的 218 路公交车追尾，造成两辆公交车上 25 名乘客受伤。223 路公交车司机事后承认，当时打瞌睡，进站时没有踩刹车造成追尾。

案例评析 ◁◁

事故原因是驾驶员疲劳驾驶引起的，疲劳驾驶属于驾驶员的不安全行为习惯。

疲劳状态是一种不定量的状态，在不同时间、不同个体、不同情境下，疲劳产生的程度也不同。所以在驾驶员身上，疲劳状态的发生从弱到强可能有不同的变化。疲劳状态产生以后，驾驶员疲劳的心理表现形式，可以通过驾驶员的自我感觉或主观体验来反映，概括起来主要有：

（1）无力感。驾驶员感到体力减弱、操作无力，方向、换挡等操作主动性下降。

（2）注意功能失调。疲劳会引起注意稳定性下降，注意力分散，接收外界信息怠慢迟缓，视野逐渐变窄，漏看、错看信息的情况增多。

（3）知觉功能减退。感觉器官的功能会由于驾驶疲劳而发生衰退或紊乱，主要表现为视觉模糊、听力下降，甚至产生幻觉。

（4）操作技能下降。换挡不灵活，动作不协调，油门操作不平稳。

（5）记忆、思维能力差。头脑不清醒，对外界事物思维判断力下降。在过度疲劳时，往往会忘记操作程序，如转弯时忘记开转向灯、不观察车侧及车后情况等。

（6）困倦瞌睡。头脑昏沉、困倦、闭眼时间延长甚至打瞌睡。

随着经济的发展和人民生活水平的提高，汽车越来越多，人们的出行更加频繁，人、车、路之间的矛盾更为突出。一个驾驶员在行车过程中，与其他车辆、行人会发生数不清的矛盾，这些矛盾需要驾驶员及时发现，迅速判断，合理操作，才能确保行车的顺利和安全。这就需要驾驶员精力旺盛，注意力集中，不能有丝毫的疏忽。而疲劳驾驶恰恰相反，不管是生理原因产生的疲劳或者心理原因产生的疲劳或者两者结合产生的疲劳，都会使驾驶员体力下降，注意力不集中，视觉模糊，判断不正确，操作不当，最终可能引起不能及时发现危险情况，延误避让措施的采取，发生交通事故。一旦驾驶员困倦瞌睡，车辆失去控制，宛如"无人驾驶"，有人撞人，有车撞车，是悬崖、水库也勇往直前，其后果可想而知。

5. 驾驶员嗜烟等不良生活习惯

美国调查表明：吸烟者发生交通事故的相对危险性与不吸烟者比例为 1.5∶1。吸烟能提高大

脑兴奋，吸烟时驾驶员更易冒险开车。

澳大利亚研究发现，驾驶员在开车前吸了支烟，会使观测视力降低20%左右，思维反应速度降低25%，最为明显的损害是降低了驾驶员辨认红、绿颜色的视觉能力和对暗环境的适应性。

研究表明：人在暗光下看荧屏会过多消耗体内血清维生素A，连续几小时观看，可使血清维生素A减少近一半，视力下降30%，同时也影响辨色能力。驾驶员夜晚娱乐过长、早晨空腹开车，连续长途驾车等，都是造成交通事故的隐患。

6. 闯红灯，抢黄灯，双黄线掉头的

▶▶案例情景

下午5点多钟，在张杨公路与国泰路交叉路口，正面是红灯，多位市民正在等待过马路，当信号灯变成绿灯时，多辆电瓶车驶上斑马线，这时一辆渣土车开了过来，把其中一位电动车驾驶员撞出去10多米远。从另外一个角度我们可以看到，当时路口的信号灯已经变成黄灯，而渣土车司机还是开了过去。事故发生后，伤者被送到医院治疗。

案例评析◁◁

案例中的货车驾驶员闯黄灯的违法行为是非常危险的驾驶行为。

黄灯是警告性信号灯。黄灯亮时，所有在黄灯所指示的车道或者人行道的车辆和行人都要停止通行，但在黄灯亮时已经越过停止线的车辆和行人可以继续通行。而所谓"闯黄灯"，就是指黄色交通信号灯亮起时，在路口停止线以内的车辆仍然越过停止线继续前进的做法。

闯黄灯的行为，说穿了就是抢别人的车道。看似方便了自己，但很可能产生不必要的交通事故。在同一车道上的交通事故多是"追尾"，相对后果较轻。如果是压黄线出的事故，基本上就是"对头碰"了，后果会很严重。

机动车在有禁止停放、掉头或者禁止左转标志、标线的地点，禁止掉头；在没有禁止停放、掉头或者没有禁止左转标志、标线的地点，可以停放、掉头，但不得妨碍正常行驶的其他车辆通过。

7. 不按规定停放车辆，上下旅客，车辆超过核定载客人数、超过核定载货质量以及超宽、超高、超员、超载驾车行为

▶案例情景1

一辆大货车车厢太高，晃晃悠悠的行驶过去了，两边的大树和电线杆被拉断倒在道路中间，阻碍了道路通行。

案例评析◁

案例中我们可以发现，货车超高，超长是很危险的，很容易导致事故发生。超高不但会刮坏交通设施，同时重心过高容易发生侧翻。

驾驶机动车不按规定停车既是违反道路交通安全法律法规的行为，又是妨碍其他车辆和行人通行的违法行为。机动车不按规定停车机动车不按规定停车且易引起道路不畅，又会给交通出行者的人身安全带来危害。

▶▶案例情景2

3日1时20分许，一辆由云南省驶往兰州的大客车，在途径国道213线甘南藏族自治州合作市卡加乡依毛村附近时驶出路外，车辆侧翻，当场导致车上8名乘客死亡，2人送医院途中死亡，4人重伤，车辆损毁。经调查，大客车核载55人，实载61人，其中49人为成人，

12 人为未成年人。车上乘客全部为某村务工人员。

案例评析 ◁◁

车辆超载超限运输长期处于超负荷状态，就会导致车辆的制动和操作等安全性能迅速下降，严重超载会造成爆胎，引起车辆突然偏驶，严重危及行车安全，超载还严重影响汽车转向性能，造成转向沉重，容易造成翻车事故。

案例中的大客车核载 55 人，实载 61 人，超载 6 人，超过车辆限定的载客人数后，乘车人员不能在车辆设定的座位就座，得不到应有的安全保护。据统计，70%的道路交通事故是由于车辆超限超载引发的，50%的群死群伤事重大道路交通事故与超限超载有直接关系。而出现这种情况的原因主要与人们的交通安全意识淡薄有关。

8. 由驾驶员自身不安全驾驶行为引起的主观原因注意力分散

如，车辆运行中拨打接听手持电话、观看电视、想事情、与他人热烈交谈等妨碍安全驾驶的行为。在行车过程中，驾驶员要不断地观察和处理外界信息，集中注意力非常重要。数据显示行驶速度为 90 km/h 的车辆 1 s 可以驶出 25 m。所以，即使几秒的注意力分散也非常容易引发交通事故。

英国伯克郡交通研究所一项测试表明，开车打手机时，大脑的反应速度要比酒后驾车时慢 30%，发生车祸的风险比正常驾驶时高 4 倍以上。有 70%的致命交通事故是司机注意力不集中造成的，而打手机又是造成注意力不集中的祸首之一。美国的一项科学研究同样显示，开车打手机会导致司机注意力下降 20%，如果通话内容重要，司机注意力甚至下降 37%。同时，拨打手机的用户行车速度比正常状态慢 9%，刹车的反应速度也要慢 19%。

9. 受外界事物和环境影响引起的客观原因注意力分散

如：高速公路环境单一，驾驶员注意力无法持续集中。

噪音对驾驶员的影响：有人在测试驾驶员视力时发现，音响大于 107 dB，驾驶员的视力开始有下降趋势。究其原因，是噪音作用于听觉器官后，可通过神经系统使视力发生异常变化。德国交通安全专家指出，过高的声音令人兴奋，使注意力分散，继而出现听觉疲劳、心烦意乱等现象，影响正确判断。

10. 行车不按交通信号灯、交通标志、交通标线和交警指挥驾驶操作的违反交通信号行为

部分驾驶人员看见别人行车违章，自己也跟着违章，对执行交通安全规章制度存有逆反心理，安全监督人员检查时遵章而行，事后照样违章。

11. 山区道路弯道行驶占道、超速、不鸣号

▶**案例情景**

2012 年 7 月 28 日，罗某驾驶一辆中型自卸货车，由遵义县南白镇向金沙县方向行驶。当日 10 时许，在遵义县道 023 线 5 km+480 m 弯道路段，罗某为超行右侧行人而占行对向车道，正好徐某驾驶着一辆小型普通客车也正经过该路段，罗某未鸣号、未减速，致徐某驾驶的客车向右侧避让过度，将行人李某挤下路坎的同时，车辆坠入道路右侧 26.5 m 高坎下的堰塘内。

案例评析 ◁

山区道路弯多弯陡，很多时候看不到对面来车，也只有"减速，鸣号，靠右行"才能避免事故的发生。

12. 穿拖鞋或高跟鞋驾驶车辆的行为

▶▶案例情景

深圳有位开中巴车的司机，避让骑车行人时，冲上人行道，当场致9人死亡，另外26名伤者送院后又有10人不治身亡。而造成这起重大交通事故的罪魁祸首，竟然是事发时司机穿了一双拖鞋，遇紧急情况无法及时踩住刹车。虽然事情已过去很多年，但说起这位撞死19人的"拖鞋司机"，人们还禁不住感叹。

案例评析◁◁

驾驶员穿拖鞋驾车会因拖鞋和脚面固定不牢、天热脚掌出汗等原因，对刹车和油门的控制出现偏差，容易打滑，从而带来安全隐患。《交通安全法》规定，不得有穿拖鞋、穿鞋跟4厘米以上的高跟鞋或者赤脚等妨碍安全驾驶的行为，否则驾驶员将要被扣除2分并处一定的罚款。所以穿拖鞋驾车不仅是不良的驾驶习惯，也是一种交通违法行为。

国外实验研究显示，拖鞋会将踩刹车的速度放慢（延迟）0.13 s，相当于60英里/小时的速度下，将刹车距离延长了3.5 m。而女性穿拖鞋开车比穿高跟鞋更危险，因为穿拖鞋更难刹车。穿拖鞋踩在刹车和油门踏板之间移动需要花0.04 s，比高跟鞋要慢两倍。

13. 故意遮挡号牌的违法行为

（1）严重扰乱了正常的道路交通安全管理秩序。

因为这类机动车不挂号牌或号牌被遮挡，它就失去了监控，一旦违法或发生道路交通事故，驾驶人往往因侥幸心理认为他人发现不了自己而选择驾车逃逸。虽然路面交通监控设施及电子警察监控的区域范围很大，但是一辆不挂号牌或号牌被遮挡的机动车，会给我们高速公路交警部门开展工作造成更大的困难，拖延了对案件的侦破速度和方向，加大了案件、事故处理的难度。

（2）侵害了其他守法车主的切身利益。

故意遮挡号牌交通违法行为的泛滥促使遮挡的手法也是花样百出，甚至出现了一些将"F"加一条白边就变成了"E"（如鄂FXXXXX就变成了鄂EXXXXX）等恶劣的手法，类似的交通违法行为，严重侵害其他守法车主的切身利益，也同样额外增加了交管部门工作量。

（3）加大了道路交通安全的事故隐患。

驾驶人故意遮挡、污损号牌就是为了毫无顾虑地在公路上随意闯红灯、轧黄线、超速行驶、逆向行驶、违法停车、违法超车，极易引发交通事故，严重威胁道路交通安全。当实施故意遮挡号牌的驾驶人多次得不到严厉查处时，就会助长其实施其他交通违法行为的气焰，他就会在高速公路上左穿右插，不断实施超速，不按规定超车等违法行为，这无异于一颗定时炸弹，随时可能引发交通事故。

14. 为图方便，遮阳板上放光盘

▶▶案例情景

浙江某公司张某在一次车祸中丧生，经尸检发现，全身仅有太阳穴处一轻微划痕。经民警最终认定，这是遮阳板上的光盘在车辆碰撞时飞出，将张某的太阳穴划伤后致其死亡的。

案例评析◁◁

很多司机喜欢开车听歌，随手就将光盘插在了遮阳板上，方便取拿。在正常情况下，光盘要伤人致死是不可能的，但如果发生撞车事故，光盘像飞镖一样飞出，速度极快就很有可能。同时，车辆挤压，光盘折断，就像锋利的刀子，对人体的潜在危害也不容忽视。

15. 戴深色墨镜驾驶的行为

夏天，墨镜确实能够遮挡部分光线，减少光线对眼睛的刺激，但很多司机"不会"戴墨镜。驾驶员为了时尚美观，佩戴深色墨镜，颜色太深，可能延迟视觉信号传送到大脑的时间，这种延迟，会造成速度失真，让司机做出错误判断。有人做过实验，当汽车以时速 80 km 前进时，戴颜色过深的墨镜可使司机对路况的反应时间延迟 100 ms，从而增加 2.2 m 的急刹车距离，所以墨镜的颜色不宜过深，可以选浅色墨镜。墨镜镜架过大、质量过重，会压迫面部，出汗时也易滑落，开车时分散注意力。

16. 驾驶座位上坐垫不固定

驾驶员在夏天图凉快，在驾驶位上添加凉垫，这样在紧急制动时，由于凉垫与座位是分离的，在惯性前滑中，很容易使司机的整个身子也跟着凉垫顺势前滑，尤其是一些不爱系安全带的车主。

17. 拐弯、并线、起步、停车、变更车道不打转向灯

起步、拐弯、并线、停车、变更车道时打转向灯，是进入驾校后首先学到的基础驾驶知识，但却有不少司机不习惯于使用转向灯。驾驶车辆突然改变驾驶路线，如不预先给出信号，会令后面驾车者反应不及时，许多交通事故也因此而出现。交警提醒，在做起步、拐弯、并线及停车等动作时，请事先观察前后车情况，在确定安全的情况下，预先 3 s 打转向灯，给前后车一个提示。

18. 高速路上倒车的违法行为

▶▶案例情景

8月2日上午9时52分，在浙江金丽温高速公路丽水段往金华方向富岭互通立交处，一辆温州旅游大巴怀疑错过了匝道口，司机竟然在高速主线上倒车，随后被尾随的半挂货车追尾，造成货车司机当场死亡，23人受伤。

案例分析 ◁◁

我们可以通过视频中的对话大致还原当时的情况：大巴司机错过了匝道口，被乘客责怪后，竟然决定倒车回去；更令人惊讶的是，车内乘客居然纵容默认了司机的危险行为，并没有人阻止，有人还打算下车帮司机观察后方情况。从倒车开始到事故发生，只经过了短短 1 min 的时间，大巴司机本以为有足够时间倒车驶入匝道口，但尾随的半挂货车却不能及时躲避这辆大巴。司机与乘客的无知行为，最终酿成了惨烈的追尾事故。

19. 在快车道里慢行的行为

低速车辆长时间占用快车道易引发交通事故，形成了很大的安全隐患。

如：许多大货车长时间占用快车道，其后方的小车不断地鸣喇叭或变换远近光灯以催促其回到慢车道，在大货车坚定地占用快车道的情况下，一些小车无奈地冒险从大货车的右侧超车，如果此时大货车恰好又在变更回慢车道的情况下，非常容易发生刮擦事故。

当低速车辆在连续超越慢车道上的车辆的情况下，跟在其后的一些小车无奈之余只好见缝插针，有的从两辆大货车中间超车，有的甚至从应急车道超车，以致险象环生；

部分低速货运车辆因反光标识缺失、尾灯不亮，在夜间如果长时间占用快车道，如果其后方的小车驾驶员精力不集中，很容易引发追尾事故。

20. 驾驶车辆时,长时间左臂搭在车门窗上,或者长时间右手抓住变速器操纵杆球头的不安全行为

据专家测试,汽车在高速行驶,或者遇到紧急情况时,单手对汽车的操控能力不及双手的一半,也就是说,在单手来不及反应的瞬间,双手控制方向盘可能挽救一个或者几个人的生命。

21. 双手同时离开方向盘

有些司机在行驶中为了炫酷双手离开方向盘,这是非常危险的,因为轮胎的方向除了受方向盘的控制以外,还有来自地面、风和汽车本身的影响,如果路面出现坡、坑颠簸时,或者一阵风影响了汽车的方向,手不能把握方向盘而偏离航线,极易出现交通事故。

22. 个人爱好装饰方向盘或悬挂饰品

使用长毛方向盘套装饰方向盘,其危险性和开车戴手套的危险性是一样的,长毛方向盘套使用一段时间后,其手感会变好,同时,其摩擦力会减小。这样,在遇到一些紧急情况的时候,方向盘的操控性无形中就变差了。车内悬挂在前后风挡玻璃处的小饰品在行车过程中左右摇晃,容易阻挡视线。

23. 行经人行横道,不减速慢行、停车、避让行人的

驾驶员在行驶过程中遇人行横道时,没有减速行驶的意识,不仅不减速,有些车辆甚至与行人抢道,十分危险,导致交通事故频发。

24. 车辆倒车时不察明后方情况,直接倒车

▶▶案例情景

1月7日傍晚6点半左右,在人民路和瑞昌路路口的家家悦超市门前,刚下公交车准备去超市买点东西的王女士,被倒车的厢式货车撞倒。

案例分析◁◁

由于货车的自身特点,如果有人站在车后面,司机通过反光镜根本看不到,加上当时天已经黑下来,让视线也受到不小影响。大型货车倒车时一定要有人指挥,不察明后方情况,不要直接倒车。

25. 行车不按交通信号灯、交通标志、交通标线和交警指挥驾驶操作的违反交通信号行为

部分驾驶人员看见别人行车违章,自己也跟着违章,对执行交通安全规章制度存有逆反心理,安全监督人员检查时遵章而行,事后照样违章。

26. 驾乘人员行车中不系安全带以及安全带佩戴不规范或安全带失效的不安全行为

在车辆发生事故或者紧急制动时,会产生巨大的惯性力,根据不同的行车速度及撞击程度,这个惯性力也不同,惯性力使司机及乘客与车内的方向盘、挡风玻璃、座椅靠背、车门等物体发生碰撞,极易造成对驾乘人员的严重伤害,甚至将驾乘者抛离座位或抛出车外。

调查数据显示:在一次可能导致死亡的车祸中,安全带的使用可使车内人员生还的几率提高60%,发生正面撞车时,系了安全带可使死亡率减少57%;侧面撞车时可减少死亡率44%;翻车时可减少死亡率80%。日本最新研究表明,车祸中后排未系安全带的乘客猛烈撞击前排座椅,会对司机或前排的乘客形成极大的冲击,使他们在车祸中死亡的概率增加大约5倍。

安全带的防护作用主要是:防止驾、乘人员被抛出车外;对抗撞车时的减速度,使驾、乘人

员不致与方向盘、仪表板、挡风玻璃等物品发生第2次撞击。

常见的错误行为：系上了安全带，却没有正确使用（安全带所系位置不当或过于宽松）；上高速公路时才系安全带，城区行驶时不系；不是起步前系好，而是边开车边系；为应付检查把安全带斜跨于胸前，等检查完再把安全带放下。

27. 攻击性驾驶，行车中强行超车、强行会车、争抢车道、占道行驶、弯道超车、坡路超车等影响其他车辆正常行驶的争道抢行行为

▶▶案例情景

在广东惠州发生了公交司机上演别车大战一幕：一辆由水口到潼侨的203路公交车与一辆322路公交车在一路上演别车、超车。就在到达某一站牌，322路打开车门让乘客下车时，203路就此撞了上去。暂且不论是否故意轻撞还是没刹住车，这种拿乘客生命安全当儿戏的做法实在令人心寒，毫无责任感可言。

案例分析 ◁◁

公交车驾驶员开斗气车，只顾自己泄气，不把乘客的生命安全当回事，是非常危险的行为。一旦出现事故，后果不堪设想。

攻击性驾驶指有意识地对驾驶环境中他人进行身体、心理或情感伤害的行为。如有意追尾、堵截、违法超车、紧密跟随、骂人等。每个驾驶人在行车的任一时刻都有可能实施攻击性驾驶行为。

调查显示30%～40%的驾驶人承认自己有攻击性驾驶行为。该类行为的实施降低了道路安全等级，影响了道路通行效率，增加了居民出行时间，严重影响了道路交通网络运营。美国相关研究表明，每年平均至少有1 500人因攻击性驾驶受伤或死亡，并且这一数字以每年7%的速度增加。在我国，违章占道行驶、违章超车、恶意换道在交通事故成因中所占比例最大。诱发攻击性驾驶行为产生的因素很多，如驾驶人的年龄、性格、情绪、气质，社会的行车环境等等，归纳起来可以利用以下三种理论统一解释：

（1）本能论。从生理角度强调了攻击性行为是能量的释放，认为攻击性行为需要从能量上进行积聚，但忽略了后天通过积极进化而获得攻击的原因。

（2）挫折-攻击理论。认为人具有攻击性行为是因其在社会或生活中遭受了挫折或痛苦的经验。但该理论不能解释人可以通过逃避或获得经验教训的行为控制现象。

（3）社会学习观点。该观点强调了人通过后天社会学习是形成攻击性行为的主要来源，但该观点不能解释同样的生活环境却有不同的表现行为。

就我国交通事故发生机理来看，主要是第一和第二层次居多。

28. 驾驶员操作错误

▶▶案例情景

6月8号5点50分左右，在环开发区南京路与海口路路口，一辆大货车在下坡的时候突然失控，看到红灯也没及时的刹车，而是呼啸的将一名骑电动车的女子撞伤。事发路口正处于下坡，当时路口已亮起了红灯，货车驾驶人看离路口还有一段距离就不顾危险挂了空挡让货车滑向路口，但由于车上满载货物惯性太大制动距离加长，到停车线前临时踩刹车已经来不及了。在巨大的惯性作用下，货车将骑电动车的孙女士撞飞，直到把路边的电线杆撞倒后才停了下来，车上的货物也是全部抛洒到了地上。

案例分析 ◁◁

案例中货车驾驶员在下坡地段空挡滑行，货车一旦空挡滑行，就意味着孤零零的轮胎在道路上快速运转着。在这种失去了动力牵引的情况下，轮胎的抓地力是非常小的，加上车辆满载货物，惯性加大，制动距离增长，临时踩刹车来不及，导致事故。

驾驶员操作错误如：操作不当、操作失误，在湿滑的路面上紧急制动，或车辆侧滑时紧急制动，急打转向盘；有紧急情况时，错把加速踏板当制动踏板；变更车道，没有观察后视镜；由主路驶入辅路时，没有注意视觉盲区内的行人、非机动车；转弯时，未注意车辆内外轮差，车轮落入边沟等容易直接造成交通事故的危险性错误。医学研究表明，患糖尿病或癫痫病的驾驶员，发生交通事故的危险性比一般驾驶员高30%。这是由于糖尿病人常会发生低血糖，可致一时性眩目，而癫痫病是难以预测的。

29. 分道口行驶路线选择错误的无危害性错误行为

无危害性错误对安全行车也有很大的影响。驾驶员一旦路线选择错误必定想尽快赶到目的地，驾驶员可能会出现急躁、超速等的行为，车辆油耗的浪费，这对安全行车也有很大的影响。

30. 驾驶员未参加安全教育或安全教育考试不合格

对国家安全生产及相关法律、法规、方针、政策、标准，以及道路危险货物相关法律、法规，政策不了解，不清楚预防事故的一般知识以及发生事故的应急救援知识。

31. 身患疾病或处于生理特殊时期，情绪低落

医学研究表明，患糖尿病或癫痫病的驾驶员，发生交通事故的危险性比一般驾驶员高 30%。这是由于糖尿病人常会发生低血糖，可致一时性眩目，而癫痫病是难以预测的。

（三）其他交通参与者的不安全行为

▶**案例情景1**

一辆正在行驶的货车和一辆骑电动车的妇女并行前行，当骑电动车行驶到右边停放的小车旁边时，突然小车车门打开，把骑电瓶车的妇女撞倒到货车后面车轮边。所幸的是大货车已经驶出，骑电瓶车的妇女才逃过货车的二次伤害。

案例分析 ◁

案例中的由于路边白色小车随意停车，在开车门的时不注意观察周围情况，盲目开门撞倒后方驶来的非机动车，使其摔倒到与其并行的货车后面车轮边，险些酿成悲剧。白色小车驾驶人随意停车，非机动车驾驶人占道行驶都是是交通参与这些不安全行为。

▶▶**案例情景2**

一辆黑色的私家车行驶到羊立高速镇江附近的匝道口，突然减速并向右侧打方向。就在此时，超速行驶的大客车从后方过来然后向右避让，撞倒了分道口的隔离墩，然后冲上了水泥护栏，造成重伤一个，轻伤一个，皮外伤15个。意识到自己闯了祸私家车很快消失在车流中。就在民警处理事故时，有一辆白色的轿车经过事故地点减速调头看这个大客车事故现场，后面紧跟的黑色轿车也在看事故现场，看见前面白色轿车减速，也跟着踩刹车，紧接着后方驶来的面包车就直接撞上了黑色轿车发生侧翻。

案例分析 ◁◁

其他驾驶员在高速公路随便停车给客货运驾驶人带来危险。

在道路运输过程中,其他交通参与者的不安全行为同样是引发事故的重要危险源,驾驶员稍有疏忽便有可能导致严重的交通事故。

（1）其他车辆驾驶人急刹、逆向行驶、违法超车、超速行驶、酒后驾驶、违规占道行驶、随意停车装卸货物等。

（2）非机动车驾驶人不按交通信号灯通行、逆向行驶、违规占用机动车道行驶、穿插抢道等违反通行规则的行为。

（3）行人：老年人行动迟缓,儿童行为不自知,不具备道路安全意识,嬉戏打闹、闯入道路；打伞的行人视线遮挡,不顾及周围车辆；突然横穿道路或闯红灯的行人；行人边走边交谈或路面施工人员专注于工作。这些不安全行为同样是引发事故的重要危险源,驾驶员稍有疏忽便有可能导致严重的交通事故。

【小结】通过本小节的学习,我们了解了驾驶员的驾驶资格、从业资格、驾驶行为及其他参与者的不安全因素。

三、车辆、行车物品及货物的不安全因素

▶**案例情景1**

一辆大客车在山路上行驶,车内行李架放满行李,不停颠簸,货架上行李未固定好,掉下来砸中乘客,导致乘客肩部受伤。

案例分析 ◁

行李物品对乘客造成伤害,也是不安全因素。

▶▶**案例情景2**

2013年9月29日13时许,绕城高速龙潭立交往成绵立交方向约2 km处发生一起车祸,一辆旅游大巴追尾大货车,致使车上25名乘客被困。

案例分析 ◁◁

该事故是由于拉载蔬菜的货车突然爆胎,向路面右侧发生偏移引发的,紧随其后的大货车为避免撞车也随之向右制动,而大客车由于避让不及,导致追尾大货车。轮胎爆胎就是车辆的不安全因素。

▶▶▶**案例情景3**

2013年9月15日4点左右,泸州市江阳西路39号路段某门市,工作人员陆续从大货车上卸载货物。晚上8点左右,正当货车前面的货物已经卸载完毕,货车司机准备将车辆往前挪动以方便工人下货时,大货车的突然失去了控制,开始向坡下滑去。撞上一辆丰田后继续滑向闹市,铲车果断相撞,拦住了大货车。

案例分析 ◁◁◁

由于大货车刹车失灵,不能制动,导致车辆失控。

▶▶▶▶**案例情景4**

2013年9月15日,四川达州市渠县境内三汇到平桥路段发生一起交通事故：一载有24

人的客车被一辆满载鹅卵石的货车撞翻并掉致路边桥下，满车鹅卵石倾泻而下，将客车埋压在下。现场紧急救援出25人（其中客车24人、货车1人）。经核实：死亡16人（其中学生11人），重伤4人（学生1人），轻伤5人。

案例分析 ◁◁◁◁

由于货车严重超载，下长坡惯性大、制动距离长，不能及时减速停车与客车发生碰撞并侧翻。

（一）车辆的不安全因素

道路运输过程中，车辆本身特点，车辆结构、技术状况及车内物品、车载货物都存在不安全因素见表24。

表24

车辆营运资质	未办理道路运输证的
	运营车辆未年审的
	超过运营车辆使用年限运营
	达到报废标准继续运营
	车辆变更未过户
车辆本身特点	车辆未按期参加维护和安全检测
	车体庞大，满载总质量较大，车辆存在视觉盲区
	如：转弯、倒车、停车、超车等占用多车道，重心高、容易侧翻，遇软路肩、危桥，易压垮道路设施，驾驶员看不到盲区内行人、其他机动车等这些都是车辆自身结构存在的风险
	与其他车辆之间存在速度差，高速公路小客车与大货车、大客车的设计车速及限制行驶车速不同，存在绝对速度差，迫使其他车辆频繁变更车道、超车，风险亦加大
	内外轮差大，转弯时碰撞、刮擦内侧行人、其他车辆等
	惯性大、制动距离长，前方有紧急情况，不能及时减速停车
车辆技术状况	制动劣化或失效不能及时制动，或车辆失控
	转向不良或失效不能按意图转向，转向盘转动不灵活，有阻滞现象，车能转向过程中与其他部件有干涉现象
	照明、信号装置故障，前照灯损坏，照明受到影响，夜间时驾驶员无法观察路况；转向灯不亮，转向意图不能传递
	车辆悬挂、减振系统缺陷，车辆经过坑洼路面时，颠簸严重，使驾驶员或乘客感觉不适，这可能使装载的货物掉落
	侧向稳定性差，车辆在横向坡道行驶，或进行超车、转弯等操作时，易发生侧滑货侧翻
	车速表故障，驾驶员不能准确掌握行驶速度
	轮胎磨损严重、有裂纹或扎入杂物，车辆在行驶过程中行驶附着力不够，制动距离延长；易发生爆胎等
	车窗玻璃张贴妨碍驾驶员视野的附加物及镜面反光遮阳膜
	发动机故障，车辆无法启动；车辆抛锚、应急停车影响其他车辆通行；车辆中途熄火，无法正常操控

续表 24

车辆技术状况	变速器有乱挡和自动跳挡的现象
	传动轴在运转时,发生振抖和异响,中间轴承和万向节有裂纹和松旷现象
	驱动桥工作异常
安全装置失效	
(1)主动安全装置失效	视镜损坏:驾驶员观察道路交通情况受到影响
	刮水器失效:雨雪天刮水器无法使用,视线受影响
	喇叭失效:喇叭不响,其他驾驶员或交通参与者听不到车辆靠近的信号
	遮阳板掉落:驾驶员眼睛被太阳光直射,影响观察
	防抱死制动系统(ABS)等安全装置失效:车轮抱死、车辆侧滑
(2)被动安全装置失效	安全气囊损坏:车辆发生碰撞等事故时,安全气囊不能弹出,驾驶员头部直接撞到转向盘或前风窗玻璃上。研究表明,安全气囊可使事故死亡率下降18%左右,与安全带配合使用可使事故死亡率下降47%左右。
	安全带损坏:车辆发生碰撞等事故时,无法束缚驾驶员或乘客,致使他们飞出车外。研究表明,使用安全带后,驾驶员受伤率可降低43%~52%,副驾驶受伤害率可降低37%~45%
	保险杠损坏:发生碰撞事故,无法吸收、缓和外界冲击力、防护车体
	座椅安全头枕损坏或掉落:紧急制动或车辆发生事故时,驾驶员头部得不到保护,颈椎易受伤害
	风窗玻璃损坏影响驾驶员视野,易使驾驶员受伤
	灭火器、警告标志、安全锤、应急门开关等损坏或缺失,出现紧急情况,无法及时有效处理

(二)车载物品及货运的不安全因素

行车过程中,乘客所携带的行李物品、货车装载的货物等,如果摆放和装载的位置、方法不合适,会对车内人员人身安全及行车安全带来一定风险。除此之外,车中湿滑的地板、破损的座椅等也可能对人的安全构成威胁。

▶▶案例情景

3月7日10时20分许,在郴州收费站互通出口处有一辆牌照为豫NXXXXX的重型普通货车侧翻在由南往北下高速的匝道上,车上的货物散落到对面往北通行上高速的匝道路面,致使匝道完全堵塞,车辆无法通行。

案例分析 ◁◁

由于事故货车装载的货物超高超载,驾驶员在拐弯时操作不当,导致车辆侧翻。

1. 行李物品存在危险

(1)包装捆绑不牢固,包装破损,包装材质不安全。

(2)体积和质量:超长、超宽、超重。货物偏载装载的货物重心过高,货物偏载使车辆稳定性降低,转弯时车辆易侧翻。

(3)超载可能导致:车辆负荷过大,转弯、下长坡时使车辆制动失效。

（4）车辆负荷过大：易引起爆胎、传动轴断裂、钢板弹簧断裂等车辆结果损坏，引发事故。

（5）车辆负荷过重：导致路面损毁、桥梁垮塌等。

（6）摆放位置不整齐、不稳，没按轻压重顺序摆放，没按下大上小的顺序摆放，没按指定的位置摆放。行李架上的物品掉落砸伤乘客。

（7）夹带易燃、易爆、易腐蚀的禁运物品上车，未被发现，易产生危险后果。

（8）生鲜货物捆绑措施、保鲜措施不当。

（9）活货物涌向一侧导致车辆偏载。

2. 客运站场的不安全因素

（1）进出站口"三不进站、六不出站"规定执行不到位、没有设置警示标牌等导致的危险因素。

（2）待班区、发班区管理上存在的危险因素（如车辆停放没有用三角木固定、没有拉好制动、没有关好车门车窗等）。

（3）没严格执行"三品查堵"规定导致易燃、易爆、易腐蚀危险品进站上车。

（4）消防方面存在的危险因素。

（5）违章指挥导致存在危险因素。

（6）违反操作规程导致存在的危险因素。

（7）不遵守工作流程导致的危险因素。

（8）交通违法、脱岗教学等行为存在的危险因素。

3. 货运站场的不安全因素

安全设施：消防器材缺失或失效，装卸机具有故障，安全保障措施不当。

其他因素：车辆与货物的安全距离不当，装卸路面不平整，无关人员随意在场走动。

危险货物具有自燃、易燃、爆炸、腐蚀、毒害、放射性等性质。

【小结】通过对本小节的学习，我们了解了车辆的营运资质、本身特点、技术状况、安全装置失效带来的不安全因素，行李物品和客货运场的危险。

四、道路的不安全因素

▶▶**案例情景**

雾蒙蒙的山区道路上，一辆客车快速行驶到转弯处正要转弯，突然发现对面有来车已经驶到转弯处，驾驶员急忙右转弯避让，过急撞上峭壁。

道路的不安全因素，主要包括典型道路、特殊路段的不安全因素及路面通行条件不良等。

〖问题〗典型道路、特殊路段的不安全因素及路面通行条件不良具体表现在什么地方？

（一）典型道路的不安全因素

▶▶**案例情景**

2014年9月1日下午5时许，在四川省广元市苍溪县212国道往广元方向发生山体滑坡，一辆皮卡车行驶到该路段时，不幸被山上滚落下来的巨石砸中，导致两名人员被困驾驶室。

案例分析 ◁◁

由于苍溪县近日连续下雨，导致山上的泥土湿滑，此次事故前就已经发生过滑坡。山区道路山体滑坡这一典型道路的不安全因素给行车带来危险。

1. 山区道路

（1）山区道路多依山体走势而建，道路等级相对较低，路基不牢固，安全设施不完善。

（2）长坡和连续上下坡使发动机温度过高，或换挡不当，引起发动机熄火或溜车。

（3）路窄弯急，坡路和弯道多，视线不开阔。如：路边树枝树叶挡住视线，车辆容易驶出路外，超车、会车危险性更大。

（4）经常发生泥石流和山体滑坡，对行车安全构成威胁。

（5）山区道路跟车行驶距离近，下坡、转弯、回车和通过下坡路段过快，都会引发车辆失控、追尾、碰撞、翻车、坠崖等事故。

（6）秋冬季节云雾缭绕使驾驶员不能准确做出判断也是山区道路的不安全因素。

2. 高速公路

（1）在高速公路驾驶车辆，道路相对封闭、控制出入、单向行驶、高速公路无平面交叉、路况好、车速高、车流量大，稍有疏忽就会出现失控导致交通事故，多车连续追尾和二次事故时有发生。常见的交通事故有追尾、翻车、爆胎、撞护栏、失火等。

（2）高速公路上车辆行驶速度快、情况单一，交通干扰少，行车中的噪声和震动频率小，行车感到枯燥，容易使人松懈或困倦，长时间行驶车辆性能也易发生变化。

（3）车辆不能正确选择行车路线，频繁变更车道、违法占道行驶是造成道路拥堵和交通事故的主要原因。

（4）闯入高速公路的动物，撒落的货物以及违规进入高速公路的行人，时刻威胁着高速公路的行车安全。

（5）高速公路违法停车或上下乘客，往往会发生追尾或碰撞事故。

（6）平直路面在阳光照射下易产生"水面"效应，对安全行车产生干扰，特别在雨、雾、雪天气随意停车，发生事故的几率更高。

（7）雨天驾车在高速公路上高速行驶，一旦发生水滑现象，处理不当，会造成操作失控，发生侧滑或倾翻事故。

（8）货车载货超宽，遮挡两侧后视镜，驾驶员看不到侧后方的道路交通情况，变道或减速时会威胁到其他车辆的正确行驶，危险性大。

（二）特殊路段的不安全因素

▶▶**案例情景**

某日，双流至金花片区下起大暴雨，持续一夜的暴雨导致该区域绕城出口到双流机场的快速通道下穿隧道积水严重，一辆满载货物的大货车被淹其中。

案例分析 ◁◁

由于隧道的特殊性，导致雨天积水给行车带来危险。

1. 隧道

（1）隧道内路面见不到阳光，通风条件不良，汽车排放的尾气易沉到路面形成油垢，路面摩擦系数降低。遇水会造成道路更加湿滑。

（2）长隧道内，照明差，可见度低，隧道较窄、限制高度，驾驶员未开启前照灯、车辆抛锚易引发碰撞事故、强行超车，易引发撞车事故，超高货车易碰撞出入口。

（3）隧道出入口明暗变化，驾驶员出现短暂"失明"，无法观察道路信息。

（4）隧道口结冰，车辆容易失控，发生侧滑。

（5）出口横风影响驾驶员对车辆的操控。

2. 桥涵

（1）桥涵路宽限制，路况不好，车辆易驶出桥面坠入河中。

（2）限制轴重，超重易使桥梁垮塌。

（3）强烈的横风，雨天的积水都会引发危险或交通事故。

3. 交叉路口

车辆、行人汇集，交通流量大，行驶轨迹交叉，导致驾驶员应接不暇，忽视盲区，易碰撞、刮擦交叉路口其他车辆、行人等。

4. 立交桥、环岛

立交桥、环岛方向多、出口多、车流量大，易迷失方向、选择错误道路，错过出入口。

5. 城乡结合部

（1）在城乡结合部，道路多数有分道行驶变为混合交通，平面交叉路口多，交通信号及其他设施不完整，交通管理相对薄弱。

（2）道路交通参与者缺乏安全意识和交通安全常识，各种交通工具汇聚，人车混杂，驾驶员无力全面观察，易发生碰撞、刮擦事故。

（3）驾驶车辆从繁忙拥堵的城市路段进入城乡结合部的畅通道路由于驾驶员心理疏忽，往往急于赶路，加速行驶，忽视对行人和非机动车辆的观察，出现危险情况，往往措手不及。

（4）雨天容易出现泥泞坑洼、路基松软等情况，增加行车风险。

6. 临时修建道路

（1）建设等级较低、压实度低，沉降不足、平整度差，车辆易倾翻、沉陷。

（2）周边地形复杂及交通情况混乱，如：畜力车、人力车、低速汽车、摩托车等频繁出现，带来风险。

（3）无道路交通标志标线，车辆、行人随意行走，带来风险。

7. 路旁有高大建筑、树木的道路

路旁的高大建筑、树木使驾驶员视线、交通信号灯、标志被遮挡，驾驶员容易忽略路口拐入的车、闯入的行车或骑行人，易发生碰撞事故，未注意到被遮挡的信号灯，误闯红灯发生危险。

（三）路面通行条件不良

▶▶案例情景

2012年2月18日凌晨3时，巴中南江县寨坡乡境内一处弯道上，一辆满载钢筋的大货车因路面结冰打滑，栽入路边水沟。

案例分析 ◁◁

冰雪路面的不安全因素给行车带来危险。

1. 施工道路

（1）行车道中断或减少，车辆需急减速。
（2）通行车辆多，通行速度突然变慢，车辆不及时减速易发生追尾等事故。
（3）路面有沙石使车辆制动距离延长或弯道易侧滑。
（4）距离施工地点很近时才发现道路有施工，应急处置不当易引发事故。

2. 占道

（1）道路上有掉落或卸载的货物。
（2）故障车未及时移开或交通事故车辆停在路中。
（3）农作物占道晾晒；驾驶员未发现障碍，躲避不及，易发生事故或躲避障碍时，与其他车辆发生轨迹交叉等。

3. 冰雪路面

（1）道路视线不好，观察判断不清。
（2）车辆行驶中容易侧滑、打滑，猛打方向会造成车辆横滑。
（3）车轮与地面的附着系数减小，造成刹车距离增长。
（4）其他不安全因素（道路中人、自行车、摩托车、三轮车的行驶等）。

4. 涉水路面

（1）水过深，未查清水情即涉水行驶，易使车辆熄火、电气设备受潮。
（2）水下有泥沙使车辆打滑或陷于水中。
（3）水中有尖锐物导致车胎被尖锐物扎破。
（4）水流速度快，会使车辆行驶轨迹发生偏移或被冲走。

【小结】通过对本小节的学习，我们了解了不同道路的不安全因素给行车带来的危险。

五、夜间、特殊天气及自然灾害的不安全因素

▶▶案例情景

4月26日晚上7点半，一辆大客车经过百色一路段。突然，对面驶来一辆大货车，还开

着刺眼的远光灯。就在两车相会的瞬间，货车的挂车部分突然甩尾，正好撞中大客车驾驶室，一声巨响后，驾驶室左侧玻璃、反光镜全部脱落。危急时刻，客车司机没有惊慌失措，他冷静地减速刹车，把车停稳在路边，车上所有乘客都没有受伤。

案例分析 ◁◁

从案例中我们不难发现，事故发生在一段普通山区道路上，道路并不宽阔，并且时处晚上7点半，天色灰暗，天空飘着细雨，客车驾驶员的视线受到影响。对面驶来的大货车的远光灯加重影响了客车驾驶员的视线，导致客车驾驶员对货车的行驶轨迹判断产生误差，引起事故发生。所以，乱打远光灯这种陋习，除了会影响其他车辆驾驶员的判断外，还会成为夺命的危险因素。在此提醒广大驾驶员朋友，为了大家的生命安全，请在行车过程中不要随意使用灯光。

（一）夜间行车的不安全因素

据统计，由于天气光线等诸多因素，车辆和行人都相对变少，驾驶员在夜间行车心情比较放松，注意力也就容易分散。据统计，在发生的道路交通事故有80%以上发生在夜间，而大多数重大交通事故和逃逸案件都发生在夜间。因此，做好夜间交通事故的预防非常重要。

〖**问题**〗前面案例只是夜间行车危险源的一种，那么夜间行车究竟存在哪些危险因素？

造成夜间行车的危险因素很多，主要表现在以下方面：

1. 照明差，驾驶员视线变窄

夜间观察道路状况及交通情况较白天费神，在视觉上容易疲倦，而且在观感上还会不自觉地依照平时对路况的记忆驱车行驶。夜间的高速公路，除服务区、隧道外，几乎没有照明，通常是靠车前灯照明，虽然其他车辆的灯光也有照明作用，但驾驶员的视野仍变得非常窄小。在这种情况下很容易造成驾驶员判断失误，酿成惨祸。

2. 驾驶员自身生理因素

夜间是驾驶员生理条件最差的时候，容易疲劳，视力降低，对速度和距离判断注意力不集中。

夜间行车遇有后车灯光照射，前车内后视镜反射光或在会车时受对面车强烈灯光的照射，使驾驶员眩目，视力下降，看不清车前周围情况，最可怕的是由于相对方向来车的大灯所引起的失明，易造成的交通事故如追尾相撞，撞护栏、中央分隔带的事故。

汽车同向列队行驶，当前方车辆通过凸凹的地面时，其尾灯或刹车灯跳动或光照闪耀，会出现阴影的变化，给后车驾驶员造成对道路地形不良的观感或误解地物的真实情况。如有时误将前方远处停放开着尾灯的车辆以为在行驶中，临近发现停车不及造成碰撞。

夜间对路上物体的可见度，因物体颜色不同而不同，白色、黄色容易辨认，蓝色、灰色不容易辨认，所以在行车中不可忽视非机动车和行人的衣着颜色。

3. 争强好胜，飙车族增加

随着生活水平的提高，车辆已进入众多家庭。同时，道路也在不断的加宽，路况越来越好。一些年轻人逞强好胜，夜晚闲暇无事，三五成行到宽敞的马路上超速行驶。试想，在车辆和行人突然出现时，还能够来得及采取制动措施吗？

4. 过度自信，开车随意

▶▶案例情景

一辆从湖北开往深圳的大客车，大客车驾驶员在高速路上边开车边玩手机，突然出现一个行人横穿高速公路，这时车祸发生了，巨大的冲击力把挡风玻璃撞碎，违法穿行的行人当场死亡。

夜间道路上行驶的机动车辆和行人相对减少，一些有着一定驾龄和技术的驾驶员由于过于自信驾技高超，而疏忽了安全行车的准则。这些人在驾车行驶过程中往往注意力不集中，或吃东西，或点香烟，或打电话，或与同坐的他人聊天、嬉戏，甚至两手不把握方向盘。可想而知，由于注意力分散不集中，一旦发生紧急情况，驾驶员就会措手不及。

5. 强行超车，占道占线

▶▶案例情景

2014年10月8日凌晨3时30分，在国道323线荔浦县青山镇路段，一辆重型厢式货车与一辆重型低平板半挂车相对撞，厢式货车驾驶室严重变形。据了解，事发路段为公路维修路段，公路部门已在该路段竖有明显的限速40km的标志。当晚重型厢式货车司机田某与付某从广东拉了一车的服装到柳州鹿寨县，在事发路段田某想超越前面一辆摩托车，在超车前田某感觉对向来车灯光很亮，但田某认为可以超车之后再会车，于是踩下油门超车。由于对面车灯太亮、太刺眼，田某无法估计双方车距，就在田某犹豫之时，两个"庞然大物"已经撞到了一块。厢式货车左侧车头撞上了平板半挂车的左侧角，货车左门框被撞掉后挂在了平板车的左车角上，田某左脚脚掌从脚踝处则被齐刷刷地切割断掉在地上。

有些驾驶员在驾驶车辆过程中，由于争强好胜和显示自己的高超车技，总想千方百计强行超过别人，甚至有的在条件不成熟的情况下也强行超车。这样，由于夜间行车视线不好，目测与前方来车的距离会产生一定的误差。当正在超越时，前方来车临近，想把车辆驶回正常车道时，会因车速过快而无法及时回归，或者正赶上其他车辆占线，结果导致与同向行驶的车辆发生刮擦或与对向行驶而来的前方车辆发生碰撞，发生事故的几率会增加。交警提示：夜间行车切勿疲劳驾驶和超速行驶，不得强行超车，会车时要将远光灯切换为近光灯，为了他人和自己的安全，要时时刻刻注意文明安全行车。

6. 人车劳顿，勉强打起精神驾车

驾驶员在夜间驾驶车辆，注意力高定集中、瞳孔扩大，眨眼的频率降低，会出现头晕、视物模糊、双眼胀痛、注意力不集中及烦躁不安等症状。一些长途行驶的车辆车主为了赶时间，让驾驶员长途奔波，顾不得休息，把安全行车抛至脑后。这样，人的体能和精力是有限的，由于长时间的驾驶操作和奔波，人体机能消耗很大，如果不能很好休息，精力就下降，注意力就会不集中，况且人体的生物钟在夜间是处于半休眠状态，夜间行车危险性会加大，稍不注意就会发生危险。

7. 违章停车路边休息

驾驶员驾驶机动车辆在夜间行驶不可避免会出现这样那样的情况，如驾驶员需要停车休息，随意停放，不开停车夜视灯，不放置警示标志和开启示警灯光，车身占据行车道，甚至有的车辆停放在陡坡处、转弯处、交叉路口等。这既影响过往车辆的正常行驶，又容易造成一些由于超速行驶、酒后驾驶违法驾驶车辆追尾碰撞。

8. 夜晚车辆相对少，驾驶员会猛踩油门

▶▶案例情景

某日，在江西赣康高速江西赣州南收费站，一辆小轿车正在收费站缴费，接着一辆越野车也进入了收费站。一辆小货车突然冲入了收费站，由于踩刹车来不及，直接撞上了前面等候的车辆，所幸只有小货车的驾驶员受了小小的皮外伤。

我们知道，夜晚光线不好，同时道路上车辆和行人也相对减少，于是，一些驾驶员为了尽快地赶往目的地，就大着胆子猛踩油门开快车，根本不去考虑后果。再加上夜间光线暗淡，驾驶员视线能见距离缩短，路面状况模糊不清，虽然车灯的照明度达到了一定的亮度，但视线总不如白天清晰。同时，速度太快会使驾驶员视力相对下降，判断情况的时间缩短。速度太快还延长了车辆的制动距离，扩大了非安全区。一旦突然发现前方有紧急情况，驾驶员就会措手不及，乱了方寸，采取措施不及时或不正确，后果可想而知。

（二）特殊天气行车的不安全因素

特殊天气主要包括雨雪天气、大雾天气和高温天气。

据统计，2010 年道路运输行业在雨、雪、雾等恶劣天气条件下发生的交通事故占总数的 10% 左右。在特殊天气行车，驾驶员应充分了解特殊天气的特点及其存在的风险。

▶案例情景

11 月 26 号的早上 6 点，在三环路航天立交附近，由于下雨路面打滑，一辆货车侧翻到了主道和辅道直接的绿化带上。

案例分析 ◁

由于路面湿滑，路面附着力减小，制动距离增大，使用行车制动器紧急制动导致车辆失控侧翻。

根据国际驾驶安全调查显示，雨天驾车的交通事故率比平常高出大约 5 倍以上。因此司机在雨天行车时一定要提高警惕。

〖问题〗雨天行车究竟有哪些不安全因素呢？

（1）行车时，路面湿滑，路面附着力减小，制动距离增大，高速行驶容易出现水滑现象。

（2）挡风玻璃上的雨滴，阻挡视线。

（3）高速通过水沟、水坑产生飞溅，导致实际涉水深度加大，造成发动机进水。

（4）使用行车制动器紧急制动容易导致车辆失控，发生横滑或侧滑。

（5）雨天后视镜上积留的雨滴，容易造成驾驶员视线盲点。

（6）雨天忙乱躲避的行人和骑车人，也是非常危险的因素。

（7）连续降雨天气，可能会出现路肩疏软和堤坡塌陷现象，车辆在上面行驶会出现路面下沉的危险。

▶▶案例情景

2012 年 1 月 4 日 18 时 40 分左右，兰海高速贵州黔南州贵定县到福泉市路段发生一起大客车翻车事故。一辆从浙江义乌开往四川泸州的大客车由于当地降大雪，路面结冰，翻下约 10 m 深的山沟。该客车荷载 50 人，实载 56 人，其中有 8 名儿童。事故已经造成 18 人死亡。

案例分析 ◁◁◁

事故原因为当地大雪后路面湿滑所致。

〖问题〗雪天行车有哪些不安全因素？

（1）道路易结冰，道路溜滑，附着力大大降低，制动性能力差，制动距离延长。

（2）车辆的稳定性降低，方向易跑偏。

（3）加速过急，车轮易空转或溜滑。

（4）制动减速或转向过急，易侧滑、甩尾、转向失控。

（5）积雪对光线的反射，易造成驾驶员炫目而产生错误。

（6）积雪覆盖的路面，道路的轮廓难以辨别，容易驶出路面发生危险。

（7）路上通行的行人和非机动车稳定性差，容易发生失控而摔倒的危险。

▶▶▶**案例情景**

成都遭遇大雾，绕城高速4小时发生52起车祸，有至少137辆车不同成度毁坏，事故绵延7 km。除了车与车的追尾碰擦，车与车重叠在一起也有三起。最惊险的要数绕城59 km处，油罐车撞上了之前的大货车，接着一辆黑色雅阁又与油罐车发生追尾，之后物流大货车又撞了上了，将雅阁压在车下，并将旁边的出租车撞到一边，所幸这次事故无人死亡。

案例分析 ◁◁◁

案例中我们可以看得出，雾天行车，能见度低，视线变窄，高速行驶的汽车来不及刹车很容易追尾造成事故。

〖问题〗大雾天气行车时要注意哪些不安全因素？

（1）雾天，能见度，视野变窄，视线模糊，不易发现面来车和路面障碍。

（2）路面标线不清，骑轧道路中心线行驶，会与对面来车迎面相撞。

（3）对车速和跟车距离的判断会出现偏差，容易发生追尾事故。

（4）浓雾天气会使驾驶员看到的物体变形，根本无法预见危险。

▶▶▶**案例情景**

2012年6月18日14时许，南环高速小店往石家庄方向，一辆货车由于长时间行驶，导致发动机温度过高，塑料管材起火。

案例分析 ◁◁◁

由于在高温环境下长时间高速行驶引起塑料管材起火自燃。

〖问题〗高温炎热天气行车不安全因素有哪些？

（1）路面的沥青会软化，变得黏糊，附着力下降，有发生侧滑的危险。

（2）发动机温度上升或冷却液沸腾，胎温、胎压过高，影响行车安全。

（3）电路、油路等出现线路软化、短路、漏油等情况，容易引起车辆自燃。

（4）驾驶员在高温天气容易出现急燥情绪，疲劳驾驶。

（5）黄昏开车，汽车灯光与周围光线相近，看不清周围的车辆和行人，很容易发生车祸。

（三）自然灾害的不安全因素

〖问题〗我国是一个自然灾害较多的国家，在道路运输过程中不可避免会遇到恶劣行车环境，究竟这些灾害会对行车造成哪些不安全因素？

▶▶**案例情景**

新疆多地遭遇了强沙尘暴天气，三辆汽车在高速公路发生追尾。车祸现场，一辆皮卡车钻进了中型卡车底部，皮卡车车体已经严重变形，另一辆越野车停在十几米外，事故造成一死一伤。

案例分析 ◁◁

在案例中我们可以发现，沙尘暴天气，驾驶员视线不清，是事故发生的重要原因。

1. 沙尘暴

（1）风力大，被大风吹起的物体易击中车辆，使车辆偏离行驶轨迹。

（2）能见度低路，飞扬的沙尘阻挡驾驶员视线。

（3）路面布满沙土，使车辆发生侧滑。

▶▶**案例情景**

2013年10月6日，受第23号强台风"菲特"影响，宁波上午开始下起大雨，高速上视线极差。杭甬高速宁波往杭州方向柯桥出口发生一起交通事故，占据3个车道，导致高速路上排起了十几千米的长龙。

案例分析 ◁◁

台风期间风力大，大雨影响驾驶员视线，能见度低，地面湿滑制动性变差导致事故发生。

2. 台风

（1）风力能量巨大，路边树木、不稳固的围墙、广告牌等被刮倒，易砸中汽车或阻碍交通。

（2）常伴有暴雨，能见度小，车内产生大量雾气，影响视线和安全性。

（3）大风使车辆偏离行驶轨迹或倾翻，雨水中夹杂泥土、沙子，使汽车的制动性变差，容易产生侧滑。

（4）台风期间，信号灯断电失灵，交通混乱。

（5）被台风刮倒的电线，破损漏电，令车体带电，危及车辆及生命安全。

▶▶**案例情景**

四川雅安地震时，运输救灾物品的大货车经过山区道路的时候，发生余震导致石头从山上滚落下了砸中大货车副驾驶室，一救灾人员受伤昏迷。

案例分析 ◁◁

这就是雅安地震中的救灾车辆，被余震的飞石砸中。地震的飞石就是事故不可预见的危险。

3. 地震

（1）能量大，破坏性大。

（2）车辆在行驶过程中突发地震，路面出现裂缝，车辆易掉入裂缝。

（3）容易被倒塌的建筑物、石头等砸中，发生撞车等事故。

▶▶**案例情景**

6月2号凌晨，贵州浠水县有5个县镇突降暴雨，暴雨引发了泥石流、公路路基垮塌的次生灾害的发生，一辆汽车被山体滑坡下了的石头挡住了去路。

4. 泥石流、山体滑坡

（1）爆发突然，来势凶猛，破坏力大，车辆躲避不及易被泥石掩埋。

（2）道路冲毁或掩埋，使交通瘫痪。

5. 雹灾

来势凶猛，时间短，强度大，常伴有狂风骤雨，影响视线，地面湿滑，车辆易发生撞车。

【小结】通过本小节学习，我们了解了夜间行车和特殊天气行车及遇到自然灾害时的不安全因素。

单元六　道路运输防御性驾驶方法与不安全驾驶习惯纠正

教学对象

道路旅客运输驾驶员、道路货物运输驾驶员、道路危险货物运输驾驶员。

教学目标

（1）掌握道路运输防御性驾驶方法。

（2）掌握常见的不安全驾驶行为及其产生的主要原因。

（3）学习如何纠正不安全驾驶的习惯。

教学内容

（1）防御性驾驶的通用规则。

（2）不同行驶状态下的防御性驾驶。

（3）客货运站场的防御性驾驶。

（4）典型道路的防御性驾驶。

（5）特殊路段的防御性驾驶。

（6）特殊路面的防御性驾驶。

（7）夜间防御性驾驶。

（8）特殊气象条件下的防御性驾驶。

（9）不安全驾驶行为原因分析及其纠正。

教学重难点

（1）深入理解各种行驶状态下的防御性驾驶。

（2）掌握客货运站场的防御性驾驶。

（3）牢记典型道路、特殊路段、特殊路面、夜间、特殊气象条件下的防御性驾驶。

（4）快速纠正不安全驾驶行为。

教学方法

讲授法、演示法、案例教学。

教学时间

2课时。

教学过程

调查发现，绝大部分驾驶员在事故发生之前，都没有采取任何预防措施。为有效预防和减少道路交通事故的发生，每个驾驶员都有必要掌握一套安全的驾驶技术，做到不主动造成交通事故，不被动涉及交通事故，只有这样，才能最大限度的远离交通事故，避免悲剧的发生。

一、防御性驾驶的通用规则

驾驶员在进行道路运输的过程中,一定要注意严格遵守交通法律法规,避免给别的车辆造成不必要的麻烦,也要掌握一定的防御性驾驶技巧。在遇到紧急情况时,能够采取正确的措施避免交通事故的发生。

(一)防御性驾驶概念

防御性驾驶是指驾驶员在驾驶过程中,能够准确的"预见"由其他驾驶员、行人、不良气候或路况而引发的危险,并能及时地采取必要的、合理的、有效的措施防止事故发生、这种可避免危险发生的驾驶方式即为防御性驾驶技术。

1952年,防御性驾驶培训最早由美国人哈罗德·史密斯开发,经过快速的发展,已有过半数的世界五百强的企业采用了防御性驾驶培训。如:联邦快递,埃克森美孚,强生等全球著名企业。他们的司机在上岗前都要经过防御性驾驶培训和评估,并且每隔三年还要做一次加强的培训。

在我国,防御性驾驶是个"舶来品",有一个从"引进"到"接受",再到"推广"的过程,一般认为起源于本世纪初。

汽车工业的迅速发展,特别是私人汽车保有量的激增,无论你在哪里驾驶,也无论你驾驶何种车辆,这些因素都将永远存在。当驾驶员掌握了如何有效、及时地观察、预测和行动,并逐渐形成良好的驾驶习惯和安全理念时,就可以防止在复杂多变的驾驶环境中发生交通事故。

防御性驾驶的意义

学习防御性驾驶有以下几个好处

(1)降低卷入交通事故的概率。

(2)降低油耗及车辆日常维修费用。

(3)减少保险索赔,降低保费支出。

(4)减少驾驶带来的焦虑和疲劳。

(5)提高工作效率和车辆利用率,树立良好的企业形象。

总之,防御性驾驶技术是将相关的驾驶技能和驾驶习惯进行系统的总结和归纳,形成一套简单明了、科学系统的安全驾驶体系。

其意义在于能帮助驾驶员:

(1)更清楚地了解人类的"生理缺陷"。

(2)更全面地观察并了解驾驶环境。

(3)更准确地预测不确定的潜在的危险因素。

(4)更及时地采取预防措施避免交通事故。

(二)防御性驾驶核心理念

1. 安全第一

一切行动以生命健康安全为核心目标,采取积极的预防性措施,避免主动引发事故,不被动卷入事故，实现零事故。

2. 预见风险

在开车过程中，公路上随时都存在着不安全因素，这就需要驾驶员时刻保持高度的警惕性和敏锐性，对道路、车辆、行人等诸多情况随时做出判断，提前做好风险预见，实施避险措施。

3. 提前应对

提前检查车辆，采取相对保守的策略，提前采取措施，进行适当的预防、准备，避免紧急情况的出现。

4. 文明行车

控制不良情绪，避免攻击性驾驶行为，追寻行人先行，友好对待其他交通参与者。

（三）防御性驾驶技术

道路运输驾驶员在每天的驾驶过程中，要进行成千上万次操作，每一次驾驶操作时间虽然只有几秒，但却是一项复杂的心理行为过程，驾驶员进行的每一个操作都可以概括为四个阶段：观察与感知、分析判断、决策、采取行动。

1. 观察与感知

所谓观察与感知能力，即驾驶员通过感知器官对外部客观事物的要素及特性在头脑中所做出的反映，是人的察、感觉系统对事物做出的综合判断。对一个驾驶员而言，观察与感知能力的强弱与其感觉灵敏度、驾车经历、行车经验等因素有关，对行车安全是十分重要的，是安全行车的认识基础。

（1）观察要足够远。

驾驶员需要观察足够远的道路上的交通状况，确保前方有紧急情况时能够及时制动或避让。具体距离依据实际车速而定，例如在高速公路上至少要观察到 400 m 远的地方（时速 90 km 时）。

需要注意的是，要求眼睛看得足够远并不是让眼睛一直注视远方，而是要由近及远进行全面观察。

（2）观察两侧及车后。

驾驶过程中要不时通过视镜查看两侧及后方的交通情况，在行驶环境复杂、恶劣的情况下，更要增加观察视镜的频率。

（3）预测盲区内情况。

驾驶员在行车过程中应格外注意盲区内交通情况。通常可以通过观察其他车行驶情况来预测盲区内的情况，注意他们是否驶入了视觉盲区。

（4）通过"听"获取信息。

驾驶员可以通过"听"喇叭声获得警示信息，通过"听"声音大小估计车辆靠近的距离，通过"听"车辆发出的声响判断车辆是否出现了故障等。

2. 分析判断

根据有关交通事故统计资料分析，交通事故有 36%的起因是判断错误引起。所谓判断能力，就是人在处理已观察到的行为、事物或将要发生的险情和进行意志决定的过程能力。驾驶员因为个人的主观危险感和实际遇到的危险有差距，导致判断错误，就容易引起交通事故。

分析判断的三项内容：

获得的瞬时信息是否有即时风险，需要立即采取措施。

瞬时信息的发展趋势和动向是否会带来风险。

获得的信息是否与实际情况相符。

3. 决策

驾驶员的决策过程直接决定着驾驶操作的正确与否。即使驾驶员观察及分析判断都十分准确，也不能代表驾驶员就能做出正确的决策。"明知故犯"便是很多驾驶员的通病。

驾驶员整个运输活动中要做出很多决策，以下 3 个决策对各个驾驶行为的操作都具有普遍的指导意义。

（1）速度决策。

超速或盲目高速驾驶不仅会降低车辆性能，使驾驶员反应速度变慢、视野变窄，出现紧急情况时还会使车辆无法快速安全停车或避让。驾驶员最优预瞄速度模型描述了驾驶员对汽车方向与速度的综合控制行为。模型基于预瞄跟随理论及广义预测控制理论，提出了上述驾驶员稳态预瞄动态校正假说，并依据此假说，将模型划分为信息感知、轨迹决策与操作校正 3 个部分。

因此，驾驶员必须对行车速度有一个正确的决策，根据实际情况掌握好驾驶速度的做到平稳。

（2）安全间距决策。

安全车距包括横向安全车距和纵向安全车距。保持安全的横向车距，可以避免刮擦事件的发生；保持合适的纵向安全车距，可以避免追尾事故的发生。适当掌握交会间距，交会间距是指与其他车辆及行人等进行各种驾驶行为决策时相互间的平行距离。一般来讲，驾驶员最小交会间距的安全阈限为 50～80 cm。由于气流特性，交会时与其他车辆行人等之间会形成相对真空，如果速度过快、间距过小，质量较轻的一方则有被吸引贴近的可能。

（3）避让决策。

在日常行车过程中，我们经常遇到"来势汹汹""咄咄逼人"的车辆，如果不避让这些车辆，而是"抢行""强行""强超"，事故风险就会大大增加。但是，一味避让与让行又会使自己去路权，还可能因为避让撞上其他的行人或车辆。

因此，驾驶员应掌握好避让的原则，正确判断所驾车辆的速度与前方车辆或行人的速度、距离、动向是否构成直接相撞的可能，然后根据道路条件选择准确的操作和避让方法。

4. 采取行动

驾驶操作的准确与否主要取决于驾驶技术的娴熟程度，此外还受驾驶员生理、心理等因素影响。因此，驾驶员应不断提高自身驾驶技术，并通过学习训练提高身体和心理素质，避免驾驶过程中出现紧张、悲观、分神等消极心理情绪，影响驾驶操作。

防御性驾驶要点：瞄向驾驶高处；清晰宽广的画面；视线灵活；足够的空间；确保他人看见。

（1）瞄向驾驶高处。

① 保持车辆行驶在车道中央，能选择危险最小的车道。行驶时严禁使用手机。

② 驾驶时能观察到远处运动和静止的物体：能看 15 s 以外标的物体。

③ 在驶入即将变红灯的路口时，能调整车速以免停车。

④ 起步和停车要缓慢，停车时应距停车线 2 m，跟车停车应 2 m，起步时应迟 2 s 起步。

⑤ 在超车、转弯、驶近停放的车辆时，避免突然变道。

（2）清晰宽广的画面。

① 在交通状况不良或视线不良时能降低车速。

② 当前方交通拥堵时，避免驶入凑堆行驶中严禁空挡滑行，避免急刹车和急转弯。

③ 始终保持安全的跟车距离 4 s。

④ 能正确预见其他驾驶员和行人的动作，避免冲突和碰撞。

⑤ 在驶入无交通指挥的路口或可能会发生碰撞的区域时，能仔细观察，减速慢行。

（3）视线灵活。

① 保持每 2 s 转动一次眼睛，每 5~8 s 看一次后视镜。

② 每次变道、转弯、刹车、停车前均先看后视镜，但不能凝视超过 2 s。

③ 能准确辨别其他神情恍惚的驾驶员并及时避开。

④ 在通过交叉路口前，能左-右-左的观察路口并能保持本车周围有宽阔的缓冲空间。

（4）足够的空间。

① 一旦出现可引起分散注意力的情况，能迅速调整以便集中精力驾驶。

② 能辨别出阻力最小的车道，并能适时在该车道上行使。

③ 在交通阻塞且随后的车辆跟的很近时，能保持自己的跟车距离更大。

④ 如有可能，要保留至少一侧的通道有足够的缓冲空间以作为紧急转向的逃生路线。

⑤ 不要盲目进入车阵里，一旦进入因设法寻找缓冲空间。

⑥ 当周围的缓冲空间丢失时，能迅速重新建立。

（5）确保他人看见。

① 当遇到精力不集中的其他驾驶员、行人或骑车人时，能及时地友好地使用喇叭或灯光提醒对方，并与之进行眼神接触。

② 当能见度较低时，能及时打开灯光以便其他人能看到你的车辆。

③ 在情况需要时，能努力与别人进行眼神接触。

④ 在变道前能提前开启转向灯，并看后视镜，确认无其他车辆靠近时再变道。

⑤ 不在左、右和前方的驾驶员的盲区内行驶。

（四）防御性驾驶重点规则

防御性驾驶重点规则主要分为 6 个方面，分别是：了解车辆性能，出车前准备，健康心理情绪的调整，健康生理状况的准备，安全行车要点，文明、友好驾驶。

1. 了解车辆性能

动力性，比如最高车速、加速能力、爬坡能力等。

（1）制动性。

制动性是指汽车行驶时能在短时间内停车且维持行驶方向稳定性和在下长坡时能维持一定车速的能力，称为汽车的制动性。汽车的制动性也是汽车的主要性能之一。

（2）操控稳定性。

汽车操纵稳定性，是指在驾驶员不感觉过分紧张、疲劳的条件下，汽车能按照驾驶员通过转向系及转向车轮给定的方向（直线或转弯）行驶；且当受到外界干扰（路不平、侧风、货物或乘客偏载）时，汽车能抵抗干扰而保持稳定行驶的性能。

（3）平顺性。

平顺性是指是指汽车在一般行驶速度范围内行驶时，能保证乘员不会因车身振动而引起不舒服和疲劳的感觉，以及保持所运货物完整无损的性能。

（4）通过性。

通过性是指汽车能够以足够高的平均车速通过各种坏路和无路地带（如松软地面、坎坷不平地段）和各种障碍（陡坡、侧坡、壕沟、台阶、灌木丛、水障）的能力。

2. 出车前准备

（1）提前规划行车路线。

（2）做好出车前安全检查。

（3）提前出发，为行车预留一定时间。

3. 健康心理情绪的调整

（1）集中注意力，专心驾驶。

（2）容忍意外的堵车、时间延误。

（3）防止冲动、攻击性行为。

（4）训练忍耐力，避免烦躁，消除紧张情绪。

（5）友好面对其他交通参与者。

4. 健康生理状况的准备

（1）做好休息计划，连续驾驶两小时，停车休息 15 min。

（2）每天驾驶时间不超过 8h，防止疲劳。

（3）审视个人的身体健康状况

5. 安全行车要点

（1）系好安全带。

（2）按限速要求行驶。

（3）与前车保持足够的间距，避免紧急情况引发事故。

（4）视野受阻，观察距离受到限制时，减速慢行

（5）告诉其他交通参与者自己的驾驶意图。

（6）适当使用喇叭，引起其他驾驶员注意。

（7）红灯停，不赶绿灯，不抢黄灯。

（8）提前采取制动、减速措施，避免出现紧急情况。

6. 文明、友好驾驶

（1）礼让其他正常并线、超车的车辆。

（2）不恶意阻塞交通。

（3）前方出现事故或交通混乱时，保持冷静。

（4）冷静处理刮擦事故。

（5）不骂人，不做粗鲁的手势动作，避免引起其他驾驶员反感、恼怒。

【小结】以慎为本，以防当先。了解防御性驾驶通则时，我们要深入理解防御性驾驶概念、防御性驾驶核心理念、防御性驾驶技术和防御性驾驶重点规则。谨记在通常情况下可以采取的防御性驾驶措施，时刻留意周边事物，避免事故发生。

二、不同行驶状态下的防御性驾驶

车辆在道路运输过程中，根据不同的行驶条件或环境状况，会呈现不同的行驶状态，常见的有起步、直线行驶、跟车、超车、会车、停车、倒车、掉头等。这些不同行驶状态下的防御性驾驶是怎样的呢？

（一）起 步

汽车起步前，应检视车前、车后有无人、畜和障碍物以及乘人、货物均就位关好车门。启动发动机，听察其运转情况，观察各仪表的指示状况，若属正常，待水温、制动气压（指气压制动系统的车辆）均达到标准后，方可起步。

客车起步时，会出现以下危险情型：车门未关闭，将乘客甩出车外；行李舱门未关严锁紧，行李舱门伤及周围人员，或者行李掉落；乘客在车内未坐稳摔倒等。

货车起步时，会因为货物捆绑不牢靠、货箱门未关严紧锁等导致货物撒落等，严重时出现伤及周围人员等危险情况。起步驾驶要点如下。

1. 通用技巧

车辆起步前，驾驶员绕车一周，查看车周围有无影响车辆正常起步的因素，要特别注意查看车后方和下方。

在确认周围没有影响车辆起步的人或物事，缓慢起步；起步后要汇入车流，应先开启转向灯，持续通过后视镜、扭头观察车后方有无来车，在不影响后方来车正常行驶的情况下进入主路；夜间起步时要开启近光灯；雾天起步时，要开启前后雾灯、后位灯、示廓灯和近光灯。

上坡起步时，注意消除坡道阻力的影响，避免溜车。

下坡起步时，随时做好制动的准备。

2. 客车起步

起步前提醒乘客在座位上坐好，不要将头、手伸出窗外；同时提醒车辆周围人员远离车辆。

关好车门再起步，避免未关闭车门起步和正在关闭车门时起步。

确保车内乘客全部坐好后平稳起步。

3. 货车起步

平稳加油，慢起步，避免起步过猛导致货物窜动、撞击。罐式车辆还应确保灌装饮管已拆除，阀门已关闭。

（二）直线行驶

长时间直线行驶，很容易造成驾驶员视觉疲劳、困倦、失去对速度的感知，注意力分散，存在很大风险。

直线行驶防御性驾驶要点如下：

（1）首先驾驶员直线行驶时要目视前方注意两旁，必须选定好参照物，保持直线行驶，及时修正方向，时刻注意前方各种交通情况，做到及时发现、及时处理。

（2）要看远顾近握正方向，驾驶员应随着车速的变化调整目视前方的距离。车速较快，应看得远些；车速较慢，应适当看得近些；并用余光适时注意车辆周围的情况。

（3）操作方向盘要一手拉动一手推送，用两手操纵转向盘要平稳、自然，双手保持与肩同宽，用力不要太大。

（4）修正方向时，要早打、少打、有打有回，做到一手拉动一手推送，双手合力操作，保持车辆直线进行。

（5）根据限速规定、周边的交通情况及道路条件等，合理控制车速，保持安全跟车距离。

（三）跟　车

跟车行驶通常存在视野受阻、跟车距离过小及夜间灯光使用不当等风险，易导致尾随相撞事故。跟车防御性驾驶的要点如下。

▶▶案例情景

两辆公交车在上班高峰发生相撞，致使两名乘客受伤。造成本次事故的直接原因是斑马线突然有行人出现，前面的公交车来不及刹车，后面的公交车与之发生追尾碰撞，导致后面公交车上站在过道的乘客撞上了扶手。事故间接原因则是两辆公交车尽管车速比较慢，但是跟车太近，发生了追尾事故。

案例评析◁◁

驾驶员在驾车行驶的过程中会出现各种各样的紧急情况，跟车太近容易导致事故发生。驾驶员在驾驶车辆时，一定要注意选择合适的跟车距离，注意观察前车的行驶状态，在行驶的过程中也要注意留意四周，防止突发状况引起严重后果。

根据前车的行驶速度控制好车速，尽量与前车车速保持一致。

选择合适的跟车距离。长度为 12 m 的车辆时速低于 64 km 时，需要 4 s 的跟车距离。车辆长度每增加 3m，跟车距离至少增加。车速更高时，跟车距离应该在此基础上额外增加。

远离小车。小车的停车距离要小于客货车辆，如果其突然制动或停车，而客货车辆又跟车太近，不能及时停车，很容易发生追尾事故。

注意观察前车状态，前车如出现左右摇摆、忽快忽慢等现象时，应意识到前车可能出现故障或驾驶员状态不佳，跟车驾驶员应放慢车速，加大跟车距离，并警示后车。另外，如果前车是大货车，还应注意货物是否偏斜，是否有货物掉落等。

避免紧急制动。跟车时，客车紧急制动容易导致乘客晕车、乘客甩出座位、撞到前座等危险；货车紧急制动容易使货物发生移动，甚至车辆倾翻。

（四）超　车

▶▶**案例情景**

驾驶员周某驾驶一辆厢式货车在双向单车道行驶，行车中发现前车速度较慢，于是跨越了道路中间的黄色实线进行连续超车。在超车时遇对向车道有小车行驶过来，周某立即改变车道，踩下刹车，但还是造成了三车碰撞的事故。

案例评析 ◁◁

通过案例详情我们了解到，厢式货车在跨越黄色实线超车时，为躲避对向来车而与前后车辆发生碰撞事故。造成此次事故的主要原因是货车驾驶员在不适合超车的时间地点进行超车，酿成事故。这起事故也告知各位驾驶员：超车要把握良好的超车时机，作出准确的判断；尤其是在一些较窄又是双向通行的道路上，要注意观察，确认安全后超车。完成超车后还要注意驶过必要的安全距离，再返回原车道，以防与被超车辆发生刮擦。

超车防御性的驾驶要点如下：

观察有无超车条件。超车钱，注意观察前方的交通情况、道路条件和交通标志标线，通过内、外后视镜观察后方、左侧及超车道上的交通情况；无分隔的道路上借道超越前方大型车辆时，要注意观察对向车道的交通状况。

客货车辆较大，加速时间长、速度提高慢，超车时与其他车辆并行时间长，因此要选择视野开阔、路面状况好的路段超车。

提前警示，果断、安全超车。超车过程中注意与被超越车辆保持足够的横向安全距离，注意盲区内安全状况。

超越停靠车辆时，要提前减速，注意观察车辆，谨防停靠车辆突然打开车突然起步，或者车前有行人穿行。

夜间超车时不要一直用远光灯，在距离被超车辆 200m 左右时切换成近光灯，便于前车驾驶员更清楚地看清您的车辆，更好地判断两车之间的距离。

客车超车前变更车道或超车后返回原来车道时，要转向平稳，防止乘客晕车。超越货车时，与被超车辆的横向间距要适当加大，避免货物伤及车体和车内乘客。

（五）会　车

▶▶**案例情景**

一辆大客车与一辆小车在狭窄道路上会车，会车过程互不相让，从口角战升级为斗殴。通过分析，造成这起斗殴事件的直接原因是车辆驾驶员没有抱有一颗谦让的心态，遇到事情时没有冷静思考，只想到以武力解决问题。而这起事故的间接原因还是驾驶员朋友不懂得会车的相关知识，对会车防御性驾驶不够了解，促使了事故的发生。

案例评析 ◁◁

在道路运输过程中，如果遇到会车的情况，一定不要慌乱急躁，要学会冷静对待迎面而来的车辆。会车时，尽量选择车少、人稀、交通流量小、路面宽阔的地点会车。具体的内容我们一起去学习一下。

道路运输车辆行驶在双向车道且无中央隔离装置的各等级公路上，不可避免地要遇到车辆交会情况。会车时，不考虑交会地点、路面、车辆行驶速度和路线，忽视自身车辆和他车的车型、装载等情况，盲目强行会车，容易发生刮碰事故。

会车防御性的驾驶要点如下：

根据双方车辆及道路情况，提前把右脚从加速踏板移到制动踏板，保证随时制动减速。若条件允许，路面较宽时，可不降速直接交会。

保证车辆与对面来车，同车道的其他车辆、行人和非机动车保持足够的横向安全间距。

尽量选择车少、人稀或者交通流量小，以及路面宽阔的地点会车。

弯道会车时，以道路中心线为界，没有划中心线的，以目标的几何中心线为界，保持一定的横向间距，紧靠道路右侧低速行驶。

窄桥、坡道、隧道、涵洞、急转弯处会车，要低速慢行，必要时停车等待，有条件的一方让对方先行。

夜间会车时，要在距对向来车 150 m 处提前改用近光灯。对面来车没有关闭远光灯时，应减速或停车让行。

（六）停 车

▶▶案例情景

客车驾驶员在标有禁停标志的山路上违规停车下客，下车乘客过马路时又被极速驰来的摩托车撞向一边，摩托车上的两名驾乘人员也被撞远。在摩托车上的人和下车乘客一起去搀扶伤员时，客车驾驶员却开着客车逃之夭夭。通过交警的现场勘察，认定该起事故的主要原因是客车驾驶员违反规定，临时停车上下客，下车旅客也不注意观察路况，横穿马路。而通过进一步调查得出，摩托车驾驶员准驾车型不符合机动车车型，处以罚款 300 元，吊销驾驶证，并处以 15 日以下行政拘留。客车驾驶员违反禁令标志，临时停车，处以罚款 200 元，扣除 3 分。

案例评析◁◁

停车虽然是正常驾驶的范畴，但是如果驾驶员不按规定随意停车，很容易对周围的车辆、行人等其他交通参与者造成伤害。所以在选择停车时间地点时，一定要注意观察周围环境，看是否适合停车。

停车虽属于正常驾驶操作范畴，但是如果停车不当，可能伤及周围的人、物，影响其他车辆的正常行驶，甚至引发事故。

停车防御性的驾驶要点如下：

观察后方和右侧的交通情况，提前开启右转向灯，注意驾驶盲区内的非机动车、行人。

确认停车地点安全后，缓慢向右转动转向盘；注意通过右后视镜观察、判断车身与道路右侧边缘线之间的距离，按顺行方向靠右侧停车，不得逆向停车。

车辆在道路上发生故障，驾驶员应方即开启情除报警闪光灯，将车辆及时移动到不妨碍交通的地方；车辆难以移动时，驾驶员应持续开启危险报警闪光灯，白天在车后 50 m 处放置警告标志，高速公路在 150 m 以外放置警告标志；夜间还应同时开启示廓灯和后位灯，并在车后 50～100 m 处设置警告标志，必要时迅速报警。

夜间及遇雨、雾、雪等天气条件或车辆发生故障需临时停车时，应关闭前照灯，并开启危险报警闪光灯、后位灯和示廓灯。

避免在交叉路口、铁路道口、急弯路、宽度不足4m的窄路、桥梁、陡坡、隧道及距离上述地点50 m以内的路段停车。因某些原因不得不在上述路段停车时，驾驶员应立即开启危险报警闪光灯，并在适当位置放置警告标志（弯道需在车辆后部及弯道直线段放置两个警告标志），提示其他车辆驾驶员注意安全、减速慢行。若车停车每注意观察等待上车的乘客的动向。在车站等待上车的乘客看到车辆进站时，常常走下站台，拥向车辆，驾驶员要提前减速，随时做好制动准备。

车辆停稳前提醒乘客坐好，不得离座准备下车。

避免在积水、结冰地点停车，选择方便乘客上下车的地点停车。

（七）倒 车

倒车一般应用于车辆掉头、停车入位、停靠货台等情况。倒车时，驾驶员视野盲区、操作方法、车辆行驶轨迹都与正常行驶时不同，存在很大的风险。倒车时，驾驶员易因未掌握好倒车角度和速度、疏忽盲区内情况而撞固定物、撞人。

倒车防御性的驾驶要点如下：

观察周围交通情况，选择路面宽阔、平整、路基坚实的地方，在不影响车辆正常行驶的情况下倒车；特别要注意观察盲区内的行人、机动车。

规划倒车路线并仔细观察，必要时下车观察，注意障碍物、行人、来往车辆，选好倒车参照物。

将车速控制在5 km/h以下。

在他人协助指挥下倒车。在站内工作人员或乘务员的指引下倒车。倒车时，注意制止其他无关人员进入影响倒车的区域内。

另外，移位倒车时，应防碰撞；车库倒车时，应防刮库；拐弯倒车时，应防刮擦；掉头倒车时，应防掉沟。

(1) 防碰撞。

移位倒车时，应注意车辆所移位置的宽窄程度，判断好车辆后方、两侧的障碍物与后轮所处的安全位置。防止碰撞、刮擦、掉沟等交通事故，必要时，应有人在车后指挥。

(2) 防刮库。

车库倒车时，若车辆视线情况良好，则可从车辆后窗直接观察判断进行。若倒车视线差，不能直接看清后面，则应打开车门，从车门一侧来判断车身在库位的位置，同时注意从倒车镜里观察车身的另一侧，以防刮库或刮坏其他车辆。

(3) 防刮擦。

拐弯倒车时，应注意判断转弯内侧和车辆后方的情况，并从倒车镜兼顾车身的两侧，注意回转方向盘的时机，以防造成车尾碰撞和车身刮擦的交通事故。

(4) 防掉沟。

调头倒车时，如路面较宽，可从倒车镜里直接判断车尾或车轮边操作的方法进行。如需多次前行后倒的，应下车看清路面与车轮的安全距离，以防掉沟。

（八）掉 头

▶▶**案例情景**

一辆水泥罐车和一辆厢式货车在道路上都准备掉头，但水泥罐车驾驶员以车辆体积大不好在内侧车道掉头为由不按标线行驶发生事故,并且罐车驾驶员在警方调查事故的过程中,也没有将事故真实情况告诉交警,而刻意编造事故缘由,试图推卸责任。经过交通民警的现场勘查,还原了事故现场,认定水泥罐车驾驶员在此次事故中负全部责任。所以,造成此次事故的主要原因还是罐车驾驶员未按标线掉头,对车辆掉头的防御性驾驶方法不够了解。

案例评析 ◁◁

在道路运输过程中,如果需要进行掉头操作,驾驶员要严格按照路标指示行驶,不能在禁止掉头的地点掉头,掉头时注意留意周围的各种事物,注意视线盲区,尽量选择视线开阔、路面状况较好的地点掉头。

货车和客车在掉头时需要的空间较大,掉头过程中存在驾驶盲区、车辆内外轮差变化等风险,易引起刮擦、撞车等事故。

掉头防御性的驾驶要点如下:

在十字路口掉头时,要按照交通标志、标线和交通信号灯的指引掉头;在一般道路掉头时,要选择视野开阔,路面条件好,不影响其他车辆正常通行的地点掉头。

合理选择掉头时机。车辆在道路上掉头时,驾驶员应提前开启左转向灯,或伸出手臂做旋转示意,查明周围情况,等待交通情况允许后再开始掉头。

控制掉头车速。掉头时车速应当控制在 15 km/h 以下。

客货车辆轴距较大,因此驾驶员要注意内外轮差可能带来的风险。

【小结】熟悉不同行驶状态下的防御性驾驶,包括起步、直线行驶、跟车、超车、会车、停车、倒车、掉头等常见的行驶状态下的御性驾驶要点,以便在行车过程中,采取合理、有效地应对措施。

三、客货运站场的防御性驾驶

客货运站场是道路运输车辆经常出入的地方,驾驶员掌握客货运站场的防御性驾驶知识,有利于规避驾驶风险,降低意外事故发生率。

▶▶**案例情景**

驾驶员李某于 2014 年 7 月 7 日 14 时驾驶其停放于重庆市合川区某汽车客运总站待客区内的一中型普通客车开往载客区准备载客。在倒车途中,将蹲在客车尾部的被害人郑某撞伤,后郑某经该医院抢救无效死亡。

案例评析 ◁◁

从道路的定义分析。以普遍大众对道路的理解和从道路交通安全法第一百一十九条之规定来看,允许社会车辆自由通行的,是公路、公共停车场等道路应有之义。

〖问题〗那么怎样才算自由通行?

在其设定的门槛应对所有车辆一致。假设给付车位费是一个门槛条件,那么只要具备这个条件,所有车辆(如:摩托车、私家车)都可以自由停放和通行。

反观客运总站,其并不允许摩托车、私家车等社会车辆自由停放和通行,其仅允许与管理单位有协议的公司的客运车辆停放和通行。

从刑法立法本意看,交通肇事罪打击的系危害社会公共安全的行为,过失致人死亡罪打击的系侵害公民人身权利的行为。若不具备公共安全危险性,则不属于交通肇事罪的打击范围。

【问题】那么客运总站内行车,是否危害了公共安全?是否具有与典型的公路上驾驶机动车发生事故相当的公共安全危险性?

二者之间显然不具有相当性。同时,因违反交通运输管理法规而发重大事故,是构成交通肇事罪的必要条件。没有违反交通运输管理法规的行为,即使发生重大事故,也不构成交通肇事罪。

客运总站内运行的规章制度是客运站管理单位制定的规章和制度。

与本案更为贴切的表述是肇事人违反了客运站的管理规章和制度。

从交通事故认定书来看,交通事故认定书是公安机关依法对所有发生事故的机动车辆进行的事故责任认定,本质上属于行政处罚行为。

刑事审判与行政处罚在打击范围和力度等方面都是有区别的,不宜用行政认定结果代替刑事性质认定。

最终,是根据《最高人民法院关于审理交通肇事刑事案件具体应用法律若干问题的解释》第八条的规定:

"在公共交通管理的范围外,驾驶机动车辆或者使用其他交通工具致人死亡或者致使公共财产或者他人财产遭受重大损失,构成犯罪的,分别依照刑法第一百三十四条、第一百三十五条、第二百三十三条等规定定罪处罚。"

本案即是发生在公共交通管理范围外,驾驶员因忽视观察机动车周围的情况而致人死亡,故应根据刑法第二百三十三条的规定,定过失致人死亡罪,所以认定被告人李某负事故全责。

客货运站场是道路运输车辆经常出入的地方,驾驶员掌握客货运站场的防御性驾驶知识,有利于规避驾驶风险,降低意外事故发生率。

(一)站内

客运站内车辆、人员密度高,交通标志、标线不齐全;货运站内人车混杂,存在大量临时堆放的货物。这些因素都影响着站内行车安全。

站内防御性的驾驶要点如下。

1. 通用技巧

仔细查看车辆周围和车辆底部,看有无影响车辆起步的物品和人员。

站内车辆行驶时,将车速控制在 5 km/h 以内。

2. 客运站内

客运站内人员较复杂,在起步前驾驶员应随时观察行人的一举一动。

(1)遇儿童在客车周围:

儿童好奇心强、活泼好动、没有安全意识,客车驾驶员遇到儿童在客车周围玩耍,应告知家长把小孩看好,协助家长做好安全防护措施。不要不管不问直接起步。

(2)遇非机动车在站内行驶:

客车站内没有交通设施,非机动车在站内行驶不会观察四周、横冲直撞。

客车驾驶员遇到非机动车在站内行驶时,应注意观察,若非机动车驾驶员停靠在客车周围应及时告知停靠在非机动车处。

客车驾驶员在站内行驶遇前方有来车是属于非机动车时,客车体积比非机动车大,非机动车属于弱势者，所以客车驾驶员应礼让非机动车先行驶，不能抢先行驶或者一直鸣喇叭适宜。

（3）遇携带危险物品：

客车驾驶员要做好危险品的识别是加强客运车辆安全检查和事故预防工作，避免起火、爆炸等恶性事故发生的重要途径。

发现乘客携带或夹带违禁物品，驾驶员可以予以截留，不予运输。

如果乘客执意坚持携要带上车，驾驶员可以先向乘客讲解携带危险品上车的危害和风险，其次建议其将物品先交由他人保管，随后再取。

如果乘客一意孤行，不听劝阻，驾驶员可以拒绝运输，或者拨打报警电话，交由公安部门处理。

（4）启动车辆前：

检查行李舱内行李摆放是否整齐合理，舱门是否锁好。注意观察车底下有无人检查人员。应通过后视镜观察周围有无人员。

清点客运单上显示的乘客人数跟实际乘坐人数是否相同，避免将乘客遗落在客运站，延误乘客行程。

3. 货运站内

车辆装载完成后，仔细清点货物数量，查看货物装载是否合理。

车辆启动前，检查货仓门是否关闭锁好。

（二）进出站

客运、货运站出口一般与主干道连接，在出口处形成了交通流交汇点，加之人员混杂，也是事故的多发地段。

进出站防御性的驾驶要点如下：

进站前及通过出站口前，车辆行驶速度都应控制在 5 km/h 以内。

车辆应有序通过出入口。

客车进站时，特别是在乘客下车的地点，人流量大且混乱；驾驶员应不时鸣喇叭，打开窗户提醒周围车辆及人员避让，或让乘务员下车引导交通。

货运站内装卸货区域周围经常有人员来回走动。驾驶员要注意避让行人，同时注意盲区内是否有人，提前鸣喇叭提醒行人离开危险区域。

（三）客车沿途停靠

道路旅客运输驾驶员为了方便乘客上下车，每行驶一段路程后需要沿途停靠。沿途停靠是客车特有的驾驶操作，一旦观察、判断失误，操作不当，就会引发刮擦、碰撞、碾压等交通事故。

客车沿途停靠防御性的驾驶要点如下：

客车停车前，要注意观察停车地点安全状况及交通情况，提前开启右转向灯示意其他交通参与者；尽量避免紧急制动停车，以免后车尾随相撞。

客车中途停靠后重新启动时，应确保乘客坐稳后再关闭车门。

有老人、残疾人、孕妇、抱小孩的乘客上下车时，应给予帮助。

沿途停靠再次启动前，要清点乘客人数，以免乘客滞留在停车点。

【小结】客、货运站场是道路运输车辆经常出入的地方，也是驾驶员最容易被忽视的地方。掌握客货运站内、进出站及客车沿途停靠的防御性要点，才能更好地规避驾驶风险，降低事故的发生。

四、典型道路的防御性驾驶

实际上发生车祸绝大多数都是主观意识违法，驾驶员常常抱有侥幸心理，他们认为：我的车辆性能好、我的驾驶技术好、高速公路上就是要速度快呀……有这样想法的驾驶员很容易引发车祸。

〖问题〗引发车祸的主要因素有哪些？

1. 客观因素

道路、气象等原因，也可引起事故发生。

2. 车况不佳

车辆技术状况不良，尤其是制动系统、转向系统、前桥、后桥有故障，没有及时检查、维修。

3. 疏忽大意

当事人由于心理或者生理方面的原因，没有正确观察和判断外界事物而造成精力分散、反应迟钝，表现为观望不周、措施不及或者不当。

还有当事人依靠自己的主观想象判断事务或者过高估计自己的技术，过分自信，对前方、左右车辆、行人形态、道路情况等，未判断清楚就盲目通行。

4. 操作失误

驾驶车辆的人员技术不熟练，经验不足，缺乏安全行车常识，未掌握复杂道路行车的特点，遇有突然情况惊慌失措，发生操作错误。

5. 违反规定

当事人由于不按交通法规和其他交通安全规定行车或者走路，致使交通事故发生。

如酒后开车、非驾驶人员开车、超速行驶、争道抢行、违章装载、超员、疲劳驾驶、行人不走人行横道等原因造成交通违法的交通事故。

俗话说车祸猛于虎、警钟需长鸣，血的教训让人心痛，人的生命只有一次。

驾驶员只有牢记法规，远离高速杀手系好心中的安全带，才不会让高速公路加速你生命。

所以驾驶员在面对这些因素应做好必要的防御性措施，避免不必要的事故发生。

（一）高速公路

高速公路一般能适应 120 km/h 或者更高的速度，中间设置分隔带，设有齐全的标志、标线、信号及照明装置；禁止行人和非机动车在路上行走。从定义可以看出，一般来讲高速公路应符合这4个条件：①只供汽车高速行驶；②设有多车道、中央分隔带，将往返交通完全隔开；③设有立体交叉口；④全线封闭，出入口控制，只准汽车在规定的一些立体交叉口进出公路。

〖问题〗在高速公路行驶时,驾驶员需要掌握哪些防御性驾驶方法?

1. 通用技巧

驾驶员应通过收听广播、询问上一班车驾驶员及提前观察等方法,了解道路上是否有施工、障碍物、道路交通事故、故障车停靠等情况,做好防范准备。

在高速公路上遇到类似"事故多发地段,请谨慎驾驶"、"追尾危险,保持车距"等标语时,驾驶员要提高警惕,任何警示标语都不是随便设置的,背后都是血淋淋的教训和残酷的事实。

高速公路入口加速车道、出口减速车道、收费站、服务区、施工道路等路段车流速度变化大,异常情况频发,驾驶员应提前防范这些风险。

驾驶员感到疲劳时,应到最近的服务区休息一段时间再继续行驶。

车辆进入高速公路前,应特别注重对转向、制动、轮胎等关键部位的检查,一旦发现故障应立即排除,坚决杜绝车辆"带病"上高速公路行驶。

在村庄、野生动物保护区、牧场等附近路段行驶时,要注意观察,防范有行人或动物横穿高速公路。

要提前留意"避险车道"标志牌内容,了解高速公路避险车道的作用并会利用。

2. 客车高速公路防御性驾驶

杜绝超员。超员会严重影响车辆性能和威胁乘客安全,扩大事故死伤。

禁止在高速公路停车上下客。

驾驶员按规定系好安全带;乘客座椅设有安全带的客车,驾驶员要告知乘客系好安全带。

〖问题〗如果汽车在高速行驶中遇到紧急情况您该怎么办?

客车在高速公路上遇到紧急情况,不要轻易采取打转向的方式避险,这样容易导致目的车道后车避让不及,造成追尾碰撞事故。应采取紧急制动的方法,充分发挥 ABS 防抱死制动系统作用,增加安全系数。

3. 货车高速公路防御性驾驶

杜绝超限运输。超宽时占用空间较大,影响其他车辆的正常行驶。超高时,车辆重心增高,影响行驶稳定性。超载影响车辆的动力性能和制动性能等。

检查货物的捆绑情况,防止行驶过程中由于空气阻力、振动等原因引起货物捆绑松散和货物撒落。

在坡度较大的路段,一般都设有爬坡车道,应选择在爬坡车道内行驶。

货运车辆重心较高,容易发生侧翻事故,在进入匝道前,要减速慢行。

(二)山区道路

▶▶**案例情景**

2012 年 3 月 13 日 12 时,四川省阿坝藏族羌族自治州马尔康县驾驶人王某驾驶金龙大客车从成都驶往马尔康县,该车核载 35 人,实载 21 人。行至马尔康县境内 317 国道 295 km+138 m 一连续下坡且转弯处时,翻坠于垂高 65 m 的山沟下,造成 15 人死亡,6 人受伤。

〖问题〗山区道路大多依山傍水而建,或盘山绕行,或临崖靠涧,道路坡长弯急,穿洞过栈,路况复杂。在山区道路行车时，驾驶员需要掌握哪些防御性驾驶方法？

在有积雪覆盖的险恶山路上驾驶要根据地形和标志等进行判断，路上有车辙时应顺车辙慢速行驶，或跟前车缓缓行驶，在傍山险路的沙土路上会车时，要主动减速，以防对向来车的扬尘，阻碍视线而造成刮擦事故。

（1）上下坡保持匀速。上长坡由于时间长，发动机在空气稀薄转速高的状况下工作，温度会很快上升，水箱里的水容易沸腾，汽油泵也会由于高温的影响，而产生气阻，致使供油不良，因此，尽量匀速行驶，让发动机平稳工作，不应急躁地猛加油，如果发生开锅和气阻的现象时，应选择适当地点休息，必要时补充冷却水和机油，等温度降低后再继续行驶。

（2）下急坡要多减一挡。这样可充分发挥发动要牵阻作用，从而避免频繁使用制动所造成的制动蹄烧焦，而发生危险，多用一档，也许有时会觉得速度过慢，但是加油也不能加得太大，必须考虑全坡路段的急缓和转弯的大小，最好保持匀速下坡。

（3）悬崖路段会车，要给对向来车留出通道。在山路行驶中，如果遇到道路狭窄的路段交会时，向山崖一侧可大胆地靠近，而向悬崖的一侧则绝不能盲目乱靠，一定要留出绝对的安全间隔距离，这也就是宁愿撞崖，不能坠谷的道理。如果有时因驾驶不当或要件临时故障而突然失控时，也要设法靠山崖一侧选择撞车，尽可能避免翻车。

（4）慎防路肩坍塌，必要时下车察看。路边石坡泥沙松浮，极易坍塌，以通过时，要特别防备，必要时下车查看，确认安全后，再通过。

（5）下陡坡切忌超车。下陡坡时，车辆的车速都很快，而且道路弯道较多，视线受限，可判定安全状况的距离较近，因而此时超车极易因被超车车速过快而超越困难，而且还会因为对面来车而使超车受阻，严重时还会因控制不及而发生事故，因此，在下陡坡时，切忌超车，只有在被超车车速很慢，并且可判定安全状况的距离满足超车的需要才可酌情超车。

（6）加挡宜迟减挡宜早。山地道路阻力较大，车速变化明显，如果仍然按照平路换挡的操作方法进行的话，由于在换挡操作过程中的，车速变化较大，使新换入的挡位，不能适应汽车的正常行驶，所以应适当推迟加挡时机，适当提早减挡时机，这样就可保证换挡后的车速正好适合汽车的需要。

温馨提示：下长坡、陡坡时的制动技巧。

下长坡、陡坡，行车制动是发动机制动的辅助。将车辆挂上合适的档位后，按照以下步骤制动。

步骤一：平稳踩下制动踏板，让自己能明显感觉到车速变慢。

步骤二：当车速降低到比预期安全车速低越 8 km/h 左右时，抬起制动踏板（踩下制动踏板的时间至少要持续 3 s）。

步骤三：车速超过预期安全速度，重复上述操作，直到到达坡低。

（三）城市道路

随着机动车数量的日益增多，城市人口的高度集中，外界环境的复杂多变，城市道路车流量剧增，尤其是高峰时期，车辆更是拥挤不堪，给行车安全带来一定影响、要确保城市道路的行车安全，需要注意的"点"也很多，有的路段窄车拥，有的路段人车混行，有的路段限速限行。

此时行车，需精神百倍，真正做到"眼观六路，耳听八方"，注意观察周围的每一辆车，每一位行人，并根据他们的动向作出驾驶判断，方能确保自身与他人安全。

驾驶员必须要认识和掌握其交通特点，安全行车注意事项，正确判断和处理行人和非机动车的动态，并严格遵守《道路交通安全法》和《道路交通安全法实施条例》的规定，做到随机应变，具有熟练的驾驶操作技能：准确、迅速、灵活和规范化，才能确保行车安全。

1. 城市道路分析

城市道路的特点：人口密集、街道多种多样。路上人多车杂，各种车辆来往频繁，混合交通的情况很多，交通拥挤堵塞现象严重，使人们经常感到行路困难。

因此在城市行车，驾驶员一定要集中注意力，保持精力充沛，谨慎耐心驾驶。

遇到人车众多时，不要紧张，不要急躁；遇到人车稀少时，也不要掉以轻心，麻痹大意。而要随时随地控制好车速，作好制动或停车的准备，以防出现突发情况引起交通事故发生。

2. 城市道路交通的安全行车注意事项

（1）熟悉城市主要街道、干道以及小巷的布局、通向、交叉、路面和车流等交通情况以及各企、事业单位，商业区，居民区等的地理位置。

（2）听从交通警察指挥，严格按照"各行其道"的原则驾驶车辆。

（3）注意路旁、路口的交通标志和路面上的指示标线。

（4）正确使用转向灯，并同前车保持必要的安全距离。

（5）遵守机动车载人、装载、限速、转弯、倒车、掉头、停车和鸣喇叭等项规定。

（6）通过无指挥信号的路口，要减速慢行到路口附近时，仔细观察对面、左右两边的情况，若无来往车辆，再加速通过；若对面有来车，要选择好交会地点；若左右有车来往，则要按照让车规定果断地及早停车或加速通过。

（7）行车交叉路口遇有停止信号，汽车应停在停车线以外；没有停车线的，应停在路口 5 米以外处，同时观察周围的交通流和信号变化，作好起步准备。左转弯时，在不影响来车通行的前提下，尽量靠中心线行驶，为后车提供方便。右转弯时，要注意右侧非机动车动态，防止交叉相撞。

3. 城市道路行车防御关键点

（1）保持安全车距。

城市交通事故产生的主要原因是车辆追尾和刮擦。为了不撞人或不被车撞，既要时刻注意前车的速度，也要通过后视镜观察后车的动态。

行驶一段距离后，应踩一下刹车，提醒后车注意遇前车的距离。尤其是夜间行驶时，踩刹车预防追尾的办法非常实用。

后车车头与前车车尾间距离和行驶横向距离，如遇特殊情况行驶间距可增大 1~2 倍在会车、让车或超车过程中，必须根据车辆的位置、车速、道路、地形等变化，照顾到前后及两侧的情况，调整自己的车速和两车外侧间的横向距离；与非机动车间的行驶横向距离，在提前观察好各种车辆动态的情况下，要保持 1~2 m 以上的距离。

（2）路口慢行。

现在许多城市道路为行人、非机动车、机动车并行路面，相对而驶的车流时间没有隔离墩，这给新手驾车带来困难。

一般来讲，越靠近口车辆行进的速度越要放慢，此时过往马路的行人及非机动车会乘隙穿行通过。

通过繁华交叉路口、行人稠密地区、铁路和街道交叉地点、转弯、调头、上下桥以及大风、积水、结冰、雾天等能见度在 30 m 以内，时速应控制在 20 km 以下。

（3）安全超车。

超车必须在有把握的情况下进行，避免侥幸心理。当确认超车条件后，应先打左转向灯并鸣喇叭示意（夜间超车时应变换灯光予以提示），等前车有让路表示后，方可从前车的左侧超越。超越前车后，不能过早地驶入原来的行驶路线，在与被超车辆保持必要的安全距离后，打左转向灯驶回原车道。

（4）谨慎掉头。

在城内行车往往会遇到新手，不熟悉行车路线，一看走错路，立刻原地掉头，全然不顾两边的车辆，这是十分危险的。

中间画了视线的马路是绝对不能掉头的，行驶到允许掉头的路口掉头，掉头时不要在对面有很多行驶的车辆状态时掉头。

正确方法是，等对面车道基本无车时，确认后面也无来车时掉头。铁路道口、人行横道、弯路、窄路、桥梁、陡坡、隧道或容易发生危险的路段，不许调头。

（5）抵挡下桥。

现在很多城市都建了立交桥和高架路，上下桥的落差比较大。有的人开车下坡时，只管空挡滑行，眼看要撞到前车了才踩刹车，这是很危险的。安全的做法是，挂在低挡位上，减速缓缓驶下高架路。

（6）抢红不抢绿。

有些驾驶员遇上信号灯是总喜欢驾驶"抢灯"。在远处见到绿灯拼命加油提速，往往还未驶到路口停车线，绿灯变成了红灯。

最好在远处见到绿灯时减缓车速，在保持低速前进的情况下，以备变灯。因此，"抢红不抢绿"能在用制动或少用制动的情况下顺利安全通过路口。

（7）遇突然变道车辆。

据了解，在城市内行车，因违章变道引起的导致人员轻微伤和车损的交通事故，竟然占了70%～80%。中心城区车速较慢，不会引起重大事故，但违章变道已成为城区交通的巨大隐患。

变更车道时，首先要观察判断车辆后方、侧方和准备变更的车道上的交通流情况，确认完全后，打开转向指示灯示意，并再次通过后视镜观察两侧道路上有无车辆超车，确认准备驶入的车道是否允许留有安全距离。

在不妨碍该车道内车辆正常行驶的情况下，平稳转向、驶往所需车道后，关闭转向指示灯。

总之，在城市道路上驾驶，驾驶员在遵守交通法规的前提下，一定要熟悉各种标牌、标志，熟悉周围的各种人、车、路的动态。

此外对自身车况要做到心中有数，能及时排除常见故障。而且对驾驶技术要精益求精。

不超速驾驶、不酒后驾车、不疲劳驾驶，这样才能对可能发生的任何事件做出及时正确的反应，保证驾驶的安全。

【小结】在道路上行驶时，驾驶员每次都会面对各式各样的风险和潜在危险。掌握在高速公路、山区道路上和城市道路的防御性驾驶要点，不断提高自身对突发事件的防御性能力，可以有效地避免事故的发生，构建行车安全与人车和谐环境的基础。

五、特殊路段的防御性驾驶

特殊路段主要包括桥梁、隧道、交叉路口及城乡结合部路段。这些路段危险因素较多，行车风险较大，驾驶员应掌握其防御性驾驶方法。

（一）立交桥、桥梁

▶▶案例情景

2014 年驾驶员王某因货车故障，在绕城立交上停留了 15 min 左右。立交桥上停车是非常危险的，虽然驾驶员是因车辆故障所导致，只在立交桥上停留了一小会，这样也会给交通带来很多麻烦。此外，危险警示标志放置太近，这样会导致后方来车避让不及时，引发刮擦和追尾碰撞。

案例评析 ◁◁

根据《中华人民共和国道路交通安全法实施条例》第六十三条第二项规定："交叉路口、铁路道口、急弯路、宽度不足 4 m 的窄路、桥梁、陡坡、隧道以及距离上述地点 50 m 以内的路段，不得停车"。遇到上述情形，如果能在短时间之内处理，在 150 m 以外放置危险警示牌，做一些简单处理，然后在将车移至安全的停车地点，在做修理；在立交桥上因车辆故障，车辆无法移动时，请在 150 m 以外放置危险警示牌，尽快找拖车将故障车辆拖至安全地点。

冬季，桥梁比普通路面更容易结冰，因为桥下面是空的，加上桥旁边比较空旷，低温加上大风会让桥上的积雪冻的更结实，大客车驾驶员未考虑到桥梁结冰现象，贸然高速行驶，导致车辆侧滑，失控。

〖问题〗通过立交桥、桥梁时，驾驶员应采取哪些防御性驾驶方法呢？

通过窄桥时，行驶速度必须控制在 30 km/h 以下，桥上交通情况复杂时，行驶速度还应降低。

通过立交桥时，驾驶员要随时观察指路标志，选择在对应的车道内行驶，以免错过出口。

通过拱桥时，往往看不清对方来车和道路情况，驾驶员应减速鸣喇叭，随时注意来车情况，做好制动准备，切勿冒险高速冲坡。

通过吊桥、浮桥、便桥时，如无管理人员指挥，应下车查看，确认没有问题后，再行通过。必要时可让乘客下车步行过桥。不可在桥上停车。

注意交通标志，严格按照规定车速通过桥梁；车辆重量超过桥梁标明的载重、轴重时一定要绕道行驶，或经市政管理部门和公路部门的同意，按交警部门指定的时间通过，以免造成桥梁垮塌。

在桥梁上行车，车流量较大，没有超车条件时，严禁超车。

看到横风标志应提前减速。如遇横风应紧握转向盘并慢慢修正行驶方向，不可猛转转向盘和紧急制动。

气温较低时，进入桥梁前要谨慎慢行，防止桥面结冰引起车辆侧滑。

〖问题〗在一些交通设施薄弱的地方，我们经常会遇见一些危桥，在通过年久失修的危桥时，我们应该怎么通过呢？

（1）接近时，应停车查看桥梁的牢固情况。

（2）过桥时，应让乘车人员下车，必要时卸下部分物资再用低速挡通过。

（3）通过中，应随时注意桥梁受压后的情形，若已听到桥梁的断裂声，宜继续加速行驶，切勿中途停车。

（4）发现桥面板松动，要预防桥梁钢筋刺入轮胎，过桥后应根据情况停车检查。

（二）隧　道

▶▶案例情景

2009年2月4日，天气连续阴雨，7点40分，一辆大型卧铺客车超速行驶进入隧道，驾驶人发现路面异常后紧急制动，车辆在原地打转后横向停在隧道中间。由于路滑，后车来不及处置，3分钟内10辆车连环相撞，造成1人死亡、18人受伤。

案例评析 ◁◁

由案例可知，在隧道内超速行驶或采取紧急制动都是非常不安全的行为。因为隧道内路面见不到阳光，通风条件不良，汽车排放的尾气易沉到路面形成油垢，路面摩擦系数降低。如果是雨天，隧道内道路上水与油的混后物使路面更加湿滑，如果车辆行驶速度过快，则极易发生侧滑。因此，驾驶车辆进入隧道前应减速，开启大灯，注意隧道前的信号；进入隧道后应按车道行驶，不要随意变更车道和超车。

【问题】通过隧道时，驾驶员应采取哪些防御性驾驶方法呢？

1. 通过隧道、涵洞的驾驶技巧

（1）通过单行隧道时，应观察前方有无来车。如果发现对面已有车驶入隧道或有停车信号，应及时在道口靠右侧停车，待来车通过后或见放行信号后，再进入隧道，并开启前后灯光，再视情况缓急通过。

（2）通过双行隧道应靠道路右侧行驶，视情况开启灯光，注意交会车辆，保持车速，尽量避免超车。

（3）驶出隧道时，要注意观察隧道口处的交通情况，在出口处及时鸣喇叭，预防发生事故。

（4）通过涵洞时，要适当减速，注意车辆的装载高度是否在交通标志的允许范围内，必要时停车核实；有怀疑时应下车照看，缓缓驶入。

2. 通过隧道的驾驶禁忌

（1）一忌在隧道内超车、倒车、停车和调头，超速行驶。

（2）二忌不注意隧道的交通标志。在隧道前面都有宽、高等限制的交通标志，往往在过隧道前因车速快而忽视交通标志，导致交通事故的发生。

（3）三忌不能及时调整暗适应、明适应的生理过程。例如进隧道时，因速度过快而没有看清隧道内的前进方向，导致交通事故的发生。

（4）四忌违章行车、停车及违章操作。有些驾驶员未能及时开启远光灯、示宽灯，导致其他车辆、行人无法判断其车速；有些驾驶员由于不懂隧道的行驶方法，往往在隧道内随意急转方向、紧急制动而导致交通事故的发生。

（5）五忌不能遵章守纪。首先，隧道不是停车场，如果把隧道当成停车场避雨、休息和修车，随时会有堵车、撞车、撞人的事故发生；其次，夏天要注意气温的变化，沿海等地区隧道内的温度要低于隧道外面，凉爽的气候会使驾驶员出现疲劳状态和麻痹的心理，容易导致事故的发生。

小贴士：眼睛的明适应和暗适应

从光亮处进入黑暗处,开始一切都看不见,经过一段时间才逐渐看清轮廓,这是暗适应现象。相反,从暗处进入亮处,也会出现什么也看不清的一瞬间,几秒到几十秒后才能看清物体,这是明适应现象。一般情况下,暗适应需过渡 5～15 min,完全适应需要大约 30 分钟。明适应需要数秒至 1 分钟。车辆进入隧道和驶出隧道,驾驶人都将经历明适应和暗适应过程。因此,进出隧道都要减速,待眼睛适应后再转入正常速度行驶。

(三)交叉路口

▶▶案例情景

2013 年 5 月,吴某在经过一交叉路口时被一辆大货车撞倒,导致右手粉碎性骨折,事故车辆在经过十字路口时,明显没有减速让行的迹象,事故车辆右边给吴某让行的车辆对事故车辆形成了一个视觉盲区,这种盲区现象在交叉路口最为常见,吴某在过马路时也没有注意交叉路口的车流情况,最终导致了此次事故的发生。

案例评析 ◁◁

机动车通过交叉路口,应当按照交通信号灯、交通标志、交通标线或者交通警察的指挥通过;通过没有交通信号灯、交通标志、交通标线或者交通警察指挥的交叉路口时,应当减速慢行,并让行人和优先通行的车辆先行。切勿在交叉路口停车、超车、超速行驶,这样都是非常危险的,很容易引发交通事故。

〖问题〗通过交叉路口时,驾驶员应采取哪些防御性驾驶方法呢?

车辆驶近有交通信号控制的交叉路口时,应服从信号灯的指挥;驶近没有交通信号控制的路口,应停车观察路口内的交通情况,确认安全再通过。

驶近有交通标线的交叉路口时,驾驶员应降低车速,至少提前 50 m 驶入导向车道。进入导向车道后,驾驶员应再次降低车速,缓慢接近路口。

准备转弯通过路口的车辆,驾驶员至少应在距离路口 50 m 处打开转向灯;在路口等候放行时,驾驶员不得关闭转向灯。黄色信号灯亮,没有越过停止线的车辆需在线外等候;正在通过交叉路口的驾驶员应时刻注意是否有行人、机动车等抢黄灯,做好预防危险的准备。驶入路口转弯时,驾驶员应通过内、外后视镜交替观察侧方、侧后方有无影响转弯的危险情况,注意盲区内有无行人。

车辆通过没有交通信号灯控制也没有交通警察指挥的交叉路口时,没有交通标志、标线控制的,让右方道路的来车先行;转弯的车辆让直行的车辆先行,相对方向行驶的右转弯的车辆让左转弯的车辆先行。在任何交叉路口,驾驶员都应礼让执行任务的特种车辆先行。

驶近铁路道口时,驾驶员应降挡减速,观察交通情况;通过铁路道口时,应使用低速挡,中途不得换挡。铁路道口有人看守时,服从道口管理人员指挥;铁路道口无人看守时,做到"一停、二看、三通过"。行经铁路道口遇前方堵车时,应耐心等待,顺序通过;客车驾驶员还应提醒乘客扶好坐好,避免车辆颠簸使乘客摔倒受伤。

(四)城乡结合部路段

▶▶案例情景

2013 年 9 月 15 日,四川省达州市渠县发生一起重大交通事故,一辆由渠县三汇镇开往渠县县城的客车（核载 24 人，实载 27 人）行至李馥乡境内平桥处，与一辆满载河沙和鹅卵石的货车相撞，导致客车侧翻至河沟内，并被侧翻货车的河沙和鹅卵石掩埋。截至 19 点 20 分，现场紧急救援出 25 人。

案例评析 ◁◁

由此可见，在城乡结合部行车时，城乡结合部的道路交通设施建设比较落后，有些地方十字路口没有交通信号灯，交通潜力也比较薄弱，驾驶员应尽量礼让行驶，保证交通的畅通和安全。在城乡结合部会车时，尽量让行车条件较弱的一方先行。

〖问题〗通过城乡结合部路段时，驾驶员应采取哪些防御性驾驶方法呢？

城乡结合部路段防御性驾驶要点：

城乡结合部路段过往的车辆和行人比较多，通过时要提前减速。

驾驶员要常用喇叭提示其他交通参与者，时刻关注其动向，做好避让准备。

城乡结合部的道路交通设施建设比较落后，有些地方十字路口没有交通信号灯，交通潜力也比较薄弱，驾驶员应尽量礼让行驶，保证交通的畅通和安全。

城乡结合部有施工情况时，驾驶员应降低车速，并时刻观察路面是否有散落的沙石，防止车辆侧滑；同时，注意其他施工车辆。

【小结】桥梁、隧道、交叉路口及城乡结合部等特殊路段很容易引发交通事故，这些路段都是我们日常行车中最常见的，掌握特殊路段的防御性驾驶方法，可以有效地减少事故的发生。

六、特殊路面的防御性驾驶

行车过程中，一些特殊路面，如涉水路面、沙石路面、翻浆路面及冰雪路面等，会对安全行车造成很大影响，驾驶员学习特殊路面的防御性驾驶方法，有助于增加行车的安全系数，减少事故发生。

（一）冰雪路面

冰雪路面轮胎与地面附着系数低，驾驶员容易忽视冰雪路面的行车风险，高速行驶，致使车辆在冰雪路面失控侧滑，导致悲剧发生。

〖问题〗通过冰雪路面时，驾驶员应采取哪些防御性驾驶方法呢？

观察到车辆后视镜和刮水器上有冰时，应预测到路面很可能结冰，此时应提起注意，做好防范危险的准备。在行驶到冰雪路段时提前减速，避免紧急制动，也不能猛踩或急抬加速踏板，应小心驶过。

视线放远一些，观察道路上是否有故障车、除雪车和撒盐车等，和它们保持足够的距离，并时刻准备好制动或停车。

根据地形和路旁树木、标志等正确判断路线，把稳方向，沿路中心或前车辙慢慢行进，发现可疑之处（如积雪凸起可能是路面有障碍物，积雪塌陷可能是路面有深坑），应下车认真勘察，判明情况后再行进，千万不可心存侥幸，冒险行驶。

〖问题〗长时间在冰雪路面行驶是否应安装防滑链？

在冰雪路面通行存在困难或较大风险时，尽量绕开此路段或安装防滑链通过；如果车辆经常行驶在冰雪路面或冰雪路较长时，也应为车辆安装好防滑链。

在转弯和有冰雪覆盖的弯道上行驶，应提前减速慢行，在对向车道无车的情况下可借道行驶，忌急转转向盘。

在结冰的坡道、桥上要谨慎行驶，下坡要使用低速挡，利用发动机制动，切忌空挡滑行，上坡要保持均匀车速。

冰雪路面摩擦系数小，制动距离长，跟车距离应适当增大。

在冰雪路面避免频繁并线，尽量不要超车，必须超车时，应保持较大的横向间距；会车时应在保障自身安全的情况下尽量照顾对向车辆。

市区内行车要留有足够的横向距离，以防行人、骑车人滑倒或突然横穿时造成危险后果。

尽量避免在冰雪路面停车；为避免在冰雪路面起步时车轮打滑，可挂入比平时高一级的挡位，离合器松开得比平常要慢，最好用半联动，踩下加速踏板比平常要小，不熄火即可，一旦车轮转动，立即换入低一级挡位，随后正常加油，即可安全起步。

保护眼睛，预防雪盲症。

（二）涉水路面

▶▶**案例情景**

2013年8月，陈某驾驶一辆箱式货车上路，由于连续几天暴雨，陈某在经过一段涉水路段时没观察水流情况，也没估计水的深度，冒险驾驶，最终导致车毁人亡。我们知道，在大雨过后，路面时常会出现一些积水路段，有时在一些桥梁路段，由于涨水的缘故，桥梁被淹，在经过这些路段时都是非常危险。

案例评析 ◁◁

遇到涉水路段时，因为水质肮脏混浊的关系，我们往往不知道水面深浅，尤其是在一些坑洼不平的路段，这时要把车靠边停下来，观察其他车辆通过的情况。如果没有其他车辆供你参考，那么你就只能自己去探水面深浅了。探水时，你可以借助路边的树枝或者自己下水走一次。严格意义来说水位超过轮胎1/2时，我们就不建议冒险了。但是如果你非得要尝试，涉水行车时，应该选择地势较高的路线通过，可以有效避免车辆进水。当然前提是有这些路线可行。

〖问题〗涉水驾驶与在一般道路上驾驶完全不同，由于水的浮力和流水的冲击作用，车辆驱动力的发挥受到限制，电器设备也极易受潮短路。特别在遇到突如其来的险情时，驾驶员应采取哪些防御性驾驶方法呢？

（1）应对涉水路线的深度、水流速度和水底情况进行调查，切不可冒险涉水行驶。

（2）摸清涉水路线后，用低速挡平稳驶入水中，并缓缓行进，以防水花溅湿发动机电器，而导致熄火。

（3）涉水驾车行进中，驾驶员要目视远处固定目标，不要看水流，以防因视觉上判断错误，而导致行驶方向的偏移。

（4）要保持车速均匀平稳，而且有足够动力。尽量不要中途换挡、停车和急转弯，要"一气"通过涉水路段。

（三）沙石路面

▶▶**案例情景**

2013年10月，龙师傅和徒弟曾某把送货到仪陇后，返程时龙师傅选择了一条路程较近的砂石山路返程，在行进至一段较窄的路段时，遇见胡某驾驶的皮卡车，由于两车速过快，龙师傅在采取紧急制动时，由于操作不当，导致龙师傅驾驶的货车侧翻至3 m的山崖下，龙师傅当场死亡，徒弟曾某摔至重伤。

案例评析◁◁

有些公路采用沙土、碎石铺设，往往会很松软、颠簸，车辆驶过会扬起尘土，造成很大的灰尘雾，影响能见度，所以须保持与前车距离。在碎石路面上，轮胎容易打滑或失去抓地力。不要突然刹车，这样容易发生侧滑并失去控制。沙土路经常会形成危险的坑洼地带，因此在沙土路上行驶，需要格外谨慎，缓慢行驶。

〖问题〗碎石、沙土容易造成车辆打滑，特别是在急转弯时，极易导致车辆失控，这个时候驾驶员应采取哪些防御性驾驶方法呢？

山区道路、井场自建路及施工场地附近的道路经常有沙石散落，驾驶员行驶至该种路段时，应做好防御风险的准备。

在沙石路面驾驶，要放慢车速，同时避免急加速、急减速、急回转弯与大转弯，以防车辆失控侧滑。

沙石路面转弯下坡危险性极大，驾驶员应格外注意。最好选择其他路线行驶，或对路面沙石进行适当清理后再通过。

为了避免前车卷起的沙石模糊视线，安全距离。或者被飞起的沙石击中，应与前车保持更大的安全距离。

（四）翻浆路面

土质路面多有"翻浆"之处，地下水位较高，排水不畅，路基地质不良，而且路基的色泽变化不大，往往开到跟前才能辨别出来。含水量过大等自然因素和车辆行驶的外力作用，有些路段的路基在春融季节会出现弹软、裂缝、冒泥等现象，称之为路面翻浆。路面翻浆作为一种道路病害，会给车辆行驶带来很多不便甚至危险，如果是载重车辆，仓促处理时，很容易陷入泥坑。

〖问题〗通过翻浆路面时，驾驶员应采取哪些防御性驾驶方法呢？

在翻浆路面上行车，应当选择比较平整或泥浆较浅的路面。

提前换入低速挡，以保持汽车有足够的动力。中途要尽量避免换挡，必须换挡时，也应做到动作敏捷和联动平稳。

翻浆路面如已形成车辙，可沿车辙行驶，车辙路面一般比较坚实，还能限制车轮侧滑的摆动范围。保持直线、匀速行驶，避免驱动力骤增或骤减，引发侧滑。

发现路面有土堆或坑洼时，应当细心判断，提防底盘碰撞土堆或车轮陷入坑内，必要时应铲低土堆或填平坑洼后再继续前进。

需要靠边停车时，应逐渐驶向路边。转弯时，必须提早减速，缓慢地调整转向轮角度，逐渐转弯，切不可猛转转向盘，以免引起严重的侧滑而发生事故。

汽车在泥泞道路上需要制动时，应该以发动机的低挡制动为主，尽量避免使用行车制动器，以防车轮被迅速"抱死"而发生滑动，使方向失控。

需要占用对向车道绕开翻浆路面时，应首先确认对向车道无车靠近，在安全的前提下驶入对向车道，并尽快回到原车道，避免与对向来车相撞。

泥泞路上应尽量避免停车，防止再次起步时出现困难。必须起步时，应稳住加速踏板，缓缓松抬离合器踏板，有时可选择较高挡位起步，避免驱动车轮打滑空转。

【小结】雪天路面、雨天积水道路、翻浆路面等特殊路面给行车安全带来了很大的危险，掌握一些特殊路面的防御性驾驶方法，可以提前做好预防，这样可以有效地减少事故的发生。

七、夜间防御性驾驶

夜间的能见度仅为白天的1/8，夜间人的眼睛所具有的观察能力及其变化规律。主要由夜视力、暗适应、眩光感、夜间感知特性等组成。在城市繁华街道上夜间行车，各种灯光交织辉映，易使驾驶员对交通情况的观察、判断迟钝，甚至出现错觉。夜间在公路上行车，由于灯光照射范围和亮度有限，视力减弱，视野变得很狭窄，加上灯光随路面起伏不平而晃动，使驾驶员对各种交通情况和行进方向的判断均感困难。夜间长时间行车，眼睛容易疲劳，身心易疲惫。夜间长途行车，交会车辆较少，容易盲目加快行驶速度。

〖问题〗在夜间行驶时，驾驶员需要掌握哪些防御性驾驶方法呢？

1. 禁止疲劳驾驶

夜间行车，最容易疲劳，驾驶员白天应按时休息，避免夜间疲劳驾驶，感觉疲劳时应停车休息一段时间。

▶▶案例情景

2014年5月凌晨3点，万某驾驶一辆重型货车，在239省道金城段时与前方车辆发生追尾，造成万某和副驾驶陆某轻伤。事后万某回忆，开到239省道金城段时，由于太困，打几秒瞌睡，最终造成这起事故。货车驾驶员长时间连续驾驶车辆，容易引起疲劳。疲劳后继续驾驶车辆，会感到困倦瞌睡，注意力不集中，判断能力下降，甚至出现精神恍惚或瞬间记忆消失，出现动作迟误或过早，操作停顿或修正时间不当等不安全因素，极易发生道路交通事故。

案例评析◁◁

导致本次事故发生的直接原因：货车驾驶员疲劳驾驶，注意力不中，追尾前方停车等待的货车。

夜间行车，谨防疲劳驾驶！为避免疲劳驾驶造成的安全隐患，驾驶员需要谨记以下几点：

（1）保证充足有效的睡眠时间，确保身体精神状态良好；

（2）遵守道路运输企业安全管理规范：驾驶人在24小时内累计驾驶时间不得超过8小时，连续驾驶时间不得超过4小时，每次停车休息时间不少于20分钟；

（3）驾驶员服用可能影响安全驾驶的药品后，禁止驾驶车辆。

2. 检查车辆照明系统工作正常

保持车辆照明系统工作正常，对于夜间行车安全非常重要。出车前，驾驶员应对车辆照明系统做全面的检查。

3. 夜间行驶正确使用灯光

近光灯：夜间远近光灯的正确使用通过照明条件较好的路段；车速在 30 km/h 以下；交叉路口；铁道路口；夜间会车、跟车；迎面驶来的车辆距离自己 150 m 以内时或自己距离前车 90 m 以内时；

远光灯：通过照明条件较差的路段；车速在 30 km/h 以上；迎面驶来的车辆距离自己 150 m 以外时；

近、远光灯变换：超车示意；通过无信号控制的交叉路口；夜间会车对向来车不关闭远光灯。

夜间遇有雾、雨、雪、沙尘、冰雹等低能见度情况时，应当开启前照灯、示廓灯和后位灯，夜间雾天行驶还应当开启雾灯和危险报警闪光灯。

夜间行车应尽量避免超车，必须超车时，要连续变换远、近光灯向前车示意，确认前车让速让路后方可超越。如发现前方出现紧急情况，严禁超车。

▶▶案例情景

驾驶员在夜间超车、会车、转弯时不按规定变换灯光，严重影响其他驾驶员行车安全。在夜间行车中，驾驶员主要受生理特征的影响，人的眼睛是获取外界信息的主要来源，当强光直射眼睛时，或者夜间驾驶环境明暗变化较大时，容易引起视觉障碍，眼睛出现短暂性失明现象。此时，驾驶车辆很容易引发交通事故。

案例评析◀◀

遵守交通规则，灵活使用灯光。夜间驾驶灯光的使用，是夜间安全行车的关键；严格按照交通法规的规定正确使用灯光是每一个驾驶员必须遵守的。超车时的灯光使用要遵守超车规定；会车时的灯光使用要遵守会车规定；通过交叉口灯光的使用适当距离要进行远近光变换。

《中华人民共和国道路交通安全法实施条例》对夜间行车使用灯光作出了明文规定，具体要求如下：

（1）在没有中心隔离设施或者没有中心线的道路上，机动车遇相对方向来车时应当遵守下列规定：夜间会车应当在距相对方向来车 150 m 以外改用近光灯，在窄路、窄桥与非机动车会车时不能使用远光灯。

（2）机动车通过有交通信号灯控制的交叉路口，应当按照下列规定通行：向左转弯时，靠路口中心点左侧转弯。转弯时开启转向灯，夜间行驶开启近光灯，不能使用远光灯。

（3）机动车在夜间通过急弯、坡路、拱桥、人行横道或者没有交通信号灯控制的路口时，应当交替使用远近光灯示意。

（4）机动车在高速公路上行驶，遇有雾、雨、雪、沙尘、冰雹等低能见度气象条件时，同方向行驶的后车与前车近距离行驶时，不能使用远光灯。

违反上述法规的，根据《道路交通安全法》第九十条和《条例》有关规定，对不按规定使用灯光的，处 50 元罚款，违法行为记 1 分。

【小结】掌握夜间防御驾驶方法，有助于夜间行车安全。驾驶员需要牢记以下两点：

（1）夜间驾驶"两要"：一要全面检视车辆，二要正确使用灯光。

（2）夜间驾驶"三不要"：一不要疲劳驾驶，二不要频繁超车，三不要跟车过近。

这样可以有效地预防夜间交通事故的发生。

八、特殊气象条件下的防御性驾驶

行车过程中,往往会遇到一些特殊的气象条件,如雨、冰雪、雾、大风、沙尘及高温天气等。气象条件对交通的影响是多方面的,天气变化对车辆本身、路面状况、驾驶员行车过程中的判断和反应及司乘人员乘车环境等都有影响,不同的天气条件对交通的影响程度不同。因此,掌握特殊气象条件下的防御性驾驶技巧,对保障行车安全非常重要。

(一)雨 天

▶▶案例情景

2013年9月G32国道的巴塘路段,由于连续几天下雨,连续发生多起交通事故。驾驶员避让强行超车,导致车辆侧滑,警示标志放置距离太近,随后驶来的货车未及时发现,紧急制动刹车,由于路面湿滑,导致车辆侧滑,事故均为未造成人员伤亡。

案例评析 ◁◁

大货车由于其本身体积和重量的特殊性,制动距离比一般的车辆要长,尤其雨天路面的湿滑,制动距离会更长。此外,夜间光线不好,放置警示标志要保持足够的距离,提醒驾驶员提前做好制动减速的准备,以防事故的再次发生。

雨天防御性的驾驶要点如下:

时刻注意道路前方是否有堵车和交通事故等紧急情况,提前做好防范准备;雨天应及时打开近光灯和雾灯,适时开启示廓灯和后位灯,必要时使用喇叭,以便看清别人也让别人注意自己。

客货车辆雨天应低速行驶,驾驶员要双手握住转向盘,保持直线低速行驶。需要转弯时,缓踩制动,以防轮胎抱死造成车辆侧滑。避免急加速、急减速,禁止急制动。

雨天出车前对刮水器胶条、轮胎及照明、制动、转向系统等进行安全检查。在行车中,缓踩制动,检查制动效能;缓打转向盘,检查转向性能。

雷雨天气车内更安全,但要收起收音机天线,关闭门窗。

狂风暴雨天气,最好选择安全的地点停车,开启危险报警闪光灯,待雨势变小后再继续行驶。

雨天行车,要注意路基是否有疏松和坍塌的情况,防止车辆陷入。

雨天行车一个"关键":低速行驶。两个"关注":关注路况,关注车辆性能。四个"注意":注意雷电,注意车辆陷入,注意泥石流,注意积水。

(二)雪 天

▶▶案例情景

2013年1月,王某驾驶货车在G318阿坝段时,与对向行驶的越野车发生碰撞,由于冰雪路面太滑,王某驾驶的货车当场侧翻,造成越野车驾驶员重伤,王某轻伤。冰雪路面,对面来车高速行驶,驾驶员制动刹车,车辆偏离行车道,冲撞对向来车,导致交通事故发生。

案例评析 ◁◁

雪天路面湿滑,车辆高速行驶,紧急刹车,容易起车辆侧滑;冰雪路面光滑,冰面的摩擦系数小，车辆高速行驶，紧急刹车，极易引起车辆偏离行驶方向。在此，提醒驾驶员朋友，雪天驾驶车辆，低速行驶，避免因紧急制动引发车辆侧滑偏离行驶方向。

雪天防御性的驾驶要点如下：

（1）雪天驾驶时，驾驶员应开启刮水器，防止前风窗玻璃积雪遮挡视线；使用冬季专用玻璃清洗液，防止天冷玻璃结冰影响透明度。

（2）冰雪天气行车，应通过灯光、喇叭预先向其他交通参与者传递危险信号。

（3）低温对车辆的技术状况影响极大，因此，在严寒气候下驾驶驾驶员应做到：

① 起步。行驶前启动发动机，用怠速运转数分钟，以预热发动机，使发动机各部分得到充分润滑。

② 起步后，低速行驶一段距离，再逐渐加快车速。

③ 临时停车，应尽量选择在避风朝阳处停放。

（三）雾 天

▶▶**案例情景**

2012年12月王某在大雾天气中超速行驶，追尾小轿车，导致货车侧翻，王某某身受重伤。导致本次事故的主要原因是货车驾驶员超速行驶。其次，在行车前，驾驶员未对车辆照明系统进行检查，也是导致本次事故的原因之一。

案例评析 ◁◁

雾天能见度低，驾驶员视线易受阻，尤其是团雾天气，大雾时有时无，对安全行车具有极大威胁。行车速度快、安全间距小是雾天行车大忌。其次，检查车辆照明系统，保障其正常工作。

〖问题〗虽然大雾天气主要出现在春秋两季，但是在冬季，由于雨雪比较多，空气中的水分比较大，在气温比较低的清晨和夜晚也容易出现比较大的雾。雾天，尤其是大雾天的可视距离会短到仅仅10来米，特别是气温很低时，部分路面还会出现结霜的现象，开车难度陡增，这种时候特别容易发生恶性交通事故。在雾、霜天气中如何防御性驾驶呢？

雾天防御性的驾驶要点如下：

出车前关注天气，了解到行驶路线有大雾时，尽量更改行车路线或时间；行车时遇大雾，应打开收音机，关注雾情，了解前方是否发生事故，以便提前采取措施。

（1）密切注意路面及地理环境，尤其是通过村庄、路口、车站及行驶于山路转弯处时，应仔细观察周围情况，做好避让停车的准备。

（2）能见度在 30 m 以内时，车速不得超过 20 km/h。

（3）浓雾能见度减至 5 m 以内时，应及时靠边选择安全地点停车，并打开小灯、尾灯和示宽灯，待浓雾散后再继续行驶。

（4）雾天尾随行车时，应密切注意前车动态，保持较大的跟车距离，适当控制车速，切不可急转转向盘，猛踏或快松加速踏板，以防侧滑。

（5）雾中应避免开前照灯行驶，强光照在雾上会引起散射，影响视线，造成视距缩短，甚至看不清前方的路面和交通情况。

（6）雾中行车发生道路堵塞时，应立即停车，打开危险报警灯。

(7) 减速或停车时不可过急；防止尾随车辆措手不及而相撞。

雾天行车两个基本原则：控制车速，保持车距。

（四）大风沙尘天气

▶▶案例情景

大风沙尘天气，通行条件较差，很容易造成拥堵和滞留现象。在城市道路交通中，行人和车辆混杂，特别注意强行超车、抢行通过、遇行人横穿马路等情形。大风沙尘天气，严重影响行车安全，此时，高速公路管理部门可以实行交通管制措施来预防事故发生。

案例评析◁◁

大风沙尘天气，风力大、空气混浊，能见度较低，驾驶员视线受到沙尘的影响较大。大风沙尘天气道路通行条件较差，容易造成车辆拥堵。在行车中，注意与前车保持车距，低速慢行，以免引发追尾、刮擦等交通事故。

大风天气常见，特别在北方天气干燥，大风带来的空气沙尘非常严重，能见度降低，视线变差，目视距离短，极易引发事故。

大风沙尘天气防御性的驾驶要点如下。

1. 出行前注意检查车辆密封性

大风沙尘天气出行前，一定要仔细检查车窗的密封胶条是否有老化、脱胶、开裂现象，以便及时更换或尽早采取必要的措施，防止行车时尘沙钻进车内，影响驾车安全。

2. 行车时注意保持车距

大风沙尘天气不要跟车太近，始终要保持一定车距，留出处理突发事件的反应事件；尤其在多尘道路上不要尾随行车，应注意保持安全车距，防止前面车辆扬起的尘土妨碍视线，不能及时处理意外情况，引发事故。

3. 选择合适的行车道路

高速公路行驶的时候，尤其是大风天气行车，尽量避开在最内侧车道行车，远离最中间的缓冲绿化带，尽可能在中间车道行车，防止刮大风天的时候，中间缓冲隔离带的界桩等被吹倒，引发事故。

4. 及时使用灯光和喇叭提示

大风沙尘天气白天行车时，尽量打开小灯，特别是在大风中转弯，应打开前小灯，必要时要使用喇叭提示，一定要引起行人、车辆注意，保持缓慢行进，随时做好制动停车的准备；大风沙尘天气夜间行驶时，不宜使用远光灯，应使用防眩目近光灯，以免因出现炫目的光幕而影响视线，引发事故。

5. 慢速行车，防止车辆偏移

大风沙尘天气行车时，要正确地辨认风向，注意适当放慢车速，握稳方向盘，防止行驶路线因风力而偏移；注意保持车辆的横向稳定性，尽可能减少超车。逆风行驶时，要注意风向突然改变或道路出现较大弯度，防止风阻突然减少、车速猛然增大。

6. 避开特殊车辆行车

大风沙尘天行车时，要尽量避开大型的车辆，如超载、超高、超宽、拖车、罐车、危化品等特殊车辆。大风天风阻系数高，超高、超长、超宽车辆，很容易被风吹得来回摆动，车辆上的货物，很容易吹掉，并且影响视线；公路上一旦遇到这些特殊车辆，要么提前超车，要么保持车距，躲远些。

7. 行人等弱势群体

在容易起尘的路上行车时，与前车要保持车距，仔细观察情况，预防行人为躲避车辆行驶扬起的尘土，在车辆临近时突然跑向道路的另一边，不能及时处理；大风天气，由于自行车、三轮车、摩托车等受风力作用稳定性变差，超越或相遇时应加大安全距离。

8. 将车停到合适的位置

风沙特别大时，如果需要停车，应将车停靠在道路上风处，车头背向风沙，并半闭百叶窗，防止细微沙粒被发动机吸入汽缸而加速机件磨损；停车要远离楼房、栅栏、施工围挡，尽量远离阳台和窗户避免出现高空坠物砸车的现象；载货车辆应扎紧车上篷布，固定好车上货物；装载重量轻、体积大的物资，应停车避开暴风，以免车辆被暴风吹刮而离开正常的行驶路线。

（五）高温天气

▶▶案例情景

2014年9月江苏镇江交警大队接到报警电话，驾驶员在电话中说自己中暑了，眼睛也看不见了，随后交警队工作人员赶赴现场，最终中暑驾驶员获得解救。货车司机在高温天气下长时间行车，感觉头晕乏力，眼睛出现暂时性失明，幸好及时停车休息，未造成事故发生。

案例评析◁◁

高温天气下行车，容易引起驾驶员疲劳，注意力不中，反应迟钝，长时间驾驶车辆很容易导致交通事故发生。其次，高温天气也要做好车辆的降温处理。

高温天气防御性的驾驶要点如下：

在高温炎热地区，驾驶员出车前应检查车辆制动系统、玻璃清洗液、冷却液、汽油、机油、液压油等，确保车辆技术状况良好。

（1）首先检查轮胎气压，应当在标准值以下，建议轮胎加氮气.因为氮气是惰性气体，热膨胀系数低，不容易爆胎。

（2）高温易引起火灾，所以检查一下你车中是否有打火机、发胶、魔丝罐装类的化妆品，建议把我们长用的化油器清洗剂等自喷类的物品也拿到车以外的地方。

（3）检查爱车是否有漏油、漏电的地方，尤其是改装车。

（4）尽量减少出行时间，出行时速度不能太高，尤其是在乡村公路和等级较次的公路，因为柏油在高温下会融化表面，紧急制动时会发生侧滑现象。

（5）减少在高速路上长时间驾驶，速度控制在110 km/h以内，行驶2个小时左右就应当到服务区休息一会，这样爱车也可以同样休息一会了。

（6）由于天气热，很多空调不凉，建议清洗一下冷凝器和水箱。

（7）在严重拥堵的路段使用空调时，建议用小风量，适当提高温度设置，这样就不会造成水箱温度过高引起开锅的现象。

（8）在阳光下暴晒的车辆使用时，不要马上驾驶；应当打开 4 门和空调，进行通风，让车内温度降下来，避免人员中暑引起严重后果。

（六）台风天气

▶▶案例情景

2014 年 8 月，驾驶员陆某驾驶一辆厢式货车，以 100 km/h 的速度行驶在桥上，突遇大风侧面刮来，驾驶员操作不当，导致车辆侧翻，坠落桥梁之下，造成车毁人亡的交通事故。

案例评析 ◁◁

台风天气，常伴有强降雨，由于路面湿滑，路上障碍物较多，很容易引发交通事故的发生。此刻驾驶员朋友一定要谨记：降低车速行驶，或者停车休息，等待台风过去，再继续行车。

【问题】台风天气，事发紧急，台风伴随着强大风和强降雨，路面快速积水，在台风条天气条件下行车，驾驶员需要掌握哪些防御性驾驶方法呢？

1. 行车过程中"稳"字当头

台风登陆时往往伴随大雨，严重影响行车视线，路面湿滑，摩擦系数降低，行车时一定要减慢车速，随时保持与前后车辆的距离，提前做好采取各种应急措施的心理准备。

在通过涉水路面时，应先注意观察，如果积水超过轮胎的一半，就不要再冒险涉水。如果水不深，就先停下来，观察其他涉水车辆是否通行顺畅，来判断地面是否有深坑或障碍物。涉水前关紧门窗，先关掉空调和音响。涉水时注意与前后车辆拉开距离。涉水后不能立即快速行驶，避免刹车片溅水后刹车不灵。低速开一段时间，等刹车片上的水分甩掉、蒸发后，再正常行驶。

如果涉水时因为水面过高造成车辆熄火，这时千万不要试图在水中启动车辆冲出来，否则发动机就有进水爆缸的危险。正确的处理办法是：不管多大的雨，也得下车把车推到没有积水的地方，查看空气滤芯是否进水，确认没有后再启动。

2. 防止车轮出现侧滑

台风天气下行车，行驶前方很有可能会遭遇到一些突发事件，这个时候车主应当保持冷静，采取点刹制动或是顺序降挡（俗称用挡别）的方式来控制车速，切不可大力刹车或急打方向，这样会造成车辆发生侧滑的危险。

如果是紧急制动造成的侧滑，应立即停止制动，减小油门，同时把方向盘转向侧滑的一侧，打方向时不能过急或持续时间过长，否则车辆可能向相反的方向滑动。朝着侧滑方向转动方向盘使汽车的转弯半径增大，以减小离心力。汽车回正以后要平稳地把方向盘转到原来的位置。

【小结】实时把握天气动态，合理安排行驶时间。驾驶员朋友一定要掌握特殊气象条件下的防御性驾驶方法，遇有雾、雨、雪、沙尘、台风、高温等天气，能及时地采取必要的、合理的、有效的措施防止事故发生。

九、不安全驾驶行为原因分析及其纠正

近年来，随着社会经济的飞速发展，道路交通安全问题已经成为全世界的一个严重社会问题，并成为全人类所共同关注的热点问题之一。为什么会频频发生交通事故呢？除去自然因素如路况，天气情况等客观因素，造成的事故以外，追根究底，还是出在驾驶员不规范的驾驶操作行为和心理上。如：超速驾驶，疲劳驾驶，开车时谈话、吸烟、吃东西、接打电话等。驾驶车辆时注意力不集中，酒后驾驶，抢黄灯，强行超车，超车变道时不开转向灯，随意变道，红灯停在斑马线上，不系安全带，压线行驶，争抢车道，在路上倒车，单手握方向盘，红灯或临时停车等待时不把档位放置在空挡位，跟车距离过近与车速不匹配，不正确使用指示和照明灯光，争强好胜开英雄车、赌气车、霸王车等。

（一）十大常见的不安全驾驶行为

各种频发的交通事故中，主要常见的有以下十种：① 酒后驾驶；② 超速行驶；③ 疲劳驾驶；④ 大灯晃眼；⑤ 闯红黄灯；⑥ 违法超车；⑦ 急停急刹；⑧ 随意变道；⑨ 驾驶打电话；⑩ 不系安全带。接下来我们对这些常见的十大不安全驾驶行为易造成事故的原因择要进行分析。

1. 酒后驾驶

自以为酒量高。半斤不脸红，一斤不心跳，二斤倒不了。酒驾者都有超乎寻常的"自信"，觉得自己就是喝了酒，也能把车开到目的地；就是喝了酒，在遇上突发的事情时，也能从容应对和处理。

酒驾的危害我相信人人都知道，但是只要没有发生在自己身上很多人也经常把酒驾当儿戏。而道路运输作为客货司机的事业，经济的来源，更应该严格遵守。

▶▶**案例情景**

醉驾司机李某驾驶货车长途运煤，路上在高速服务区时喝的酒。在后续上路时被交警逮个正着。李某在后面也深刻认识了自己的错误。现在李某也在劝导其他同行：千万不要酒驾。开了十几年没了驾驶证，看出李某内心的莫大悔恨。

案例评析 ◁◁

根据《道路交通安全法》第91条的规定，醉酒驾驶营运机动车的，由公安机关交通管理部门约束至酒醒，吊销机动车驾驶证，依法追究刑事责任；十年内不得重新取得机动车驾驶证，重新取得机动车驾驶证后，不得驾驶营运机动车。这就意味着李某再也不能从事运输行业了。

2. 超速行驶

十次事故，九次快。没错，接下来要说的就是十大常见的不安全驾驶行为之超速行驶。

▶▶**案例情景**

2014年8月16号，在浙江一名温州牌照大客车从上海出发开往温州，在雨天限速80 km的高速路上，将时速飙到了100 km。在行驶到温州方向173 km处时，由于此处几分钟前刚发生交通事故，由于速度太快，避让不及撞上还未来得及撤离的停在车道上的丰田黑色轿车。巨大的冲击力将轿车向前推移了十几米，幸好车上没有人，不然后果不堪设想。

案例评析 ◁◁

事故发生雨天，在长下坡加弯道路段，行车视线不佳，造成驾驶视线的盲区，在发现前方有抛锚车辆时，踩刹车已经来不及了。此次事故最主要的原因还是大客车的超速行驶。根据《道路交通安全法》第42条、第99条第1款第4项规定：在高速公路上，超过限速标明的最高时速50%以下行驶的罚款200元，超过规定时速50%以上70%以下罚款1 000元，超过时速70%以上的，罚款1 500元。所以司机朋友在开车应该时刻注意，不能为了赶时间，或者图一时痛快而超速，于人于己都不好，最后还要遭受处罚。

在车辆超速行驶过程中，由于速度过快，驾驶人不能全面、正确感知车内外的瞬息变化，也不可能在短时间内获取足够的车道路况信息，一旦遇见紧急情况就很难准确把握和采取相应的措施。同时由于车速过快，转弯时离心力就增加，车速增加2倍，离心力增加4倍；车速越高，离心力越大。遇情况打轮稍急，很容易翻车。在这起交通事故中，如果客车司机有较高的安全意识，不超速，在遇到前方有障碍时，能够及时采取制动，由于车速较低便能及时停下来，避免事故的发生，即使是撞上了也不会有如此强烈的撞击，将轿车甩出十几米。对于客车司机，他运载的是几十个人，要承担的是几十个人的生命，不仅要对自己负责还要为他人负责，因此更应该安全行驶。

3. 疲劳驾驶和玩手机等

▶▶案例情景

7月30日凌晨一点左右在京港澳高速，湖南潭耒段的服务区，一辆河南籍长途客运车车辆失控，侧翻入路边的水沟。首先，在驾驶过程中驾驶员不停地玩手机；其次，驾驶员没有良好休息，处于疲劳驾驶；最后，驾驶员还存在不规范的驾驶操作，包括在驾驶过程中咬牙签、双手脱离方向盘、超速等。这些不良的驾驶行为是引发此次事故的主要原因。

案例评析◁◁

这个案例，客车司机所体现出来的前边讲到的十大不安全行为中就包括了两项。

一是开车玩手机，不管是打电话还是发短信，在驾驶过程中都是不允许的。行驶过程中的交通情况瞬息万变，交通事故往往在瞬间发生，所以驾驶人必须始终保持高度警惕，而开车时打电话，一心二用，会严重分散注意力，一旦出现险情，难以及时发现或处理，极易发生车祸。在行车过程中打电话，势必造成驾车不稳定，从而难以与前方车辆保持安全距离，极易引发车祸。

二是疲劳驾驶。驾驶人的疲劳主要是神经和感觉器官的疲劳，以及因长时间保持固定姿势，血液循环不畅所引起的肢体疲劳。长时间驾驶会造成驾驶员身体机能和心脏活动能力的降低，头脑反应迟钝，产生厌倦心理。在一般情况下，驾驶员一天行车超过去10 h以上，或前一天睡眠时间不足4~5 h者，事故比率必然高。而在此次事故中，司机精神疲惫，驾驶的车辆就跟喝了酒的醉汉，行进时左摇右摆，因此疲劳驾驶也是此次事故的最主要原因。

如果事故中的司机有强烈的安全意识，在平时养成良好的驾驶习惯，克服那些不安全的驾驶行为，也就不会发生这样的交通事故了。

4. 大灯晃眼（灯光的正确使用）

城市道路车流量比较大，夜间时车灯闪烁，驾驶员朋友们，在这样的道路夜间行驶时，你开启的是远光灯，还是近光灯呢？

目前滥用远光灯的现象相当严重，错误的时间使用远光灯不仅不会提高行车安全，反而会增加危险事故的发生几率。在实际生活中远光灯的不正确使用会带来什么后果？我们又该如何正确使用远光灯呢？曾经有网友说：你开着大灯，如果有人站在路上，对面车道的司机可能要到剩5米的距离，才可以清楚看到他。如果真的是这样的话，分分钟想刹车都来不及。那到底是不是这样呢，下边我们来看关于此说法的来自网络资源的一个实验："大灯晃眼，常开等同谋杀。"

在试验中看到，要是开着近光灯在 30 m 之外就能看到路中间的人，但是要是开着远光灯，刺眼的灯光，只有开到近 10 m 的时候才能隐约看到路中间有人，因此，开着远光确实太危险了。部分驾驶员在夜间驾车时，总喜欢开着远光灯，刺眼的白光往往令对面和前面的驾驶员头晕目眩。不仅如此，这样的灯光还会严重干扰马路两边的行人和非机动车驾驶者的视线。远光灯一般在照明条件不理想的郊区使用，而且会车时也必须关闭。市区的照明条件相对较好，对车速也有比较严格的控制，夜间行车时用近光灯照明已经足够了。还有些司机为了催促前面的车辆快点行驶，不停地闪大灯，这种做法很自私。

远光灯的作用：远光灯可以提高视线，扩大观察视野，这点毋庸置疑。在没有路灯的漆黑路面上，开启远光灯后的可视范围要远远大于只开启近光灯。因此在这样的环境下，开启远光灯是非常有必要的。从下面的效果图我们很容易看出远光灯的优势所在。

〖问题〗那么远光灯到底有哪些隐患呢？

按照我国《道路交通安全法实施条例》第四十八条的规定：在开启路灯或者其他照明较好的道路上行车不应开启远光灯。开启远光灯的车辆应在距相对方向来车 150 m 时改用近光线。

虽然不切换灯光的不良影响大家心知肚明，但是仍然有人不顾他人感受执意使用远光灯行车，他们也许认为只要自己能看清对面来车，就一定不会出现危险，如果你也有这样的想法，那就大错特错了。

〖问题〗下面我们模拟一些场景来看看开启远光灯会车时隐患究竟在哪？

隐患一：瞬间致盲。

当夜晚会车时，远光灯可使对向驾驶员视觉上产生瞬间致盲，致盲时间根据驾驶员自身视力，周围环境不同持续时间也会不同，但最快也要持续 2 秒左右的时间，在这两秒的时间里，驾驶员如同闭眼开车，对周围的行人以及前后的来车观察能力大大下降。

隐患二：对速度和距离的感知力下降。

夜晚视线不好，因此人眼对于对面来车的速度判断本来就会打折扣，在这样的情况下，开启远光灯对人眼的干扰会使这一判断力加速下降。当你开启远光灯，对向来车误判了你的车速和距离，本该减速会车他却放心的避让自行车或是开始借道超车，此时远光灯可就适得其反了。

隐患三：对宽度的判断力下降。

与隐患二的原理类似，远光灯所产生的超大光晕会占据人眼视觉中很大一部分面积，从而使得驾驶员对来车的宽度以及它身后情况的判断力下降。从而会采取错误的操作。

后方车辆开启远光灯时的危害隐患：当后开启远光灯时，前车内外 3 个后视镜中会出现大面积光晕，如果赶上你的车是浅内饰，那车内无疑就像开着灯一样明亮。前方的三个光晕会缩小你前方路况的可视范围，如果此时你想并线或转弯，从后视镜观察后方情况也是完全不可能的。

5. 闯红黄灯

在常见的十大不安全驾驶行为中提到了闯红黄灯。闯红灯的现象真的是太常见了，很多驾驶员知道这不仅是一种违反交通制度的行为，更是一种危险的驾驶行为。闯红灯的相关规定和危害相信大家，这里我主要给大家讲解一下闯黄灯的知识。

然关于误闯黄灯会被扣分的担忧随着公安部的解释暂时化解，不过针对国人多年遗留下来的"闯黄灯"陋习。我们真的应该自我反省一下，毕竟抢一秒危险多十分，身边因为闯黄灯造成的事故也不在少数。黄灯转换时，其他方向的车辆和行人已经准备开始通行，待"抢黄灯"的车辆冲过停止线行至路中间,恰好与横向穿越道路的车辆和行人相遇,且闯行的车辆往往是加速行驶,因此相当危险。此外,黄灯时刻强行进入路口,也很容易造成双向车辆在路口内"叉死",从而降低道路的通行能力。如果黄灯变成了加速的一个信号,其后果必然是交通事故的频繁发生。当然闯红灯的危害更不必赘言。面对亮起的黄灯,我们应该做些什么?

(1) 切勿急加速。

很多朋友养成了一个坏习惯,信号灯变黄就加油,争取可以抢一下。先不说抢黄灯是否被罚,单从安全角度考虑这种方法也是不可取的。正确的方法是通过路口时降低车速,脚放在刹车上,黄灯亮起时踩下刹车,保证安全的前提下尽快将车停下。

(2) 到达路口前观察后车车距。

为了保证安全,不光是前车跟车距离要注意,自己后方的车距也要注意。当通过路口时,随时可能制动,此时应当从后视镜观察后车离自己的距离是否安全,如果距离过近可以采用降速滑行,轻点刹车的方法提前示意后车减速,以免发生危险。

(3) 判断刹车距离。

如果黄灯亮起时,我们距离黄灯停车线较远,此时应当保持安全的前提下尽可能迅速制动。如果我们离停止线很近,完全无法将车停下来,应当通过路口时将车速降下来,并且尽可能的将车停住,即便过线也不会受到处罚。

处罚可能并不是新规的目的,罚与不罚并非重点,重点在于我们每位行驶在路上的人们应当要重视黄灯,养成安全意识。在种种质疑声中公安部已经表示闯黄灯暂不处罚,大家可以解除心中某些纠结的疑惑,但是这并不代表着黄灯再回归到曾经"摆设"的状态。未来相关法律法规一定会逐渐从严,我们还是希望广大车友提高自己的安全意识,遇到黄灯停一停,如果能借助史上最严但不够完美的新规真正改变我们道路环境,改变常年养成的陋习,未尝不是一件好事情。

6. 违法超车

违法超车这种不安全的驾驶行为也是极其常见的,违法超车是指驾驶人在禁止超车的路段或者在没有安全超车条件的路段强行超车的驾驶行为。

▶ **案例情景**

2012年4月,济南发生一起重大道路交通事故。驾驶人高某驾驶一辆北京牌自卸低速货车沿某乡村道路由东向西行驶事故地点,在超越同向行驶的驴车时,货车向右侧翻将驴车砸在货车下,造成5人当场死亡。

案例评析 ◁

事发路段宽度为6 m,实际可行路面仅3 m,南北两侧路面不平且差度较大,不具备超车条件。高某某驾驶严重超载的货车行驶至事故地点时未确保安全驾驶、违法超车,导致了该起事故的发生。

▶▶ **案例情景**

一辆大货车违规超车,最终导致三辆货车挤在了一起,变成了"三明治"。事故造成一名货车司机被困。交警中队民警接报后,立即赶赴现场,并通知拯救队一同前往。几经努力,救援人员最终将被困司机救出。民警认定,事故主要原因是挂车驾驶人不按规定超车导致。

案例评析 ◁◁

提醒广大驾驶人:与对面来车有会车可能时,严禁超车,否则,根据交通安全法的有关规定,将被罚款200元,记3分处理。

部分乡村道路路面窄,路况差,不具备超车条件,广大驾驶人朋友驾驶车辆经过这类道路时,要注意安全驾驶、文明驾驶,切忌强行超车。此外,超载运输会对车辆的制动性能产生负面影响,增加车辆行驶的惯性,容易引发追尾、侧翻等事故,广大驾驶人要引以为戒。

7. 急停急刹

这一行为多出现在出租车和驾驶新手中。出租车司机为了拉客,往往是急刹急停,不管有没有停靠站,只要有客人出租车司机就照停不误。后面的车辆猝不及防,极易造成连环追尾事故。然而对于我们客货运司机来说这样的行为也是特别危险的,也坚决杜绝有这样的不安全驾驶行为。

▶▶**案例情景**

一辆灰色货车和一辆白色轿车,两辆"顽皮"的车子一前一后,急刹急停。最终后面的白色轿车由于没有反应过来就撞上了。这起交通事故显而易见主要是由于两辆车不停的急刹急停造成的。

案例评析 ◁◁

急停急刹,加速减速是非常耗油的,而且对刹车盘和刹车片损伤巨大。除此之外,不仅影响其他车辆的正常行驶,也容易给后边的来车造成措手不及的安全隐患,极易造成连环的追尾事故。参与交通无小事,在驾驶的过程中为了别人的安全也为了自己的安全,切勿急停急刹。

随意变道

〖问题〗前边刚讲到急停急刹的这样不安全驾驶行为是非常危险的,那么随意变道呢?这种行为又会存在哪些潜在的不安全因素?

▶▶**案例情景**

在成南高速路上一辆客车准备对前面的货车超车时,前方的货车突然变道,由于距离比较近,客车发现快要撞上时,客车司机猛打方向,撞上了中央护栏之后旋转180°停在了超车道上。重型货车在变道前没有提前打转向灯以警示后方的车辆,而是打转向灯的同时就变道了,这就使得后方的欲超车的客车避让不及,导致了事故的发生。

案例评析 ◁◁

随意变更车道是一种交通违法行为、一种交通陋习。

(1)容易造成道路堵塞,在红绿灯路口等候时,常常有一些车辆从一个车道硬挤到另一个车道。可是这时候,旁边的车子也不甘示弱,偏偏不让。这时,加塞的车子只能停在两个车道的中间,造成前后左右的车辆都无法正常行驶,引起交通拥挤。

(2)极易引发各类交通事故。车辆随意变更车道,原车道内的通行秩序就会被打乱,甚至有些驾驶人在高速行车过程中变更车道时没有开启转向灯的习惯,有的在前后车距不够的情况下强行变更车道,造成后方车辆避让不及,尤其是对于满载货物的大货车来讲,紧急制动成功率几乎为零,从而造成群死群伤事故的发生,给道路交通安全埋下了极大的安全隐患。

遵章行车是市民的基本行为规范;文明行车,礼让三分,是现代人的基本素质。我们行车时,遵纪守法、多点礼貌,给自己和他人多一份安全。

8. 不系安全带

调查数据显示:在一次可能导致死亡的车祸中,安全带的使用可使车内人员生还的几率提高

60%，发生正面撞车时，系了安全带可使死亡率减少 57%；侧面撞车时可减少死亡率 44%；翻车时可减少死亡率 80%。最新统计表明，车祸中后排未系安全带的乘客猛烈撞击前排座椅，会对司机或前排的乘客形成极大的冲击，使他们在车祸中死亡的概率增加大约 5 倍。

系了安全带紧急刹车的时候安全带可以牢牢把你"绑"在座椅上，而不系安全带的后果则是随着急刹车产生的惯性，身体"飞出去"砸在前座上。在前排驾驶位置，没有安全带的"捆绑"你就直接冲向前风挡或者方向盘了。如果是安全气囊弹开，没有安全带帮助，就会被气囊弹晕。

（二）常见不安全驾驶原因

"一个人的心理是一定时期心态活动的趋向，在一定程度上影响着行动，有什么样的心理就有什么样的行动"。驾驶员若有不健康心理将会直接影响到驾车的安全，如下分析驾驶员"十二种"不良心理，是极易造成车辆安全事故的"危险源"。并且在学习的过程中思考自己是不是有以下的心理现象存在，如果有的话要及时调整并改之。

1. 随意心理

这种心理类型的驾驶员多表现在开车时不够聚精会神，随心所欲，东张西望，精力外移，随意吸烟、吃东西、听歌，甚至与旁人闲谈、挑逗、玩耍、打闹等，这些不良恶习是造成安全事故的高危隐患。

2. 自大心理

一些老驾驶员自认为开车时间长，经验丰富，技术过硬，就掉以轻心，驾车就"想当然"的执行，抱着不会出事的理念猛开快车，殊不知有些安全事故恰恰就是发生这些心态的人身上，造成不堪设想的后果。

3. 懒惰心理

这样心态的驾驶员主要表现在于偷懒不勤，很多情况下，心里就图省力、图方便，因而违规违章操作；另一种情况是一些驾驶员自以为是，耍个性，怕麻烦，驾驶车时不系安全带，认为系了操作不灵活、不方便。这都是容易成为造成安全事故的原因之一。

4. 英雄心理

部分驾驶员一上车就"我心奔腾"，迫不及待想让所有人都看到他开的车有多厉害、有多威风。这种的虚荣心越是强烈，心里就越是目中无人，唯我独尊，得意忘形，忘乎所以。这样心态驾车是引发恶性事故的"导火索"。

5. 霸道心理

这样的驾驶员心怀霸气，驾车起来威风凛凛的，气势凌人，不把交通规则、安全规定放在眼里，目睹安全规定、安全标志都明知故犯，我行我素，想走哪一条道就走哪一条道，想开多快就开多快，甚至还明目张胆的闯红灯，这样极易造成事故。

6. 麻痹心理

很大部分交通事故都是思想麻痹造成的。据调查，很多车辆事故都是因为酒后驾车、疲劳驾车所致的，一些驾驶员一到喝醉了酒就是"天大地大老子最大"，无法无天、不知天高地厚了，什么交通规则、公司规定的安全规定早就抛之脑后了,这种情况下驾驶车辆极易引发恶劣交通事故。

7. 蛮干心理

有些驾驶员交通安全意识淡薄,驾驶水平低,不能够按章操作,不符合客观发展要求,任凭感觉操作,全凭自己主观意志驾驶。

8. 盲目心理

这类型心理的驾驶员多数表现在对辖区道路不熟悉,对哪一段路危险、哪一路口车多人多的情况掌握不明,车到哪个段路、哪个路口要多快要注意些什么都心里没个数,车到大路、小路的境况如何心里没个底,这样也是容易造成意外事故的原因

9. 低落心理

一些驾驶员在工作生活中遇到一些挫折,不能及时正确处理,情绪低落,精力不集中。如一些驾驶员受到家庭不顺的影响或者受到失恋的打击,心里就难过、压抑、闷闷不乐,甚至深感绝望,这样情况下驾起车来是很危险的。

10. 抵触心理

日常工作之中难免受到上级批评,因为错误而遭受处罚等,一些驾驶员不能正确对待,反而造成一种逆反的不满心理,对上级或交警的批评处罚耿耿于怀,心存怨言,心里有抵触,驾驶车来"火药味"很浓,情绪不稳定,通过乱开车、开快车来发泄心中之恨,这样的行为很容易成为"无形杀手"。

11. 侥幸心理

侥幸心理是违章驾车的主要原因之一。有些驾驶员在驾车过程中,明知自己的行为是违反交通规则的,但仍要坚持错误的选择。这种情况一般出现在有经验的驾驶员之中,自认为运气好,每次侥幸的成功,为下一次的侥幸增加了几分信心,这样就形成了叠加恶性,逐渐导致"道高一尺,魔高一丈"。

12. 急躁心理

此类型心理的驾驶员主要是日常工作较繁忙,轻重缓急把握不当。主要存在一些心理素质较差的驾驶员之中。这类驾驶员开车急躁起来容易慌张,不知所措,脑子里全是一片空白,这些行为也是影响驾车安全的因素。

驾车心理与驾驶安全以及文明行车关系密切,司机应该学会调节自己的心理,注意以下两点。首先要积极参加驾驶培训,努力强化安全意识,激发心中的道德感,使在驾车时能够更好地约束自己。其次,碰到例如生活不如意等,最好在驾车前有意识地宣泄一下自己的情绪;即使实在没有发泄途径,开车时仍要集中注意力,让自己没时间想那些不开心的事。

(三)制定纠正计划和措施

为了养成良好的驾驶习惯,每位驾驶员朋友对于自己存在的一些不良驾驶行为都应采取相应的措施进行纠正,下边给出以下的几点措施:

(1)列出不良习惯的危害,每天提醒自己。

(2) 平时多观看一些不良习惯造成的交通事故视频认识危害性。
(3) 将"安全出行、安全归来"作为自己的行为准则。
(4) 实施一天、一周、一月、一年、长期工作计划，直到纠正为止。

【小结】 生命是宝贵的，生命是美好的。养成良好的驾驶习惯，摒弃那些不安全的驾驶行为，保持良好的心理状态，安安全全驾车，平平安安回家，既是对自己的负责，也是对别人的负责。

单元七　紧急情况及应急处置

教学对象

　　道路旅客运输驾驶员、道路货物运输驾驶员、道路运输危险货物驾驶员。

教学目标

　　(1) 掌握紧急情况应急处置原则。

　　(2) 掌握事故发生后报告程序、内容和处理方法。

　　(3) 掌握事故发生后的脱困方法。

教学内容

　　(1) 常见紧急情况的处置原则和方法。

　　(2) 事故报告的程序和内容。

　　(3) 事故现场的处理步骤和方法。

　　(4) 事故现场保护人员和货物安全的原则。

　　(5) 车辆发生碰撞、侧翻、坠车、落水、起火等事故后的脱困方法。

　　(6) 驾驶员或乘客突发疾病的应急处置。

　　(7) 客车反恐与货车防盗。

教学重难点

　　(1) 深入理解并掌握常见紧急情况的处置原则。

　　(2) 认识事故报告的程序和内容，在遇到具体情况时，能够根据学到的内容做出正确的判断和举措。

　　(3) 掌握车辆发生碰撞、侧翻、坠车、落水、起火等事故后的脱困方法，并能够将其具体的方法灵活运用到实际生活中。

教学方法

　　讲授法、案例教学。

教学时间

　　3 课时。

教学过程

　　▶▶**案例情景**

　　小王是重庆市某客运公司的驾驶员。一天，小王驾驶客车，由开县往重庆方向行驶，行至一段路程后，由于右前轮轮胎爆裂，导致车辆撞倒标志牌后撞击土坡，造成 6 人死亡，多人受伤。

　　案例评析 ◁◁

　　此次事故是车辆右前轮突然爆胎，而司机随后在车速非常高的情况下采取紧急制动的不当措施造成的。

〖问题〗在生活中经常会遇到各种各样的紧急情况，正确的处置原则和方法有哪些？

一、常见紧急情况的处置原则和方法

据统计，在道路运输过程中，车辆遇到紧急情况而造成的事故占交通事故的比例越来越大，这样的情况也受到了社会各界的关注，特别是交通管理部门和驾驶员，而包括制动失效、转向失控、爆胎、车辆侧滑失控等常见紧急情况的处置都会遵从一定的原则，也有其一般的处置方法，驾驶员朋友应该要学习这两方面的内容，才能在处置危机情况时抓住关键因素，确保人生和财产安全。

（一）常见紧急情况的处置原则

车辆行驶过程中，紧急情况的出现是不可避免的，但只要我们掌握一定的应急处置原则，则能够在一定程度上减少损失，避免重大事故的发生。那么紧急情况的处置原则有哪些？

1. 沉着冷静，迅速传递危险信号

当车辆发生紧急情况时，驾驶员应沉着、冷静面对，切忌暴躁、慌乱，应该在紧急情况出现的第一时间将危险信号传递出去，可以选择打开危险报警闪光灯、鸣喇叭或者挥手示意等，这样做的目的是可以提醒周围的行人、车辆等注意避让，以防二次事故的发生。

2. 先避人后避物

当发生紧急情况，且可能对人或者物造成一定的伤害或损失时，应该首先考虑人身安全，先避开行人后避开货物，一定记住，人的生命高于一切。

3. 先制动减速，后转向避让

车辆遇到紧急情况时，应该先制动减速，当制动无法控制时，再考虑转向避让，以避免在一定程度上再次造成损失或伤害。

4. 尽量将事故损害降到最低

当事故不可避免发生时，应该考虑各种方法，以求将事故的损害降到最低，即我们平时说的"避重就轻"。

总的来说，常见紧急情况的处置原则包括四个方面，即沉着冷静，迅速传递危险信号、先避人后避物、先制动减速，后转向避让、当事故不可避免发生时，尽量将事故损害降到最低。

（二）常见紧急情况的处置方法

车辆常见的紧急情况有很多，其具有代表性的分别有制动失效、转向失控、爆胎、车辆侧滑失控、发动机熄火、车辆起火、行人、牲畜突然横穿道路等。那么它们对应的处置方法是怎样的？

1. 制动失效

制动失效就是丧失制动效能，包括完全失效和部分失效。

完全失效是指一点刹车作用都没有，一般是由于制动系统的故障引起的。

部分失效就是在一定程度上丧失制动效能，也就是刹车不灵或者说刹车距离比较长，不能在短距离内把车停下来。

当感觉制动力不足或丧失时，首先应继续控制方向，注意观察路面情况，特别是道路上的机动车、行人和障碍物。在做好上面的事项之后，则应该主动排查制动失灵的原因，包括观察仪表有无故障灯显示和检查制动踏板工作情况。驾驶者可以查看是否有异物卡在了制动踏板下面，往往正是由于制动踏板的卡滞造成了制动失灵。如果是这样，用脚将异物踢开，绝对不要冒险弯腰用手操作。如果是由于车辆自身故障引起的制动失效，接下来做的就是要警示周围其他车辆和行人。此时应当打开双闪警示灯，并用喇叭提醒周围的车辆和行人。这种提醒方式也可以让其他人注意到你的汽车，在发生危险时可以有效减小受伤害的范围。最后要做的就是尽量控制车辆，并最终使车速降低到安全范围内。其主要可以分为4个部分进行，分别是：

（1）反复踩踏制动踏板
（2）保持发动机正常工作，将变速器挂入低挡位
（3）使用驻车制动辅助减速
（4）利用摩擦力缓冲减速

▶▶案例情景

张家口一辆由东向西行驶的大货车在行驶过程中突然冲过十字路口，撞上一辆黑色轿车，发生侧翻，随后又继续撞向路边的公交站台，最后造成8人死亡6人受伤，其伤者还包括一位怀孕8个月的孕妇。事后调查得知，肇事车辆是由于车辆刹车失灵，酿成惨祸。

案例评析◁◁

刹车失灵、制动失效在道路运输过程中非常常见。如果驾驶员没有掌握一定的应急措施，则很容易引发严重后果。事故案例给各位驾驶员敲响了警钟，希望各位驾驶员一定要在驾驶车辆前，检查制动系统是否完好，多掌握一些制动失效的应急处理措施，以防止事故的发生。

2. 转向失控

当转向机构中有零部件脱落、损坏、卡滞时，会让转向机构突然失控，导致驾驶员无法操控方向。此时各位驾驶员应视具体情况采取相应措施。

当无特殊情况时：

（1）应立即抬起，把变速杆推入低挡位。
（2）均匀而有力地拉驻车制动器。
（3）当车速明显降低时，踩下制动踏板，尽快使车辆逐渐停住。
（4）及时向其他车辆和行人发信号示警，如打开危险警告指示灯、开前照灯、鸣喇叭并打手势等。

如动力转向系统出现故障，突然发现转向很困难，应迅速松开油门，降低车速，用力操作转向盘，并将车辆停到适当的地点将车修好。

车辆若仍能保持直线行驶状态，前方道路情况也允许保持直线行驶时，不可采取紧急制动。应轻踩制动踏板，轻拉驻车制动操纵杆，缓慢平稳地停下来。

车辆偏离直线行驶方向时，事故已经无法避免，则应果断地连续踩踏制动踏板，使车辆尽快减速停车，这样可以缩短停车距离，减轻撞车的力度。

▶▶案例情景

一辆由郑州驶往新密的河南籍大型客车满载乘客（核载 27 人，实载 26 人），沿郑州郑密路由东向西行驶到 316 省道侯寨大桥处，车辆突然失稳，后轴侧滑，顺时针旋转近 180 度，客车左前角和左侧与道路右侧桥梁护栏发生碰撞后，坠入了桥下冰冷的水库，车上连同驾驶员共 19 人死亡，7 人受伤，车辆及路产受损严重。

事后调查得出，此次事故是客车行车制动系统技术状况不良造成的。客车左后轮制动严重磨损并完全裂开，车轮制动失效，其他各车轮制动鼓也都严重磨损，两后轮制动摩擦片不均匀磨损严重，局部已磨损至铆钉处，致使制动失效造成事故。

案例评析 ◁◁

各位驾驶员一定要认真学习，积极掌握制动失效的应急处理办法，以便遇到紧急情况时能够及时处理。

3. 爆胎

行驶中车轮漏气后采取紧急制动，轻者可能导致漏气轮胎的严重损坏甚至报废，重者可能导致车辆以漏气轮胎为支点而发生滚翻。所以发现轮胎漏气时，驾驶员应紧握转向盘慢慢制动减速，极力控制行驶方向，尽快驶离行车道。

高速行驶时若出现前轮爆胎，车辆会倾向爆胎那一边，如果是后轮爆胎，则车辆将可能会旋转。此时如采取紧急制动，车辆可能向爆胎一侧滚翻。所以发现爆胎时，驾驶员应紧握转向盘，松抬加速踏板或制动踏板，千万不要紧急制动，极力控制行驶方向，必要时抢挂低速挡，平稳驶离行车道。

轮胎气压过低时，高速行驶轮胎会出现反复波浪变形，使橡胶分子内摩擦温度升高而导致爆胎。预防爆胎的正确方法主要有定期检查轮胎、保持标准气压、及时清理轮胎沟槽里的异物，更换有裂纹或有很深损伤的轮胎。

▶▶案例情景

司机小罗驾驶一辆客车从江苏镇江开往安徽蚌埠。在行驶过程中，位于后方的两个轮胎突然爆胎脱落，一个滚到旁边的隔离带上，一个直接飞过隔离带，险些砸到旁边行驶的车辆，随后车辆开始打滑，具有翻车迹象，而驾驶员小罗立刻作出反应，冷静控制住了车辆，他先稳住方向盘，然后挂低速挡，利用发动机的阻力将车速降了下来，一分钟后，客车稳稳停在了慢车道上，18 名乘客毫发无伤。

案例评析 ◁◁

爆胎是轮胎故障的常见现象，但在生活中也会出现其他的各种轮胎故障事故，驾驶员要注意这些方面的内容，在危机时刻采取正确的应急措施。

4. 车辆侧滑失控

车辆转弯时速度越快，离心力越大，车辆越容易冲出弯道或侧滑。车辆速度超过 60 km/h 时，紧急制动易导致侧滑或甩尾等危险情况。

车辆发生侧滑时，应立即松抬制动踏板，同时向侧滑的一方转动转向盘，并及时回转进行调整，在修正方向后继续行驶。若侧滑是因转向或擦撞引起的，则不可使用行车制动。

下雨开始时路面的尘土易与雨水形成泥浆，最容易使车辆发生侧滑。车辆在泥泞，溜滑路面上紧急制动或猛转方向时，易导致行驶方向失控，产生侧滑，甚至造成翻车、坠车或与其他车辆行人相撞。所以车辆在泥泞路上发生侧滑时,应向侧滑的一侧转动转向盘适量修正。

▶▶案例情景

2014年8月27日上午10点左右,成渝高速资中球溪至鱼溪路段,两辆客车发生追尾事故,而由于天下大雨,路面湿滑,17辆来车因刹车不及时,接连相撞。最后发生19车连撞事故,造成4人受伤,1人经抢救无效死亡。

据一名伤者回忆,当时刚过了资阳不久,他的车就被后面的车给撞上了。由于雨天路面打滑,他根本控制不好方向盘,几下就挨到前面的车。下车后,他才发现前面大概有两辆车已经撞在一起,他的车处在第三位的位置,后面还有多辆车歪斜的停着。

案例评析 ◁◁

据常年进行高速路事故处理的交警介绍,在高速公路上发生事故后,车上乘客首先要做的就是转移。到底转移到哪里才算是安全,交警建议,应该转移至事故地点前方200 m以外的护栏外面。

对于事故车辆驾驶员来说,如果车辆能够移动的,应该尽量将事故车移动至硬路肩停放。碰到不能移动的情况,应该迅速开启危险报警闪光灯,在后方150 m外放置好三角牌,报警,然后快速转移。

温馨提示:雨天行车最容易引起车辆侧翻或坠车等事故,当天气不好,路面湿滑时,驾驶员应注意安全,以防事故发生,其具体内容是:

(1)保持良好的视野:雨天开车上路除了谨慎驾驶以外,要及时打开雨刷器,天气昏暗时还应开启近光灯和防雾灯。

(2)低速挡缓慢行驶:有经验的司机都知道,无论道路宽窄、路面状况好坏,雨中开车尽量使用二挡或三挡、时速不超过30千米或40千米,随时注意观察前后车辆与自己车的距离,提前做好采取各种应急措施的心理准备。如需停车时,尽量提前100米左右减速、轻踩刹车,使后面来车有足够的应急准备时间。

(3)注意跟车:尤其是大车不要跟得太近,一是会阻挡视线;二是大车能过去的积水小车未必能过去,况且大车容易溅起水浪,使小车受害。

(4)注意观察行人:由于雨中的行人撑伞,骑车人穿雨披,他们的视线、听觉、反应等受到限制,有时还为了赶路横穿猛拐,往往在车辆临近时惊慌失措而滑倒,使司机措手不及。遇到这种情况时,司机应减速慢行,耐心避让,必要时可选择安全地点停车,切不可急躁地与行人和自行车抢行。

(5)及时开启车灯:遇有暴雨视线极低时,应当开启前照灯、示廓灯和后位灯,并把车辆驶离路面或停在安全的地方。

5. 发动机熄火

发动机熄火是驾驶员驾驶车辆行驶过程中经常会发生的事情,接下来我们通过三个案例来了解一下三起由于发动机熄火而酿成的事故:

▶**案例情景1**

一辆红色大货车顺着乡村公路下行,经过铁路弯道的时候,由于避让另一辆汽车而突然熄火,在熄火的过程中,铁轨上运输煤炭的火车疾驰而来,发生碰撞,所幸货车司机和火车司机都跳下车,没有造成人员伤亡。

▶▶案例情景2

一群小学校友相约去新竹游玩,他们乘坐的中巴车在山路弯道与一辆修理车会车,在会车的过程中,中巴车突然引擎熄火,头上尾下的翻落山谷,最后造成了13人死亡,多人受伤。

▶▶▶案例情景3

一辆载有37人的旅游大巴在行驶至云南省楚雄彝族自治州南华县境内时发生侧翻事故,造成9人遇难,24人受伤。经过伤者的描述得知,这起事故的主要原因是旅游大巴在行驶的过程中多次熄火,而驾驶员并没有引起注意,只是简单进行维修,最后酿成大祸。

案例评析◁◁

发动机熄火在生活中属于常见的车辆故障,车辆在行驶过程中经常会遇到这样的事情,各位驾驶员要学习掌握发动机熄火的应急措施,以免在遇到此类事故时不知所措,造成损失。

〖问题〗当发动机熄火时,我们可以采取怎样的应急处理措施,怎么避免较大事故的发生呢?

当发动机熄火时,我们可以采取以下的相应措施来避免危险:

怠速时发生熄火:车辆在怠速状态下车速不会很快,熄火后只需要再次点火即可。在这个过程中要注意,自动挡车型需要先挂入停车挡,(P)或空挡(N)再启动发动机。

滑动时熄火:首先不要慌张,稳住方向的同时略带一些制动,此时,手动挡车型可以踩下离合,挂入相应档位,然后松离合靠车速带起发动机。自动挡车型需要挂入空挡(N),然后再重新启动发动机。视道路情况,也可以打开双闪后将车辆在路边停稳,再重新点火启动,这个过程中要注意不要因为紧张而挂错挡位。

制动过程中熄火,首先还是不要惊慌,稳住方向增加制动力度,视道路情况尽量避开前方障碍,在安全地带停稳后再启动发动机。

6. 车辆起火

▶▶案例情景

一辆满载服装的中巴车在行驶路上起火,一车服装被烧了2/3,30把躺椅被烧完,货物损失达10多万元。据当事人介绍,事发时,车上仅他和驾驶员,车辆开始冒烟时两人都没有在意,短短几分钟之后,大火便从车头烧到了车厢,两人跳下车找人帮忙灭火,最后还是造成了重大损失。

案例评析◁◁

车辆起火初期,是最佳灭火时机。驾驶员应冷静果断地判明失火部位及起火大小,并采取相应的灭火措施。

〖问题〗引起车辆起火的原因都有哪些?作为一名驾驶员,又该如何预防?

引起车辆起火的常见原因有油路有滴漏,电线短路,电器系统漏电,停车后不关点火开关,蓄电池通风孔不畅通,气体打火机爆裂。

(1)油路有滴漏。

汽油蒸气的燃点是 28℃,当外部温度在一定程度上超过这个数字,且超过部分较高时,车辆排气管冒出的火花就容易将漏出的汽油点燃而发生火灾。所以在平时的检查中,要特别注意车辆的油路不要有滴漏,即使有微小的滴漏也要及时处理。

(2)电线短路。

对于新车来说,按照原厂的正规设计和组装,是不会发生电线短路而引起火灾的,但某些驾驶员喜欢将车辆进行进一步加装或改装，比如，加装防盗器、大功率车灯、冷气系统、音响设备等，这些改装如果进行的合理是无可厚非的，但如果操作不合理，就会让电线由于超负荷而短路。所以各位驾驶员应该少对车辆进行改装，就算要改装也需要寻求专业人士的帮助。

（3）电器系统漏电。

与电线短路不同，电器系统漏电主要是由于电路上各电器元件老化，比如点火线圈、分电器、高压线和火花塞等，这些元件的老化、破裂，很容易造成漏电，产生火花。而火花碰到汽油以及车上其他可燃物后，就可能发生火灾。因此各位驾驶员要经常检查各通电导线接头是否松动、脱落，如果有，还应及时紧固松动的接头，更换漏电的点火线圈、分电器高压线和火花塞等。

（4）停车后不关点火开关。

点火开关长时间开启，不仅会造成蓄电池长时间放电，还有引起火灾的危险。因此，车辆停驶后不准长时间使点火开关处于开启状态。

（5）蓄电池通风孔不畅通。

车辆行驶时，蓄电池处于不断充电、放电状态，蓄电池内部会发生一系列的化学反应。比如充电时会分解电解液而产生氢气，如果蓄电池壳内聚积过多的氢气就会引起爆炸。所以，平时检查车辆时，一定要保证蓄电池盖上的小孔畅通。

（6）气体打火机爆裂。

▶▶案例情景

一辆新买的大货车帮人运送纸箱，在行驶的过程中，坐在副驾驶室上的副驾驶员开始吸烟，吸完烟后又把未熄灭的烟头丢到驾驶窗外，却不料烟头被风刮入后面的纸箱内，引起纸箱燃烧，造成了火灾事故。

案例评析◁◁

这起事故虽然没有人员伤亡，但还是造成了货物的损失，可见，烟头也是造成车辆起火的重要原因，特别是点燃烟头的气体打火机，也是其重要因素。

很多驾驶员都爱吸烟，爱把打火机留在车内仪表板上，如果遇到高温，打火机内的液体就会蒸发、膨胀，最后引发火灾。而不仅是驾驶员朋友的打火机会造成这样的问题，乘客的随身易燃物也是造成车辆起火的常见情况之一，所以各位驾驶员朋友不仅要注意自己的携带物品摆放习惯和位置，也应该提醒其他乘客不要携带易燃物。

7. 行人、牲畜突然横穿道路

在平时的行车过程中，难免会遇到行人、牲畜、车辆等因素横穿道路的情况，我们通过一个案例来了解一下：

▶▶案例情景

一辆红色大货车在交通拥挤的道路上候车，一辆载人电动自行车开始在大货车的右侧行驶，但发现道路比较拥堵，突然转向在大货车前面横穿马路，准备去大货车左侧行驶。就在这个过程中，大货车驾驶员没有观察避让横穿的电动自行车，开始起步，结果在盲区内撞到电动自行车后座的人，酿成事故。

案例评析◁◁

电动自行车在交通拥挤的情况下横穿道路，货车驾驶员没有注意观察避让横穿的电动自行车，使得事故发生。虽然电动自行车驾驶员要负主要责任，但是也告诉我们：行人、牲畜突然横穿道路，会对行车安全造成极大的威胁。

当发现有行人、牲畜横穿道路时，驾驶员应在确保车上人员和物资安全的前提下进行避让，可以选择立时踩下制动踏板，减速或制动停车。

【小结】通过前面的学习，相信驾驶员朋友已经掌握了常见紧急情况的处置原则，即沉着冷静，迅速传递危险信号；先避人后避物；先制动减速，后转向避让；尽量将事故损害降到最低等几个方面。也懂得了常见紧急情况的处置方法，在遇到紧急情况时，能够临危不惧，从容面对。那么当事故发生时，我们又该如何处置呢？请继续学习事故报告的程序和内容。

二、事故报告的程序和内容

▶▶案例情景

清黄高速公路夏云服务区，一辆客车在乘客下车瞬间撞倒乘客，并从乘客身上碾压过去，司机见情况不妙，立即将乘客扶上车。在简单告诉公司负责人后，又将乘客丢弃在一背街上，自己驾车逃逸。公司负责人以为伤员伤势不严重，就一直没有进行处理，被碾压伤员在街道上留了两个多小时的血，终于被送往医院，幸得保住了性命，后来伤者家属将事件报告给交通民警，交警用了6天的时间终于抓获了肇事司机，并对其作出了一定的处罚。

案例评析◁◁

案例主要讲了客车驾驶员撞伤乘客后，直接把乘客丢弃在街道上，对乘客的安危置之不理。并且驾驶员向单位负责人反应事故情况时，不详尽、不周全，致使被撞伤员没有得到及时抢救，流血过多，伤势严重。经过交通民警的全力侦查，肇事驾驶员最终还是落入法网，得到了应有的惩罚。

所以，在道路运输过程中遇到紧急情况酿成事故时，驾驶员一定不要肇事逃逸，要及时向有关部门报告事故情况，且在报告事故情况时，一定要详尽周全，以免被报告者把握不好事故的严重程度，影响救助进度。

接下来，我们就一起学习事故报告的程序和内容，希望各位驾驶员在遇到事故时，能够理性的处理现场，报告情况。

在交通事故发生时，能够根据其原则与方法对现场进行适当的处理是极其重要的，但是掌握事故的报告程序和内容对驾驶员来说也是必不可少的。只有对整个事故有所了解并能够及时的汇报情况，才能更好处置各种交通事故。

（一）事故报告的程序

驾驶员在运输过程中发生事故，应立即如实向有关单位和部门报告，不得隐瞒交通事故的真实情况，更不得肇事后逃逸。根据事故造成的不同后果，事故的报告程序也不同。

1. 未造成人员伤亡，造成较小财产损失的事故

驾驶员应立即报告本单位安全生产管理部门或安全生产负责人，请求派人赶赴现场处理。安全生产管理人员无法立即赶往现场时，驾驶员可与对方协商解决。若协商不成功，应拨打122，由公安机关交通管理部门处理，并立即将处理结果报告给单位安全生产管理部门或安全生产负责人。

2. 未造成人员伤亡，造成较大财产损失的事故

驾驶员应立即报告本单位负责人，请求负责人赶赴现场协商处理。若协商不成功，应拨打122，由公安机关交通管理部门处理。

3. 造成人员死亡的事故

一方面，驾驶员应立即拨打122，报告给公安机关交通管理部门，等候公安机关交通管理部门处理。

另一方面要拨打120，通知医疗救护单位进行人员急救。

同时，还要立即报告单位负责人，请求单位负责人立即赶往现场协助处理。

情况紧急或事故造成了大量人员伤亡时，驾驶员可直接向事故发生地县级以上人民政府安全生产监督管理部门及负有安全生产监督管理职责的有关部门报告。

另外，如果事故现场出现火灾、爆炸事故，在自行扑救的同时，还应立即向消防部门报案，请求援助。

（二）事故报告的内容

驾驶员应该根据事故的类型、程度，可向以下四个部门报告：

1. 向公安交通主管部门

应报告的内容：

（1）事故发生的时间、地点。

（2）人员伤亡情况。

（3）事故车辆相关类型、车辆牌号，是否载有危险物品、危险物品种类。

（4）肇事者为其他交通参与者，其肇事后逃逸的，还应当报告肇事车辆车型、颜色、特征及其逃逸方向、逃逸驾驶员的体毛特征等有关情况。

（5）自己的姓名，联系方式，其他被询问的情况。

2. 向车主所属单位

应报告的内容：

（1）事故发生的时间、地点及事故现场情况。

（2）事故的简要经过。

（3）事故已经造成或可能造成的伤亡人数和初步估计的直接经济损失。

（4）事故发生后采取的措施及事故控制情况。

（5）其他应当报告的情况。

3. 向消防部门

应报告的内容：

（1）火灾发生的详细地址、时间。

（2）火势情况已经采取的灭火措施。

（3）发生火灾的周围环境情况，如交通情况、建筑物状况、现场宽敞程度是否足够消防车进

入等。

（4）火灾类型、主要燃烧物及火灾现场周围有无易燃、易爆、有毒等危险品。

（5）自己的姓名及联系方式。

（6）其他被问询的情况。

4. 向安全生产监督管理部门

应报告的内容：

（1）事故发生的单位概况。

（2）事故发生的时间、地点及事故现场情况。

（3）事故的简要经过。

（4）事故已经造成或可能造成的伤亡人数和初步估计的直接经济损失。

（5）已经采取的救援措施。

（6）其他被问询的情况。

【小结】通过本知识点的学习，驾驶员朋友应该掌握了事故报告的程序和内容，知道了三类事故的报告程序，也了解了向公安交通主管部门、车主所属单位、消防部门、安全生产监督管理部门报告的内容。那么遇到事故时，在现场能做些什么呢？请继续学习事故现场的处理步骤和方法。

三、事故现场的处理步骤和方法

▶▶**案例情景**

2014年4月10日上午10点半左右，一辆载有海南澄迈县一所小学学生前往文昌旅游的客车发生交通事故，事故造成8名小学生死亡，32人受伤，其中30名学生，2名老师和工作人员。根据后续调查得出：事故是由于驾驶员在驾驶车辆行驶的过程中，过弯速度过快，致使客车发生侧翻所致。

案例评析 ◁◁

道路运输过程中，各种各样的事故会经常发生。但很多驾驶员朋友在遇到这样的事情时，都会感到迷茫，不知所措，也不知具体的处理步骤和方法是怎么样的。

生活中，各种各样的事故时有发生，交通事故更是占了重大比例，所谓"车祸猛如虎"。以2010年来举例，全国涉及人员伤亡的道路交通事故219 521起，造成65 225人死亡、254 075人受伤，直接财产损失9.3亿。而2011年，全国涉及人员伤亡的道路交通事故210 812起，共造成62 387人死亡，受伤人数237 421人，事故起数、死亡人数同比分别下降4%和4.4%，共造成的直接经济损失达107 873万元。2012年，全国涉及人员伤亡的道路交通事故4.6万起，造成1.1万人死亡，5万人受伤，分别上升17.7%、16.5%和12.3%。比去年上升6.4和6.2个百分点。而2013年，全国道路交通事故死亡人数与去年同比下降13.3%。通过这些数据我们可以知道，交通事故需要大家共同关注，驾驶员朋友更应该引起重视。学会对事故现场进行有效处理与控制更是迫在眉睫。

【问题】怎么样才能对事故现场进行有效处理与控制呢？

发生车辆交通事故后，在进行事故现场处理时，驾驶员应该按照以下的步骤与方法进行处理：

1. 立即停车

发生交通事故的车辆不要随意将车辆驶离事故现场；应该关闭发动机，切断电源，拉紧驻车制动器；停车后立即打开双闪，并在事故占用车道设置警示标志，避免发生二次交通事故；随身携带摄录器材的，应对现场情况进行拍照、摄录，进行取证。

2. 发现有人员受伤，应立即进行抢救

受伤者伤势较轻，可暂留现场等待交警处理，受伤者伤势较重，应拨打"120"急救电话或者拦截过往车辆加以救助，发现无过往车辆并且伤员伤势过重，确需动用肇事车辆的，在做好标记后，可以用肇事车将伤员送医院抢救，发现有人员死亡，应原地不动，用草席、篷布、塑料布等进行覆盖。

3. 保护现场

主要包括肇事车停位，伤亡人员倒位，各种碰撞碾压的痕迹，刹车拖痕，血迹以及其他散落物品等。可利用现场周围的石灰、砖石、树枝、木杆、绳索等器材将刹车拖痕、血迹、伤亡人员倒位、其他散落物品等描出，并设置保护警戒线，禁止无关人员和车辆进入，防止现场被破坏。

装载有贵重物资或者危险物品时，应及时组织抢救转移，同时标出物品的准确位置；装载有军用物资时，应协商公安交通管理部门给予援助，并及时向本单位上级领导汇报，以避免军用物资受损。

在抢救伤员、保护现场的同时，应立即设法向当地公安交通管理部门报案；交通警察到达现场后，应积极配合交通警察进行现场勘察；在条件允许的情况下，驾驶员应积极寻找目击证人；属单位车辆的还应及时向本单位上级领导汇报事故情况。

已上车辆保险的，须在48小时内通报保险公司，进行事故损害勘验。处理保险赔付事宜须携带保险单正本、交通事故处理通知书，以及驾驶证与行车证原件等。

【小结】 通过前面的学习，相信驾驶员朋友已经知道，当事故发生时，我们应该运用正确的处理步骤和方法，包括立即停车，及时抢救伤员，保护现场、及时向有关部门报告等。只有我们的处理步骤与方法得当，才能够保证事故处理过程快速、有效、顺利进行，也才能够使交通事故造成最小的损失。那么当事故发生后，我们又该遵从什么样的原则呢？请继续学习处置事故现场的基本原则。

四、事故现场保护人员和货物安全的原则

发生交通事故后，最重要的是保护人员和货物的安全，正确处置现场对于减少人员伤亡和财产损失至关重要。本知识点主要从三个方面进行讲解，一是保护人员安全的原则，二是保护货物安全的原则，三是对现场急救的基本知识进行讲解。

（一）保护人员安全的原则

交通事故发生后，驾驶员不仅要注意保护其车上的乘务人员，更要注意保护车辆周围的行人，

在进行人员安全保护时,要遵从以下六个原则:

(1)迅速传递危险信息。
(2)快速判断事故现场情况。
(3)及时报警和请求支援。
(4)尽量保持事故现场的原始状态。
(5)尽量转移旅客至安全地带。
(6)及时抢救伤员。在抢救的过程中,要考虑四个部分的内容,即有序组织抢救;根据伤情采取正确的救护措施;选择安全的救护场所;保留伤员完整信息。

(二)保护货物安全的原则

确定无人员伤亡时,应迅速抢救物资和车辆。在抢救的过程中,必须遵从以下几个原则:
(1)及时传递危险信息。
(2)保留事故现场证据。
(3)迅速采取各种减灾措施。
(4)及时报警请求支援。
(5)及时将货物转移到安全地带。

(三)现场急救的基本知识

正确判断伤者伤情。观察伤者呼吸是否正常,采取措施使伤者开放性创面免受再污染,防止损伤进一步加重。

对没有呼吸、心脏停止跳动的,采取"心肺复苏"救护手段。首先要保持呼吸道畅通,打开伤员的嘴巴,清理口腔内的异物,使口腔气道通畅;其次是维持呼吸,可立即采取口对口的呼吸方法,每 3~4 s 吹气一次;最后是恢复血液循环,对心跳骤停的伤员,要立即采取心脏复苏术,以胸外心脏按压双手配合的正确姿势及按压动作,有节奏地按压心脏。

检查是否有外伤性出血,采取止血措施。外出血的止血方法有:一是直拉加压法。用手掌和手指直接按在伤口上,并保持压力 15 min 以上。二是高举法。举起伤员出血的肢体,高于心脏部位,以减缓出血部的血液流动。三是压迫止血法。当四肢有严重出血时,可压迫肢体的重要动脉,如上肢的肱脉和下肢的股动脉止血。

骨折伤员根据情况而定。对骨折伤员给予肢体固定,以减少骨折端的活动,以免加重血管、神经组织的损坏。肢体固定用夹板,可就地取材,树枝、木条、硬纸板都可以用来作夹板的代用品。对脊柱骨折伤员,护送时要保持脊柱平直,以免加重脊髓损伤。

【小结】通过知识点四的学习,相信大家对事故现场保护人员和货物安全的原则已经有一些了解,知道了保护人员安全的原则和保护货物安全的原则,也学到了现场急救的基本知识。那么在事故发生后,我们能够用什么方法进行脱困呢?请继续学习车辆发生碰撞、侧翻、坠车、落水、起火等事故后的脱困方法。

五、车辆发生碰撞、侧翻、坠车、落水、起火等事故后的脱困方法

▶▶**案例情景**

2008年7月17日,某驾驶员驾驶一辆大客车,由太原市驶往吕梁市柳林县。行驶至青银高速公路684千米加400 m处时,正遇降雨天气,路面湿滑,但该车仍以每小时95千米的速度行驶在转弯下坡路段,结果发生侧滑,车辆先后与道路右侧护栏、路边水沟护墙发生碰撞,之后轮胎爆裂导致翻车。造成了14人死亡,40人受伤。

案例评析 ◁◁

除了客观因素外,这起事故主要是驾驶员不懂得基本的脱困方法而导致的。所以驾驶员应该要学会一定的脱困方法,在遇见车辆碰撞、车辆侧翻和坠车、车辆落水以及车辆起火等事故时,有助于使自己和车内其他人员尽早脱离危险环境,转危为安。

〖问题〗常见事故的脱困方法是怎样的呢?

（一）车辆碰撞情形

▶▶**案例情景**

四平商贸有限公司一辆车牌号为新A·99290的大型客车核载55人,实载61人、由米泉驶往固原途中,行驶至酒泉市瓜州县境内连霍高速2 616 km+300 m处时,冲破中央隔离护栏,驶向北半幅道路,与对向行驶的陈某某驾驶的一辆冀A·KH87X号的重型半挂车正面相撞,造成15人死亡（其中,大客车现场死亡10人、挂车现场死亡2人;2人在送往瓜州县人民医院抢救途中死亡,1人在医院抢救无效死亡）,接受医疗救治48人,其中危重1人、重伤5人、轻伤29人、留院观察13人。

〖问题〗车辆碰撞分为哪几个方面,其应急处置措施又是怎样的呢?

车辆典型的碰撞形式主要有刮擦碰撞、侧面碰撞及正面碰撞,其多发生在前车突然制动减速、穿行路口和逆向抢道行驶等情况下。由于碰撞前车辆行驶速度不同,损失程度也将各异,行驶速度越高,碰撞的损失越惨重,对人员的伤害也越大。

车辆在会车、超车或避让障碍物时,车辆之间或与其他物体容易发生刮碰现象,所以应加大车辆间的横向间距。

行车中与其他车辆有迎面碰撞可能时,应先向右侧稍转方向,随即适量回转,并迅速踩踏制动踏板,若与其他车辆要不可避免地发生正面碰撞时,应紧急制动,以减少正面碰撞。在迎面相撞发生的瞬间,迅速放开转向盘,并抬起双腿,身体侧卧于右侧座上,避免身体被转向盘抵住。

发生被后车追尾碰撞时,驾驶人应紧靠椅背,双手迅速置于脑后合并护住头后部。

通常车辆的侧面碰撞安全防护性能明显弱于正面碰撞安全防护性能,所以车辆撞击无法避免时,驾驶员应当尽力避免侧面相撞。车辆发生撞击的位置不在驾驶人一侧或撞击力量较小时,驾驶员应紧握转向盘,两腿向前蹬,身体向后紧靠座椅。发生侧面碰撞的部位无论在哪一侧,都不可采取跳车的方法。

（二）车辆侧翻和坠车情形

生活中车辆侧翻和坠车的事例有很多，下面我们通过一个案例来了解一下扬州货车侧翻 4 人被困及紧急营救的事件。

▶▶案例情景

京沪高速公路扬州市江都段，往泰州方向，一辆装载挖掘机的半挂货车侧翻，油箱漏油，4人被困。危急时刻，附近养鱼户救出两人，高速交巡警、消防、路政、120 急救等部门赶赴现场救援，将被困人员全部救出。

〖问题〗当遇到车辆侧翻或坠车时，应该怎么脱困，怎么解决呢？

车辆发生侧翻和坠车事故后，经常呈现 90°侧立或 180°倒立的状态。车辆的状态不同，脱困的方法也有所不同。下面我们分别学习车身翻转呈 90°侧立和车身呈 180°倒立的脱困方法。

1. 车身呈 90°侧立

发生类似状况后切勿惊慌，不要急于解开安全带，应从最上方的人员开始，按照以下步骤脱困。
（1）将被压在下方的腿抽出，支撑在底下的车门或仪表板上，应避免伤及其他乘员。
（2）将被压在下方的手支撑在另一个座椅的靠背上（不要支撑在头枕上），减轻安全带的负荷。
（3）用另一只手松开安全带扣，循着安全带顺势向下方寻找安全带开关。
（4）将另一只腿拖出，以便从打开的窗户或车门离开出事车辆。
（5）头伸出车外，并爬上车窗框。上身脱出后，臀部要轻轻坐在车顶部分，此时不可轻举妄动，一点点的摇晃都可能让车子由 90°变成 180°。
（6）最后再抽出双腿。但此时千万不可冲动，如果用此姿势跳下去，肯定会陪车子再翻一次。必须将身体反转过来，以面对车子的姿势轻轻落地。

2. 车身呈 180°倒立

此时乘客被安全带绑住，呈头下脚上姿势。因此松开安全带之前一定要先找到支撑点。车内相邻而坐的乘客，由于空间有限，必须逐一脱困，不要同时进行。其脱困的具体步骤如下：
（1）将置于外侧的手放在头底下，为了保护颈椎，应将下巴往胸骨上压。
（2）一双脚撑住仪表盘，使背部紧贴住椅背，撑起身体。
（3）内侧的另一只手滑至安全带扣处，将带扣松开。
（4）双手及膝盖撑在车顶上，向内滚动离开。

特别注意，在遇到车辆侧翻或坠车的紧急情况时，驾驶员朋友要保持冷静，尽最大的可能逃生才是常理。

（三）车辆落水

车辆落水是最近几年出现较高的一种事故类型，前段时间，武汉的一辆客车在行驶过程中就出现了这样的事故，现在通过案例情景来了解一下具体的情况。

▶▶案例情景

一辆车牌号为鄂 D14566 的荆州籍客车准载 35 人，实载 34 人，由荆州开往神农架途经兴山县峡口镇泗湘溪村（312省道129 km+300 m左右）时冲出道路，坠入香溪河，造成16人死亡，19人受伤。

案例评析 ◁◁

这起事故是车辆在行驶的过程中突然坠车至落水，酿成事故。所以各位驾驶员开车行驶在水边或者悬崖边时，一定要注意把控车辆，保障车上乘客或货物的安全。如果遇到车辆已经落水时，要及时采取措施，紧急营救，减少事故的损失。

近年来，由于山路湿滑或驾驶员操作不当，车辆冲进湖中或河中导致人员遇难的事件在持续增加。驾驶员如果掌握了正确的脱困方法，可以大大提高生还的概率。其具体内容有如下几个：

首先要保持冷静，不要惊慌，迅速辨明自己所处位置，并制定逃生方案，同时要保持面部尽量靠近车顶以获得更多空气。

其次要在第一时间打开电子中控锁，并尝试打开车灯作为求救信号。因为车辆落水后车身不会马上下沉，车辆也不会马上断电。

接着要赶在车辆断电前，迅速打开车门进行逃生。因为车辆落水断电后，车内外压差很大，车门很难打开。

如果车辆已经断电，无法打开车门或车窗时，则要选择砸车窗方法逃生。注意砸窗前不要解开安全带，以防止涌入车厢内的水流将自己冲倒。

在逃出车外后，要保持面部朝上，尽量找一些漂浮物抱住，同时要尽力呼救，寻求帮助。

（四）车辆起火

车辆起火在人们的生活中并不少见，最近，四川成渝高速路段就发生了一起客车因为发动机故障而起火的事故，我们来看案例情景了解一下情况：

▶▶**案例情景**

成渝高速资阳往成都方向大约刚过简阳两千米处，一辆从资阳安岳出发的客车突然发生燃烧。事故发生后，客车司机将车停到了应急车道，乘客悉数撤往了高速公路护栏外，并未造成人员伤亡。

据驾驶员透露，该车是从安岳到成都的客车，客车上包括驾驶员在内共39人。事发时，坐在后排的乘客发现车内烟味比较大，最开始以为有人抽烟，后来发现浓烟越来越大，感觉情况不对，便喊了驾驶员。驾驶员检查后发现是发动机起火，立刻将车子停在应急车道上，并组织乘客疏散，马上用灭火器对发动机进行扑灭，但无奈火势越来越大，只能报警等待救援。

接警后，简阳消防中队立即派遣官兵和两辆水罐消防车赶往现场，在消防官兵的努力下，大火很快被扑灭。

案例评析 ◁◁

这起事故中，驾驶员和乘客发现车辆起火后，都积极采取救火措施，虽然一时没有扑灭大火，但也报警请求了支援，最后将火势扑灭。所以在道路运输过程中，驾驶员要积极组织乘客一起采取紧急应对措施，利用集体力量减少事故损失。

道路旅客运输车辆起火后，驾驶员如果不能迅速组织乘客逃生，往往会造成群死群伤的严重后果；运载易燃物品的道路货物运输车辆一旦起火，火势蔓延迅猛，很难在短时间内控制火势，如果驾驶员不能及时脱困，也极有可能造成严重伤害。因此，车辆起火后，快速、有效、正确的逃生及脱困方法至关重要。

下面我们分别介绍货车起火后脱困和客车起火后脱困的方法。

1. 货车起火后脱困

道路货物运输车辆起火后，如果驾驶室车门能够正常开启，驾驶员应尽快逃离车辆，并采取紧急救火措施。措施无效时，驾驶员应迅速逃离火灾现场并拨打110报警。

如果车门不能正常开启，驾驶员应使用安全锤等尖锐物敲碎车窗玻璃，迅速逃生并报警。

2. 客车起火后脱困

客车起火后逃生、脱困方法如下：

（1）打开车门应急开关，从车门逃生。

有些应急开关位于驾驶员座位旁边，有些在车门顶部，形状大多数为扳手状，类似于电扇的挡位开关，旁边一般都有操作说明。驾驶员应迅速开启应急开关或指导乘客打开车门逃出。

（2）使用安全锤等尖锐物击碎玻璃，从车窗逃生。

安全锤一般悬挂于乘客座位旁边的车筐处，被困人员应迅速取下安全锤，敲击车窗玻璃从车窗逃脱。

（3）从车顶"通风口"逃生。

长度大于7 m的客车车顶都有安全顶窗，即平常所说的通风口。紧急时刻，可按照安全出口扳手处粘贴的推拉方向标志和开启方法标牌的操作方法打开安全顶窗逃生。如果无法够着逃生窗，车内人员应给予帮助，先将一人托举出去，再通过上下接力，将被困人员救出车厢。

（4）利用车厢后部安全门逃生。

大部分空调客车都设置有安全门，驾驶员可引导坐在车厢后部的乘客迅速从安全门逃生。

车辆起火后有序逃离至关重要，切勿拥挤在门口，也不要盲目冲出车外。因为万一车外有其他车辆经过，容易造成二次伤害。驾驶员应号召先逃离的乘客协助其他乘客逃生，组织逃生时注意让老人、小孩及妇女先行。

温馨提示：

由于隧道的光照和通风条件较差，车辆在隧道内发生火灾会非常危险。一旦发生火灾，大火会使隧道在短时间内充满烟雾，浓烟会严重阻碍其他车辆对事故的观察，很容易引发二次交通事故。同时大火释放的烟雾和毒气会在隧道内聚集，受困人员如不能尽快逃离会有窒息的危险。所以，如果隧道内发生火灾，一定要在第一时间转移受困人员至安全地带。

【小结】 通过前面的学习，相信各位驾驶员朋友已经掌握了车辆碰撞、车辆侧翻和坠车、车辆落水以及车辆起火等四种常见事故的脱困方法。然而在道路运输过程中，驾驶员或乘客难免会发生一些突发事件，我们又该如何妥善处理呢？请继续学习驾驶员及乘客突发疾病的应急处置。

▶▶**案例情景**

一辆由二连浩特市发往呼和浩特市的客运汽车上，一名男乘客突发急性阑尾炎，事发地点离市区较远且高速路上交通复杂，急救车辆很难快速到达，于是司机向二连浩特市交通巡警发出求助信号，请求快速出警，巡逻中队交警接到报警后迅速赶到现场，为了赢得时间，交警立即用警车将病人送往市医院。交警同时与二连市医院120急救中心取得联系，做好接应急救的准备。最终以最快的时间将病人送到了市医院。

案例评析 ◁◁

在道路运输过程中，驾驶员或乘客会有身体突然不适的情况发生，此案例中，在高速公路上乘客突发疾病时，驾驶员及时与公安交警联系，在驾驶员和公路巡逻交警的努力下，为抢救乘客开辟了特殊通道，使患病乘客在最短的时间内得到了救助，转危为安。

〖问题〗作为一名驾驶员，该如何处置突发疾病的问题，才能保证乘客和自己的生命安全呢？

六、驾驶员及乘客突发疾病的应急处置

▶▶**案例情景**

高洪明，都江堰13路公交车司机，2012年11月21日，驾驶公交车在IT大道时突发脑溢血，为保障车上20多名乘客安全，继续驾驶了3分多钟，完成了刹车、拉手刹、挂空挡和拔钥匙一系列动作，直到把公交车停在路边，他倒在了方向盘上。车上乘客也当即拨打120电话，并为他喂水喝、推背揉手指，几分钟后医护人员将他及时送往医院抢救。22日下午4点40分，52岁的高洪明因抢救无效永远闭上了眼睛。

案例评析 ◁◁

脑溢血，医学常规治疗的一般处理：保持安静、绝对卧床，应在当地进行抢救，不宜长途运送及过多搬动，以免加重出血。而我们的最美公交司机高洪明却在突发脑溢血后，继续驾驶3分多钟，高强度完成了刹车、拉手刹、挂空挡和拔钥匙一系列停靠动作，这更加加重了突发症状，但为了乘客的安全，他义无反顾的这样做了。停靠完成后，他重重的呼出了一口气，终于保障了乘客的安全。这份毅力，值得尊重，值得敬仰，不愧为最美公交司机。

（一）驾驶员突发疾病

主要讲解三个方面的知识：驾驶员突发疾病的危险，应急措施以及预防驾驶员突发疾病的措施。

1. 驾驶员突发疾病的危险

驾驶员常见的突发疾病类型和症状包括心肌梗死、心绞痛、冠心病、房颤（心力衰竭）或中暑等。

驾驶员突发疾病时，如果出现剧烈的疼痛或晕厥，可能会无法正常驾驶车辆，导致与其他车辆或固定物发生相撞事故，也有可能偏离正常的行驶路线而与路边的行人、非机动车发生碰撞。若此时车辆正行驶在危险路段，如盘山公路、高架桥等，易使车辆直接翻入沟中或坠到崖下，发生极其严重的交通事故。

2. 驾驶员突发疾病的应急措施

驾驶员感到身体不适时，应立即开启危险报警闪光灯警示其他车辆，选择安全地带停车，打开车门告知乘客原因。

驾驶员在有知觉的情况下，应及时采取自救措施，服用随身携带的药品，缓解不适感，并向公安机关交通管理部门报警，同时向车队管理人员报告，告知自己的身体状况及车辆停放位置，请求救助。

同时，驾驶员也可向车内乘客求助，如果车内有乘客是医务人员，则可对患病驾驶员采取紧急救助措施，为后续救援争取时间。如果病情严重，应立即拨打120求救。

3. 预防驾驶员突发疾病的措施

（1）出车前身体检查。

出车前，驾驶员不仅要检查车辆的技术性能，还要对自身的身体状况进行检查。若有不适或身体正在患病就尽量不要上岗驾车，防止行驶途中突然发病或病情加重。

（2）定期进行身体检查。

驾驶员的职业特点决定了驾驶员长期处于紧张、复杂的工作环境之中，心理和生理都要承受巨大的压力，极易引发各种心理和生理疾病。驾驶员应定期进行身体检查，及早排查各种影响身体健康的隐患。

（3）车队和家庭给予更多关心。

长期工作在重点繁忙线路的驾驶员会因为工作压力大而身心俱疲，继而突发疾病。车队的领导应体谅下属，多做班次的轮换，使驾驶员的身心状态能够得到良好的调节。同时，家人也应及时给予关心、照顾，使驾驶员保持良好的身心状态。

（4）学会自我保养和调节。

驾驶员平时要养成良好的饮食、作息习惯，保证充足的睡眠，以缓解工作压力，提高工作效率。同时，驾驶员要学会有效的心理调节方法，避免各种不良心理引发的疾病。

▶▶案例情景

2013年2月15日下午5时40分许，阆中开往南充的川R20851客车，正行驶在广南高速公路南部段。突然，车上一名乘客高喊道："师傅，快停车！"正全神贯注开车的驾驶员苟鸿不由一愣，本能地问道："什么事？！""这里有名旅客突发疾病，情况有点恼火。"苟鸿听了此言，赶紧减速，随即将车靠边停在应急车道内，对车内情况进行查看。此时，第五排座位上，一位20岁出头的年轻人正口吐白沫，只见他全身抽搐，脸色发白，已人事不省。

这位年轻人的病情很快传遍全车。一些乘客自发相助，邻近的乘客赶紧腾出座位，将其抬起平放在座椅上，有的乘客帮助掐人中，有的乘客主动联系就近的医院，然而由于种种原因，迟迟没有联系上救护车。

紧急时刻，有乘客提出，将其送到就近的南部县定水医院急救。然而，苟鸿心里却有些打鼓。因为按照规定，他这班车是点到点运行，即从阆中直达南充，中途不允许驶离高速公路。否则，将受到运政部门的处罚。

得知驾驶员的顾虑，全车乘客表示理解，认为救人要紧，即使耽误行程也无妨。大客车火速驶往定水出口，将全车乘客连同患者一道，拉往定水的一家医院。"你们只管救人，医疗费我垫支！"苟鸿急切地对医务人员说。得知情况后，医院医务人员对患者全力施救。10多分钟时间过去了，患者病情终于缓解。原来，他突发心脏病。"如果再晚来几分钟，病人将有生命危险！"医生对苟鸿说。

案例评析◁◁

此次事故是驾驶员在驾驶客车行驶在高速公路上时，一名乘客心脏病突然发作，车内乘客也积极向驾驶员反映了这件事情，驾驶员在紧急情况下，将客车进行改道缓慢行驶并将车辆驾驶到了附近医院，在这个过程中，也及时的报警进行了情况说明。可以说，此次事故能够及时避免人员伤亡的原因，就是驾驶员在关键时刻处置得当。

〖问题〗当车内有乘客突发疾病时，应该怎么处置呢？

（二）乘客突发疾病

主要讲解三个方面的知识：乘客突发疾病的危险，应急措施以及预防乘客突发疾病的措施。

1. 乘客突发疾病的危险

客运车辆上经常出现乘客突发疾病的情况，对于病情较重的乘客如得不到及时地救助，甚至会有生命危险。乘客常见的突发疾病和症状包括心肌梗死、心绞痛、冠心病、房颤（心力衰竭），情绪失控、癫痫（精神失常、晕厥）、肺炎、肺心病、哮喘（呼吸困难），以及晕车、中暑、虚脱等。

2. 乘客突发疾病的应急措施

若车上乘客突发疾病，旅客运输驾驶员或乘务员确认病症后，及时检查乘客身上是否携带急救药物，并尽快帮助其服下。

当发现乘客没有随身携带药物时，应直接拨打 120 求救，或在征得其他乘客同意后，将患病乘客送往医院。

在送往医院的途中和急救车赶到之前，在车内寻找医务工作者，为抢救病患争取时间。

在高速公路等特殊路段乘客突发疾病时，驾驶员和乘务人员可以联系附近巡逻的公安交警，由公安交警负责和相关部门或机构联系，为救人开辟特殊通道。

3. 预防乘客突发疾病的措施

（1）保持车辆良好行驶状态。

车辆的行驶状况直接影响乘客的身体反应。车辆在路上时而快，时而慢，走走停停，易导致乘客出现晕车、呕吐等不良反应；车辆紧急启动、制动有可能会造成乘客心脏病等疾病发作。

（2）保持车内良好乘车环境。

车厢内的温度、湿度和噪声等会对乘客的身体产生很大影响。闷热、潮湿、嘈杂的车内环境会使乘客出现胸闷、气短、烦躁等症状，进而可能引发乘客晕厥。为了避免乘客途中突发疾病，一定要为乘客创造良好的乘车环境。

（3）对特殊乘客给予特殊关照。

年迈、体弱或身患疾病的乘客及孕妇是突发疾病的高危人群。驾驶员应对这类乘客多一些照顾，尽量为他们安排舒适的乘车位置。

（4）创造融洽的乘车氛围。

有些乘客可能因为某些原因，会与其他乘客或者工作人员发生争吵，导致情绪激动而突然引发疾病。为了避免这种情况的出现，应努力为乘客创造融洽的乘车环境，使乘客保持良好的乘车心情，消除疾病诱发因素。

（5）掌握一些医疗常识和准备一些常用药品。

驾驶员及乘务员掌握一定的急救、医疗常识，有利于在乘客突然出现疾病时，给予一定程度的帮助。例如，在车辆上配备速效救心丸、云南白药、清凉油等应急药物，方便乘客突发疾病时得到及时救助。

【小结】通过前面的学习,相信大家已经对驾驶员及乘客突发疾病的应急处置了然于心,知道了驾驶员及乘客的发病危险,应急措施及预防措施,也能够大致判断出突发疾病的类型,并能在此基础上给予相关人员一定的帮助。希望各位驾驶员朋友在驾驶车辆的过程中能够正确运用,灵活处理。

七、客车反恐与货车防盗

近年来,针对客车的恐怖袭击事件时有发生,货车出现货物失窃现象也屡见不鲜。驾驶员掌握一定的反恐和防盗知识,有利于保护乘客和货物安全。

▶▶**案例情景**

2010年8月23日上午9时左右,一辆旅游观光客车在马尼拉市中心基里诺大看台附近遭劫持,劫持者是一名被辞退的警察,手持M-16自动步枪。车上有25名乘客,包括21名中国香港游客和1名领队,3名菲律宾人。事件发生后,被劫持客车所在区域被警方封锁,警方同劫持者展开谈判。现场可见菲律宾出动约20名全副武装的特警队成员,蹲守在马尼拉遭劫持的旅游客车附近,准备随时展开营救。

在遭到劫持逾7个小时后,仍有14名游客、1名领队和1名司机在被劫持的旅游巴士上。此前,劫匪先释放了1名导游和1名72岁婆婆。中午12时,又释放了3名儿童和他们的母亲。下午1时30分左右,又有一名男长者获释。

当地时间19时25分左右,被劫持大客车的司机在脱险后称,劫匪枪杀了所有未释放人质。傍晚时分,大客车曾试图向前开,警察开枪打爆轮胎,以阻止其移动。随后,警察把后挡风玻璃打碎,试图强攻大客车,与劫匪进行交火。

当地时间20时40分许,经过11个小时的对峙,劫匪终于被菲律宾警方击毙,救出至少4名人质。

菲警方随后证实,在这次劫持事件中,共有8名人质死亡、7名人质重伤,另外10名人质获释。

此外,现场围观的一名女性脚部中了3枪,但没有生命危险。

(一)客车反恐

时常有恐怖分子利用道路运输车辆和乘客进行恐怖活动,包括劫持乘客作为人质提出非法要求、劫持车辆进行犯罪活动等。

〖问题〗当客车遇到恐怖劫持时,作为一名驾驶员,您会怎么办呢?

针对此类恐怖劫持行为,您需要掌握一定的预防和应对恐怖劫持的原则和措施:

1. 预防恐怖劫持的原则和措施

(1)提高反恐意识。

提高自身反恐意识,发现乘车人员神色、表情等异常及道路通行车辆行驶轨迹或意图异常时,应提高警惕,做好防范。

（2）落实安保制度。

严格落实道路运输企业制定的安全保卫制度，保证车载监控系统有效，在运输过程中及时向企业汇报车辆安全运营情况。

（3）做好反恐准备。

按照企业事先制定的反恐预案，做好反恐准备。

（4）沿途停车多注意。

选择安全地点停车时，尽量把车辆停在视线可及的范围内，停车后一定要锁好车门和车窗并保管好车钥匙。

（5）时刻检查车辆。

在每一个停靠点都要对上车的乘客及行李进行检查；终点站时，对遗留在车上的可疑物品及时排查并妥善处理。

2．应对恐怖劫持的原则和措施

（1）保持冷静，安全第一。

为了确保生命安全尽量按照恐怖分子的要求去做，不要与歹徒进行正面对抗。

（2）小心谨慎，仔细观察。

仔细观察并记下恐怖分子的显著外部特征（如衣服的颜色，身高等）。

（3）忍辱负重，见机行事。

不要与恐怖分子发生正面冲突，但要时刻做好防范准备，寻找机会向外界发出求援信息。

（4）做好记录，保护现场。

当恐怖分子逃离现场后，要记录下恐怖分子的逃离方向和方式；不要破坏任何留有恐怖分子指纹和印记的物体。

▶▶**案例情景**

凌晨2时许，在距离成都近50千米的成南高速淮口服务区内，多辆在此休息的过路大货车油箱被人盗空。其中，一辆从温江准备拉货去南充的货车价值1 000多元的柴油被抽光，司机徐先生因为无钱加油，本来准备5点启程的他被困在服务区里6个多小时，一直到中午在当地派出所民警的帮助下才重新上路。

事后，淮口服务区负责人李亚军表示，由于头晚曾短暂停电，监控设施并没拍到当时的画面。据金堂县淮口派出所副指导员罗警官介绍，淮口服务区是成南高速出成都后的第一个大型服务区，虽然警卫力量的投入已不算小，但很多偷油贼十分狡猾，一般都开着套牌小车或遮挡号牌，趁夜色把车开到大货车的油箱旁，直接把管子伸出车窗放入油箱，就可以用气泵抽油，一般货车400升至600升的油箱，短短两分钟就能全部抽光。

案例评析 ◁◁

高速公路服务区是一个开放区域，在此停车休息的司机须提高警惕。不少有经验的老司机在停车时都会留个心眼，把油箱一侧的车身紧挨着墙面或其他大车停靠，这样就可以杜绝偷车贼直接把车开到油箱旁，减少被下手的机会。

（二）货车防盗

货车在运输过程中经常会发生货物被盗事件，特别是长途货物运输，途中需要停车加油或休息，所以货物被盗风险较短途运输更大。为了防止货物被盗，驾驶员需要做到以下几个方面：

1. 安装防盗装置

运用技术手段进行防范。

2. 合理装载、苫盖严实

货物装车时一定要摆放合理，防止货物出现偏置、偏移，乃至滑落现象；车厢及货物四周尽量保持不宜攀爬状态，防止货物在运输过程中被方便地接触，包装被轻易打开。

3. 在行驶时，应密切注意装载货物及周围车辆行驶状况

4. 安全地点停车

中途需要停车时，要选择在正规的停车场或有人看管的停车场；停车时注意不要将梯子、罐体容器或货架等放在车外，犯罪分子很容易借助这些物体爬到车顶。

5. 随手锁门

驾驶员要养成离车后随手锁门的习惯，这是确保安全的首要条件，切不可麻痹大意，或者抱有侥幸心理。

6. 人不离货

确保货物时刻处于被看守状态，车辆卸货时也不能大意，也要留有专门人员看护车辆和货物。

【小结】通过前面的学习，相信驾驶员朋友已经明确了常见紧急情况应急处理原则、事故现场的处理原则以及客车反恐的原则，学会常见紧急情况应急处置措施、事故现场处理方法与步骤、事故后的脱困方法、驾驶员和乘客突发疾病的应急和预防措施以及客车反恐与货车防盗应急处理措施。

在道路运输过程中，驾驶员要始终保持良好的身体和精神状态，沉着冷静，果断的处理各类紧急情况，确保乘客安全、货物完好的送达目的地。

单元八　道路旅客运输知识

教学对象

　　道路旅客运输驾驶员。

教学目标

　　（1）熟知运输安全管理相关制度。

　　（2）掌握运输基础知识和业务操作流程。

教学内容

　　（1）道路旅客运输的安全管理规定。

　　（2）服务纠纷等异常情况的处理。

　　（3）城乡道路客运一体化。

　　（4）乘客出行心理、服务需求。

　　（5）旅客客运服务。

　　（6）旅客运输运营调度及服务规范。

　　（7）旅客禁止携带危险品种类、规定及其识别。

教学重难点

　　（1）深入了解道路旅客运输的安全管理规定、运营调度及服务规范。

　　（2）牢记道路旅客运输危险品种类、规定及其识别。

教学方法

　　讲授法、演示法、案例教学。

教学时间

　　2课时。

教学过程

一、道路旅客运输的安全管理规定

（一）三关一监督

1. 三关

（1）严把运输经营者市场准入关。

完善道路运输市场准入制度，在进行经营资质等级评定工作中，不符合许可条件的道路运输企业，要被责令退出道路运输市场。

(2) 严把营运车辆技术关。

严格执行车辆技术等级评定制度，加强对客运车辆进行定期维护、检测，严格的对行车记录进行全面检查，确保车辆技术状况良好，不符合规定的要严格查办，减少因车辆机械故障原因造成的事故。

(3) 严把客运驾驶员资格关。

严格实行营运驾驶员从业资格制度，对所有客运车辆驾驶员操作技术考试合格的基础上，还要对营运驾驶员进行安全教育培训及考核。不符合资格的客运车辆驾驶一律不得进入道路运输市场，驾照已被交警部门记满 12 分或发生重大交通事故负有主要责任的驾驶员，不得从事客运车辆驾驶。

2. 一监督

督促客运站建立健全安全管理制度，严禁旅客携带易燃易爆危险品进站、上车，不放超员车辆出站、不超速，确保客运车辆行驶 400 千米以上必须配备两名以上驾驶员，搞好汽车客运站安全监督。

（二）三不进站、五不出站

根据《汽车旅客运输规则》、《道路旅客运输及客运站管理规定》等法规条文和客运站的规定，道路运输企业运营时应严格做好"三不进站、五不出站"的检查。

1. 三不进站包括以下内容

(1) 易燃、易爆、易腐蚀物品不进站。

(2) 无关人员不进站（发车区）。

(3) 无关车辆不进站。

2. 五不出站包括以下内容

(1) 行驶证、驾驶证、从业资格证、道路运输证、客运线路标志牌、超长客运派车通知单不全或不符合规定不出站这里我们通常简称"证件不齐全不出站"。

(2) 车辆超载（员）、超高不出站。

(3) 安全例检不合格客车不出站。

(4) 驾驶员资格不符合要求不出站。

(5) 出站登记表未经审核签字和天气恶劣不宜行车的不出站。

（三）安全告知制度

在 2011 年下半年，道路旅客运输安全形势严峻，交通运输部推出《道路客运安全告知制度》，发挥社会道路企业各界特别是广大乘客的监督作用，切实加强道路客运安全生产管理，提升客运服务质量。

1. 安全告知内容

安全告知的主要内容包括以下内容。（三客运一严一架五禁止）

（1）客运公司名称、客车号牌、途经地、驾驶员及乘务员姓名和监督举报电话。

（2）客运车辆核定载客人数、行驶线路、经批准的停靠站点、中途休息站点、不得改变线路行车。

（3）客运车辆安全出口及应急逃生出口必须保持畅通，并指导旅客正确使用安全带和安全锤。

（4）严格按国家指导票价售票。

（5）驾驶员连续驾驶时间不得超过 4 小时，全天驾驶累计不得超过 8 小时，卧铺客车凌晨 2 时至 5 时必须停车休息。

（6）禁止超载、超速及疲劳驾驶。

（7）禁止在高速路上和未经批准的站点及停靠站上下旅客。

（8）禁止旅客携带或驾驶员自行装运易燃、易爆及危险品上车。

（9）禁止驾驶员故意损坏、遮挡或关闭 GPS。

（10）禁止客运车辆 22 时至凌晨 6 时在三级以下山区公路和达不到夜间安全道路行驶。

2. 安全告知方法

安全告知方法包括以下内容：

由乘务员或驾驶员在发车前向乘客口述告知，也可以制作安全告知卡告知，在发车前发放旅客，或者制作成光盘利用车载视频向旅客播放或设置 LED 显示屏播放。播放由交通运输主管部门统一制作的音像资料，向客运企业免费发放，并在客车发车前向乘客播放。在车内明显位置张贴标示客运车辆核定载客人数、经批准的停靠站点和投诉电话。

3. 推行时间

2011 年年底前，先在所有卧铺客车、超过 800km 的省际班线客运车辆上推行，2012 年 6 月底前，所有省际班线客运车辆和省际旅游客车必须实行。省内班线客车和省内旅游客车的具体实施时间由省级交通运输主管部门确定。

2012 年 1 月份，公安部、交通运输部下发了《关于进一步加强客运驾驶人安全管理工作的意见》（共通字〔2012〕5 号）。该文件要求严格落实强制休息制度：

规定客货运驾驶员 24 h 内驾驶时间不得超过 8 h（特殊情况下可延长 2 h，但每月延长的总时间不超长 36 h），连续驾驶时间不超过 4 h。

二、服务纠纷等异常情况的处理

▶▶ **案例情景**

李先生去买票时，买票的是熟人，就直接让他上车。这时车内发生这样一幕。

（女）王小姐：这位先生这 5 号位置是我的，请你让我下好吗？

（男）李先生：我已经坐这个位置了，你坐其他位置吧！

（女）王小姐：这怎么行呢！这是按号码坐的呀，不行你给我起来。

（男）李先生：你其他位置就不行吗？

（女）王小姐：这都是按号码坐的，那你把你票拿出来，我跟你换，我坐你票上位置，这总行了吧？

（男）李先生：你随便找个位置不行吗非要较真？

……

〖问题〗驾驶员朋友遇到这样的情况应该怎么处理呢？

进入21世纪来，我国交通运输行业迅速发展起来，在给人们带来便利、快捷的客运服务的同时，随之而来的却是一系列的不注重公共环境的问题。所以交通部公路管理部门在1996年12月27日发出《关于执行〈道路旅客运输"三优"、"三化"规范〉的通知》（公客字〔1996〕271号）。驾乘人员应严格执行"三优三化"规范。

（一）遇车内异常情况的处理

▶▶案例情景

某日，公交车上惊现悍妇为占座坐老人腿上。在成都的62路公交车上，一中年女子上车便打开车窗，并要独占两个座位，坐在那里的大爷不能吹风就试图关闭窗户，与此女产生争执，而女子为了赶走大爷竟直接坐到了大爷的腿上。

案例评析◁◁

可以看出两个错误，这第一个是没有尊老；第二，驾驶员没有及时的调解争执。

第一，俗话说尊老爱幼是中华民族的传统美德，有助于促进家庭和睦、社会和谐，也是现代中国人的基本修养。而视频中这名女子却不顾形象为了赶走大爷竟直接坐到了大爷腿上，并且和老人发生争执，既不符合这德行。

第二，驾驶员没有及时的调解争执。驾驶员在遇到这样的情况，应先将车辆停靠于安全地带，耐心地安抚乘客情绪，进行调解。

1. 遇醉酒乘车

客车在运营中遇醉酒乘客乘车时，应动员周围的乘客帮助照顾，了解下车地点，到站时提醒其下车。准备好塑料袋、矿泉水等，以防行车中乘客呕吐。

2. 遇乘客之间发生争吵

客车运营中，遇到乘客之间发生争吵，影响正常行车时，应先将车辆停靠于安全地带，耐心地安抚乘客情绪，进行调解。如果场面失控，可拨打110。

3. 与乘客发生纠纷

当与乘客之间发生纠纷时，驾乘人员应心平气和地认真倾听乘客的意见和要求，重视乘客的抱怨与投诉，虚心接受乘客意见，遵守客运服务承诺，履行客运服务义务。

4. 遇车内儿童玩闹

客车运营中，遇到车内有玩闹的儿童时，应提醒随行的大人注意照看，以防车辆紧急制动或转弯时发生意外。

5. 乘客出现吸烟、拖鞋等不文明行为

客车运营中遇到乘客吸烟、脱鞋等不文明行为时，驾驶员应制止，并劝告、提醒乘客做到文明乘车。为了给乘客提供良好的乘车环境，如同为乘客提供乘车安全一样，是驾乘人员应当履行的责任。

（二）行李发生损毁或遇路况不佳

在运输过程中乘客所带物品毁损，承运人有过错的，例如，车辆技术状况或设备有问题，驾驶员违章驾驶或违章操作、擅自改变运行计划，应当承担损害赔偿责任。

运输途中难免会遇到路况突然发生变化的情况。此时，驾乘人员有义务提前告知旅客，并提醒大家坐稳、注意行李物品的安全。

（三）行李物品遗失

如果在行驶途中乘客丢失行李物品时，首先要了解乘客上车地点、丢失地点和丢失时间的长短，然后动员同车乘客协助查找，但不要影响正常运营。如果在车厢内发现可疑对象，可向附近派出所报案或者给驾驶员反应。

三、城乡道路客运一体化

改革开放以来，我国社会经济不断发展，人民生活水平有了明显的提高，但是，城乡差距还是不断扩大。因此，如何促进城乡经济社会协调发展、缩小城乡差距、共同促进城乡经济，已成为我国全面建设小康社会的关键问题。目前实现城乡道路客运一体化，迫在眉睫。

（一）城乡道路客运一体化的内涵与本质

城乡道路客运一体化对城市公交、出租和长、短途客运的运输资源，进行统一规划、组织、管理和配置运力，进行一体化公交式运营，使中心城市内的城市公交、城间客运、出租客运、城市与农村之间的各种客运内部联系更紧密、运行更协调，达到客运资源的整体优化、高效、协调发展的现代化的旅客运输模式。城乡客运一体化不是城乡客运相同化或等同化，而是城市公交与农村客运两种客运方式的合理取舍、相互融合。

（二）城乡道路客运一体化发展目标

《关于积极推进城乡道路客运一体化发展的意见》（交运发〔2011〕490号）指出了城乡道路客运一体化在未来5年的主要目标：力争用5年左右时间，全国城乡道路客运一体化发展取得重要突破，城乡道路客运发展更加协调、网络衔接更加顺畅、政策保障更加到位，服务广度和深度逐步提升，服务质量显著改善，可持续发展能力明显增强。

具体目标如下：

目标一：基本建成分工明确、衔接顺畅、保障有力、安全高效的城际、城市、城乡、镇村四级客运网络。

目标二：建设一个管理规范、服务优质、衔接顺畅、方便灵活的城际客运系统，有效衔接城市公共交通、农村客运及其他客运方式，不断巩固道路客运的保障能力、竞争优势及其在综合运输体系中的主体地位。

目标三：基本建成能力充分、方便快捷、安全舒适、节能环保的城市公共交通系统，实现地市级以上城市公共交通网络覆盖郊区主要乡镇。

目标四：加快构建覆盖全面、运行稳定、安全规范、经济便捷的农村客运系统，实现全国乡镇通班车率达到100%，建制村通班车率达到92%，100%的中心镇建成客运站、候车亭或招呼站；积极推进农村客运线路公交化改造，力争实现县域内20千米范围内的农村客运线路公交化运行率达到30%以上。

四、乘客出行心理、服务需求

▶▶**案例情景**

4月22日上午，在沿江高速公路（S38）发生的沪BL1290大客车突然冲过中央护栏、与护栏对面正常行驶的苏ED1655厢式货车相撞，造成大客车13名乘客和对向货车司机1人死亡的特大交通事故。目前已排除机械故障因素，现已初步查明，沪BL1290大客车司机王振伟4月20日晚伙同他人吸食冰毒并至网吧游戏、短歇，4月21日晨驾车载乘游客至杭州旅游，当夜返回上海，深夜又至网吧游戏至次日凌晨才短歇。

在休息不足4小时的情况下，4月22日清晨6时左右，王振伟又驾车前往上海人民广场，载乘31名游客、1名导游至常熟尚湖旅游，途经沿江高速公路（S38）宁太线1千米处时发生事故。

案例评析 ◁◁

分析一：

肇事者王某20号晚上吸毒并至网吧游戏、短歇，21号又往返旅游两地共计两百多千米，深夜又至网吧游戏至次日凌晨才短歇，在休息不足4小时的情况下，22日6时左右又开始运营。因此旅客运输驾驶员王某疲劳驾驶，是造成这起事故原因之一。

机动车是高速运载工具，驾驶机动车是一项具有较高危险性的工作。所以驾驶员每天驾车超过8小时必须休息，保持睡眠充足。据统计，因疲劳驾车而造成的交通事故占总起数的20%左右，占特大交通事故的40%以上。

那么疲劳驾驶产生的主要原因：

（1）睡眠不足引起的疲劳。

（2）长时间驾驶车辆引起的疲劳。

（3）药物、酒精引起的疲劳。

根据《刑法》第一百三十三条 违反交通运输管理法规，因而发生重大事故，致人重伤、死亡或者使公私财产遭受重大损失的，处三年以下有期徒刑或者拘役。

分析二：

旅客运输驾驶员王某4月20日晚伙同他人吸食冰毒并至网吧游戏、短歇。4月22日开始运输旅游客车。由于吸毒人员在吸食毒品后，容易产生冲动、幻觉等症状，这对交通安全带来极大的隐患，因此毒驾危害甚大。虽然该事故的旅客驾驶员吸毒已过两天，但是吸食毒品之后一般情况兴奋3天，所以王某属于毒驾范围内。

根据《最高人民法院关于审理交通肇事刑事案件具体应用法律若干问题的解释》交通肇事致一人以上重伤，负事故全部或者主要责任，并具有下列情形之一的，以交通肇事罪定罪处罚：

（1）酒后、吸食毒品后驾驶机动车辆的。

（2）无驾驶资格驾驶机动车辆的。

（3）明知是安全装置不全或者安全机件失灵的机动车辆而驾驶的。

（4）明知是无证牌证或者已报废的机动车辆而驾驶的。

（5）严重超载驾驶的。

（6）为逃避法律追究逃离事故现场的。

《中华人民共和国刑法》第133条的规定：

犯交通肇事罪的，处3年以下有期徒刑或者拘役；

交通运输肇事后逃逸或者有其他特别恶劣情节的，处3年以上7年以下有期徒刑；

犯危险驾驶罪的，根据刑法第133条之一的规定，处3年以下有期徒刑或者拘役，并处罚金。

分析三：

经调查还发现，肇事旅游客车逾期未检，持有的省际包车证系违规审批发放。王某在上海益流汽车出租服务有限公司工作已有两个月，但公司未与其签订劳动合同，也未建立驾驶人档案，对其身心状况和违法情况不掌握、不审核。逾期未检应该受到处罚，道路交通安全法规定未按规定年检的车辆处以200元罚款扣3分。

虽说全国道路交通安全形势总体平稳，但旅游客车事故多发，肇事起数、死亡人数同比分别上升40.4%和158.2%；8起一次死亡10人以上交通事故中，4起涉及旅游客车。事故暴露出一些旅游运输企业内部管理混乱，安全监管存在漏洞，私自转租、私下揽客、非法改装、随意变更线路以及驾驶人审查不严、包车牌证审批不严等问题。

总结：

造成该事故主要原因是旅客运输驾驶员王某在疲劳状态下驾驶车辆、操作失当，负事故全部责任。虽两天前吸食毒品，这也存在毒驾的嫌疑。肇事旅游客车逾期未检也存在安全隐患。无论是疲劳驾驶、肇事旅游客车逾期未检还是毒驾都是违法的。

乘客出门旅游是为了放松心情，愉悦心情，不是去结束生命的旅程，所以驾驶员不仅要对自己的生命安全负责，还要对乘客的生命安全负责，同时也对法律负责任。给乘客一个舒适、安全、快捷、方便的心理，是旅客对道路运输服务的共性需求。

人们在社会生活中，会因为性格、情趣、文化程度、职业、地位和身份等种种不同，从而形成不同的心理特点和旅行需要。但"安全、快捷、方便、舒适。则是旅客对道路运输服务的共性需求。

比如民工对车辆档次没有太多的要求，偏向经济型，而公务出差的人更希望舒适一点；

有的人坐汽车晕车；有的能自觉遵守旅行规则，照顾好自己；有的缺乏旅行常识，给自己也给他人造成很多麻烦等等。

认真分析旅客出行心理的影响因素，有利于更全面地了解旅客出行需要，从源头上解决实际中存在的问题。这也需要具体问题具体分析，多观察，多调查，虚心听取旅客的意见。所以驾乘人员必须了解他们的出行心理，为旅客排忧解难，切实保证服务质量。

1. 安全心理

在运输旅客过程中,要保证行车安全;车辆发生故障时,及时与乘客沟通,确保旅客安全;遇乘客财物丢失时,首先报警,其次安抚。

从运输生产部门来看,也许更多的只关注旅客在途的安全情况,事实上旅客关注的是整个出行过程的安全,通常所说的"一路平安",包括从出发地到车站,购票到候车室,然后是在途时间至出行结束这一系列过程。

2. 快捷心理

快捷有几层含义包括顺利、迅速、经济等旅客关心的内容。车辆能准时到达和出发,途中不发生事故或耽误。遇到不可抗力原因导致客车不能准时到达时,要耐心细致做好乘客思想工作,不要一味推卸责任。

而且随着人们时间观念的加强,要求尽可能少的中间环节,尽可能缩短在途时间,以减少旅行疲劳,减少额外的费用支出,即又快又经济到达目的地。

3. 方便心理

俗话说"在家千日好,出门一时难",反映了旅客对出行的一种畏难心理,究其原因则反映了旅客对"方便性"的强烈需要。

其内容也是很广的:旅客总是希望有最有利于自己出行习惯和时间需要的班车,买票和检票不要排太长的队,有方便经济的饮食服务、其他指南、电信、日常生活需要、住宿服务等等,总之旅客希望一旦有了出行需要时能得到称心及时的运输及其辅助服务。

及时买到车票减少排队时间:享受"一站式"服务,直接到达目的地,是属于乘客出行心理、服务需求的"方便心理"时刻关注旅客期望方便的心理,不随意停靠站、不站外拉客。

4. 舒适心理

这是旅客出行心理的高级阶段,是各种心理需求的一个总的综合,随着人们收入的增加,旅客对出行舒适性的要求也越来越高。乘车环境、服务态度、文化娱乐、饮食卫生、睡眠休息等,成为旅客选择出行模式的影响因子。

让乘客舒适心理。我们要做到保持车容车貌、做到微笑服务,针对不同的人群提供相应的服务;带小孩的妇女在旅途中多有不便,可以给安排靠前的座位,消除她们乘车的焦虑感;老年人年岁较高,身体虚弱,冬天怕冷、夏天怕热,可以安排在车厢的中间位。

五、乘客禁止携带危险品种类、规定及其识别

▶ **案例情景一**

2011年7月23日,一辆载有35名乘客(核载35人)的客车从某客运站出发。中途,又有乘客陆续上车,至客车实载47人,中途上车乘客的行李,乘务员未加检查,便胡乱堆放在过道上。凌晨4时左右,该车突然发生爆炸燃烧,造成41人死亡,6人受伤的交通事故。

案例评析 ◁

该事故的主要原因是客车站外拉客,驾驶员和乘务员对站外乘客的行李缺乏必要的安全

检查，以致危险品被带上车，引起爆炸燃烧，所以安全检查非常重要。

▶▶案例情景二

某天下午两点王某乘上由西安到蒲城，行李装有危险物品过安检口时，工作人员也没有仔细排查。车辆行驶晚上 6 时 50 分左右，客运班车在行至蒲城县城时发生爆炸，导致 4 人死亡 25 人受伤，一名重伤者被转送至西安救治，因伤势过重死亡。

案例评析 ◁◁

根据专家调查爆炸发生在车辆内部乘客座位倒数第四排，目前这个座位已经面目全非，仅剩下金属架。从车辆的结构上分析，这个位置还是大巴车的后桥、气囊和悬挂装置所在处。从这可以推测，爆炸不是汽车本身油箱事故造成的。

另一角度看该车车辆核载人数 47 人（包括司机和乘务员），事发时车内未超员，车辆从西安发车后一站抵达蒲城，中途未上人，排除超载可能性。

最后客运站一名工作人员了解到，乘客通过安检闸口时，没有专门的车站工作人员进行检查，除非是发现乘客装束或举止可疑。

最终原因：根据案例情景来看，发生爆炸主要原因是乘客进站时安检人员没有进行检查，以致危险品被带上车，引起爆炸燃烧。所以安全检查非常重要。

"安全"对客运企业、汽车客运站而言，危险品安全检查工作尤为重要。因为一旦危险品被携带上车，如果发生意外，后果将不堪设想。

（一）乘客禁止携带危险品种类和规定

▶▶**案例情景**

禁止携带危险品进站上车：是制度更是责任。

2013 年 12 月 27 日，王某来到 A 市客运站，准备乘坐开往 B 市的大巴车。他的拉杆箱过安检时，仪器发出报警声。安检员要求王某打开箱子，查到 2 000 mL 芝宝打火机油。

案例评析 ◁◁

禁止旅客携带危险品进站上车，这是一种制度，更是一种责任。需要道路运输驾驶员和广大民众的共同努力和相互配合。

那么，哪些是危险品或是限量带的携带物品呢？

相信经常出行的旅客朋友在车站或是火车上都有看到或听到过，尤其是售票厅、候车室墙上都有张贴相关旅行知识。相信旅客朋友都会去关注自己切身利益的知识。

然而，许多的旅客是真不知道还是假不知道危险品不能带或是限量带？

在没有图片佐证和思维考量的情况下，我们姑且认为他们不懂，或者是存在侥幸心理。

但在《治安管理处罚法》第 30 条中规定：违反国家规定，携带爆炸性、毒害性、放射性、腐蚀性等危险物质的，处 10 日以上 15 日以下拘留，情节较轻的，处 5 日以上 10 日以下拘留。

而案例情景中的旅客朋友明知 2 000 mL 芝宝打火机油是属于易燃危险品，却由于心存侥幸，舍不得丢掉，被安检员查出并妥善处理。

特别遇上过节时段，旅客朋友欢欢喜喜回家过节，恨不得把能带回家的东西都带回家，这就给安检员工作带来了极大的压力，即便有工作人员和公安人员协助，工作量也远远超过平时，查危口是安全卡控的关键部位，来不得半点马虎。在查危口处大家都不难看到《危险品携带范围》，可有些旅客朋友就是想考验工作人员的能力，能否浑水摸鱼蒙混过关。

事实证明这是一种侥幸心理愚蠢的想法。携带危险品进站上车，在外人看来这仅仅是一件小事，甚至认为工作人员小题大做，子曰："勿以恶小而为之"，事情一旦发生后果不堪设想。如果人人都像这几位旅客朋友，那秩序谁来维护，安全谁来保证？良好的秩序是靠大家来维护，遵守道路规章制度，确保安全出行正是我们大家所期望。所以驾驶员朋友们也要严格把控每一位旅客的行李。

思考：乘客禁止携带哪些危险品？

要做好危险品的识别是加强客运车辆安全检查和事故预防工作，避免起火、爆炸等恶性事故发生的重要途径。《汽车旅客运输规则》第39条规定，乘客不能携带下列物品乘车。

（1）易燃、易爆等危险品。

（2）有可能损坏、污染车辆和有碍其他旅客安全的物品。

（3）动物（在保证安全、卫生的条件下，每位旅客可携带少数的雏禽或小型成禽成畜乘车，但须装入容器，其体积或重量超过免费规定的应办理托运手续。

（4）有刺激性异味的物品。

（5）尸体、尸骨。

法律和政府规定的禁运物品

"三品"指的是易燃、易爆、危险品，其中包括国家禁止或限制运输的物品；法律、法规、规章中规定的危险品如下：

爆炸品：雷管、导火索、炸药、鞭炮、烟花、发令纸（打火纸）等。

易燃物品：汽油、煤油、酒精、松节油、油漆等。

易燃固体：硫磺、油布及其制品等。

压缩天然气类：打火机气体、液化石油气等。

自燃物品：黄磷等。

毒害物质：砒霜、敌敌畏等。

腐蚀性物质：硫酸、盐酸、臭氧水、苛性钠等。

放射性物品：放射性同位素、射线等。

氧化剂类物品：氧化剂和过氧化物等。

遇水易燃物品：金属镁、金属钠、铝粉等。

（二）危险品排查原则和方法

危险品排查的一般原则为：见包注意，可疑必问，违禁拒载。

危险品的人工排查方法如下：

望：一望携带的物品是否是大件物品、黑色塑料袋装物品、瓶装、罐装、桶装物品等；二望携带物品的乘客神情是否紧张或伪装镇定，行为表现是否异常、不耐烦，例如催促人员检查等。有可能损坏、污染车辆和有碍其他旅客安全的物品。

闻：是否有刺激性味、芳香味、氨味、苦杏仁味等气味。有刺激性异味的物品。

问：发现可疑情形时，询问乘客携带的是何物品。

谢：注意礼貌用语，避免与乘客发生言语或肢体冲突。礼貌用语包括"为了您和他人的乘车安全，请打开包裹接受检查"，"谢谢您的合作"等。

（三）识别后的处理

发现乘客携带或夹带违禁物品，驾乘人员可以予以截留，不予运输。如果乘客执意坚持携要带上车，驾乘人员可以先向乘客讲解携带危险品上车的危害和风险，其次建议其将物品先交由他人保管，随后再取。如果乘客一意孤行，不听劝阻，驾乘人员可以拒绝运输，或者拨打报警电话，交由公安部门处理。

六、旅客运输运营调度及服务规范

危险品检查之后接下来就是驾驶员运营调度机服务规范。这个不仅仅是客车坐满旅客，驾驶员就可以出发了。运营调度是旅客运输管理中一项重要的职能，是指挥监控车辆正常运行、协调生产过程以实现车辆运行作业计划的重要手段。

旅客运输的运营调度内容大致分为：报班、填单、调度组织、出站和应急处理。驾驶员应了解运营调度中自己的角色和任务。

（一）报班

车辆调度员应对相关证件进行检查进入预定发车车位、做好准备、检票人员开始检票。报班车辆应持《安检合格通知单》和相关证件报班。

1. 报班车辆应持相关证件报班

《安检合格通知单》由安全例检机构检查人员出具。驾驶员应配合检查人员对营运客车进行的检查，并耐心等待检查人员填写《营运客车安全例检项目登记表》。车辆经检查合格后，接收由安全例检机构站长或安全例检人员签字的《安检合格通知单》。

除传统的报班方式外，近几年很多省市开始实施计算机报班制度。

计算机报班的原理是将营运车辆的二级维护有效期、核定座位数、车型、驾驶员姓名、资格证等提前存入计算机室和报班卡中，驾驶员持报班卡经调度室计算机扫描之后就可成功报班。计算机刷卡报班可以有效提高工作效率和客运站对驾驶员的日常管理力度。

2. 车辆调度员应对相关证件进行检查

驾驶员在发车前 30 min 持《安检合格通知单》和相关证件，到汽车客运站调度室报班时，车辆调度员对营运客车《安检合格通知单》、行驶证、道路运输证、驾驶证、从业资格证、承运人责任险以及车辆卫星定位系统运行情况的查检。在确认齐全有效后，调度员必须填写《营运客车应班登记表》。

3. 进入预定发车车位，做好准备

做好准备报班通过的驾驶员应提前开车进入预定发车位，做好发车准备。

4. 检票人员开始检票

检票人员检票时，驾驶员应耐心等待。乘客较多、现场较为混乱时，驾驶员应协助乘务员维持上车秩序。遇有携带行李的乘客，驾驶员应打开行李舱，与乘务员一起帮助乘客放好行李。

（二）填单

1. 客运行车路单

《客运行车路单》是由调度人员签发的行车命令，乘务员应主动提请调度人员签发行车路单，车辆未配备乘务员时，由驾驶员申领行车路单。

驾驶员要严格执行无路单不行车的运输纪律。

2. 快件（行包）托运单

在始发站或有站房的中途站有行包上车时，乘务员应根据行包交接清单和行包票随车联对号点件，做到清单、票号、件数、车号四对口。

工作人员装车时，驾驶员和乘务员应在旁监装，做好划号记录，待行包按要求装妥并盖严捆好后，驾驶员或乘务员在交接清单上签收。

3. 客运结算单

客运结算单是客运经营最重要的原始依据，站务人员签填时应注意班次、人数和票款的准确无误及完整、清晰。客运结算单或行车路单在站务签章后才能出站。

4. 出站前安全驾驶教育登记表

出站前，驾驶员应积极、主动接受安全驾驶教育，并在《出站前安检员对驾驶员安全驾驶教育登记表》上签字。

5. 出站安全检查登记表

出站时，出站检查员认真核对出站客车实载旅客人数并签字，驾驶员在登记表上签字确认后，方可通行。

（三）调度组织

在调度组织中，调度员要根据运行作业计划的安排，落实好次日当班车辆和人员。驾驶员发现以下情况时，应及时报告调度员。

（1）车辆临时出现故障，不能按时出车。

（2）出现气候变化、道路堵塞、班车绕道、停车等特殊情况。

（3）车辆在营运范围内出现故障、事故等情况。

（四）出站检查

车辆出站检查，都是实行一班一检制度。而驾驶员要主动配合检查人员对车上实际载客人数、行包数量、车辆技术等情况的检查核实，并对实际情况进行签字确认，待检查人员在随车行车路单上加盖车辆出站检查专用章后出站。

（五）应急处理

一旦发生车辆脱班、误班、站内其他紧急情况或意外情况，导致乘客滞留在车站或途中时，驾驶员应全力配合和协助调度员做好加班和换班的工作。

若上述状况引发突发事件，驾驶员应服从企业安排，全力配合相关工作的实施。

七、旅客客运服务

▶▶**案例情景**

2013年十月七号，带车游客去某景点的路途中，途中王师傅拨打电话与朋友聊天将近半小时，这时车辆与中心隔离的防护栏发生碰撞，发生碰撞后他及时向右打方向，车头又与右侧波形防护栏发生碰撞，结果导致车辆严重损坏，已无法驾驶，所幸车内人员没有受伤。

案例评析◁◁

王师傅这样驾车是不对的。道路交通安全法规定，驾驶机动车时，驾驶人不得进行与驾驶无关的行为。拨打、接听手机和车载电话以及与驾驶无关的行为均属违法。驾驶员在带领游客参观旅游时，除了要保证行车安全，确保旅客人身和财产安全外，还应严格按照服务要求做好本职工作，为旅客带来舒心的旅游体验。

随着我国旅游业的发展，外出旅游者对旅游客车的设施和服务要求在不断提高。而旅游客运又不同于班线客运，它是以运输旅游者旅游观光为目的的旅客运输方式，而且很多旅客会选择包车。因此国家标准化管理委员会发布《旅游客车设施与服务规范》（GB26359-2010）相关规定。该标准规定了旅游客车的设施配置、服务规范、安全要求与质量评价等内容，适用于为满足旅游者需要而进行的客车生产服务活动。

（一）旅游客运服务要求

旅游客运服务要求有以下五点：

（1）有高度责任心和事业心，尽职尽责、敬业勤业，热情周到地为旅客提供安全正点的运营服务。

（2）驾驶车辆时，不吸烟，不使用移动电话，不随地吐痰或向车窗外吐痰、扔废弃物。

（3）严禁酒后开车，行车中坚持安全驾驶。

（4）不带无关人员上车，不利用工作之便谋取私利。

（5）驾驶过程中保持充沛精力，严防疲劳驾驶，出车前应保证充分休息，连续行车3h后，应休息恢复体力。

（二）旅游客运运营规范

根据《旅游客车设施与服务规范》规定，驾驶员在从事旅游客运时，自觉维护车辆设施设备齐全有效，应保证符合运营规范要求。

1. 出车前

应提前 10～15 min 到达用车地点，就近停靠，方便游客上下车打开空调，调节车内温度，等候游客到达时，驾驶员应主动站立于车门一侧，迎游客上下车。

如果遇携带大件行李物品的游客，应主动帮助提携，开启行李舱帮助妥善放置并锁好行李舱。对老弱残幼和抱婴儿等行动不便的游客应细心服务，主动提供帮助。

2. 行驶中

应合理选择最佳行车路线，保证游客的游览时间和安全。还要根据游客意见使用车内空调、音视频等服务设施。驾驶更要谨慎，坚持安全礼让，中速行车，拐弯平缓，避免不必要的紧急制动，保证游客舒适安全，行驶至复杂路面时应减速并提醒客扶好。

3. 到达游览地点

到达游览地点停车时，要选择在就近地点停靠，方便游客上下车。应提醒游客携带贵重物品。在游客离车后应检查车门窗是否关好，并看管车内物品，时间充裕时应按规定实施车辆途中检查并清洁车内卫生。明确下一站地点和时间安排，准备充分并熟悉备选行车路线。

4. 等待时

应保持耐心，不在车内躺卧或不应有将腿脚伸向仪表盘、转向盘等不文明姿势。更不能远离车辆或翻阅游客放于车内的物品。不能用喇叭催促乘客或发生因自己擅自离岗而造成游客无法及时上车或丢失物品等现象。

5. 遇突发情况产生纠纷时

应冷静处理，不应刁难游客。保证文明用语，车辆出现保障及异常情况时，要积极抢修若短时内无法修理致车辆不能正常行驶，应及时安抚游客并采取相应补救措施。

〖问题〗那么旅游客运驾驶员应该自觉维护车辆设施设备齐全有效吗？

旅游客运驾驶员必须自觉维护车辆设施设备齐全有效，并使自己的职业行为符合服务要求和运营规范。

【总结】通过本节课的学习，相信你已经了解运输安全管理相关制度，掌握了运输基础知识和业务操作流程，为踏上旅途的乘客排忧解难，保证运输物资的安全和及时送达。

单元九　道路货物运输知识

教学对象
　　道路货物运输驾驶员。
教学目标
　　（1）掌握道路货物运输运营管理基础知识。
　　（2）了解道路货物运输服务要求和业务流程。
教学内容
　　（1）货物运输基础知识。
　　（2）货物运输的基本环节及货物安全。
　　（3）国际运输、国际集装箱运输、多式联运等基础知识。
　　（4）货物装卸场所的特点及注意事项。
教学重难点
　　（1）深入了解道路货物运输的基础知识、基本环节及货物安全。
　　（2）牢记道路货物运输国际运输、国际集装箱运输、多式联运等基础知识，装卸场所特点及注意事项。
教学方法
　　讲授法、演示法、案例教学。
教学时间
　　2课时。
教学过程
　　▶▶案例情景
　　每逢过节都是属于高峰期，这路上真是大车小车、车水马龙。这时如果遇到一辆大货车从身边驶过，大家肯定都会特别小心。因为它个头大、分量重，如果再加上速度快，那它从身边冲过去可真是挺吓人的。下面我们来看看两段事故：
　　事故一：两辆施工车并排行驶在公路的两条车道上，车速都不慢，快到路口时两辆车谁也没有放慢自己的速度，还依旧飙着车。可就在这时一辆小型面包车从十字路口的另一边准备左转，完全没有给直行车让行的意思，当发现这辆小型面包车的时候，右侧的施工车想采取制动措施已经来不及了。
　　事故二：公路上路面湿滑，又是转弯的下坡路，很多车辆行经此地的时候都是小心翼翼，放慢车速，然而一辆大货车在转弯时突然失控，在路面上转了半圈之后直直撞向了路边的防护栏，翻进了路边的草丛中，货物散落一地。然而事故还没有就此结束，就在短短几秒钟之后又一辆大货车同样失控，为了避免撞向前面的大货车，这辆货车在路上旋转了几个来回之后，撞向了公路的隔离护栏。

这两起突发事故看起来的确让人感觉惊心动魄。

案例评析 ◁◁

事故一分析：这起事故当中，小型面包车左转没有给直行车让行，负有一定责任，然而施工车在行经路口没有依照规定减速，还飙起了车，继而导致车辆在紧急制动时失控，也是导致事故发生的原因。

事故二分析：这起事故是重载货车刹车失灵导致的，可见超载、改装货车在某种程度上不仅影响了汽车的正常行驶，也危害着其他交通参与者的安全，而这些改装货车的司机把"改装货车"当"赛车"，这样的违法驾驶习惯就更加重了交通安全隐患。2013年，全国发生一次死亡10人以上的重特大交通事故16起，其中重中型货车肇事6起，占37.5%。货车单起事故的死亡率为0.45，大大高于0.29的平均死亡率。

总结：大货车体积大、载重大，如果不遵守交通法规风险就大，一旦出了事故损失也大，不光违章的司机会出事，大家伙也都要跟着遭殃。所以严管大货车超载超速不是小题大做，应该大张旗鼓。事实上在所有安全生产问题上都要算大账、下大力，这才能换来人人期盼的"皆大欢喜、万事大吉"。

一、货物运输基础知识

（一）商务洽谈

货运的商务洽谈是成功获取货物运单的重要一环。要掌握一定的洽谈原则、技巧，能大大提高货物签单的成功率。

1. 商务洽谈原则

商务洽谈人员在与托运人洽谈的过程中，需要谨记以下四项基本原则：

（1）客观的原则。

在准备洽谈时，即谈判人员所占有的资料要客观，决策时的态度也要客观，态度要清醒而冷静，不要为感情所左右，或是意气用事。

（2）自主的原则。

谈判人员在准备洽谈时及在洽谈进行之中，要发挥自己的主观能动性，在合乎规范与惯例的前提下，力争"以我为中心"。

坚持自主的原则有两大好处：一是可以调动有关的谈判人员的积极性，使其更好地有所表现。二是可以争取主动权，或是变被动为主动，在洽谈中为自己争取到有利的位置。

（3）预审的原则。

两个含义：一是谈判人员应当对谈判方案预先反复审核、精益求精。二是谈判人员应当将自己提出的谈判方案，预先报请上级主管部门或主管人士审查、批准。

（4）兼顾的原则。

谈判人员在准备洽谈时或洽谈过程中，在不损害自身根本利益的前提下，应当尽可能地替洽谈对手着想，主动为对方保留一定的利益。

2. 商务洽谈技巧

商务洽谈不仅仅要谨记四个原则，还要了解商务洽谈技巧。

商务洽谈技巧以下内容：

（1）表达清晰、专业。

阐述实施方案、方法、立场等观点，使对方听懂；不谈与主题关系不大的事情；数字的表达要确切，避免使用"大概、可能、也许"等。

（2）耐心倾听。

认真分析对方话语中所暗示的用意与观点；对不清楚或模棱两可的语句，应先记录下来；等对方说完后进行咨询。

（3）话语灵活变通。

因人而异，因物而异；切忌千篇一律，言语死板；使用不同的语言方式，如委婉、直接等；不犯禁忌。

（4）掌握好时间。

对洽谈的内容做妥善的安排，一般时间不要太长。

（二）货运合同

货物运输合同简称货运合同，是指托运人以经济目的签订的、明确双方权利义务关系，约定承运人使用约定的运输工具，在约定的时间内，将托运人的货物运送到约定地点交由收货人收货并收取一定运费。且具有法律约束力的文件。

货运合同一般以托运人提出运输货物的请求为邀约，承运人同意运输为承诺，合同即告成立。因此，货运合同为诺成性合同。大家还要注意一点签订合同的当事人双方或一方必须是法人。

货运合同应注意以下内容

1. 合同形式、内容

货运合同包括的内容有：货物名称、规格、数量、价款。

包装要求、货物起运地点、到达地点；货物承运日期、到运日期；运输质量及安全要求；货物装卸责任和方法；货物领取及验收办法；运输费用、结算方式；各方权利义务；违约责任。

运合同形式可以采用格式合同，如货物运单、货票等，也可以由双方当事人按合同法规定的原则和程序另行协商约定。

2. 货物损毁赔偿

▶▶**案例情景**

这天，某市 A 公司需要将一批丝绸送交北京的客户，为此 A 公司与往常一样通知物流公司前来办理托运手续，并且 A 公司的经办人在物流公司提供的货运单上签了字进行了确认。之后物流公司的车辆在运输过程中发生翻车事故，并引发大火，导致 A 公司托运的丝绸付之一炬。事故发生后物流公司也及时通知了 A 公司事故情况，并同意按照运费的 3 倍即 4 000 元给予赔偿，但 A 公司货物价值约 11 万元。

案例评析 ◁◁

那么 A 公司要求物流公司赔偿全部货款的请求能否得到法院支持？

答案：交通事故的发生是由于物流公司车辆单方面责任造成的，物流公司对本案货物的毁损存在重大过错。虽然物流公司已履行免责告知义务，但根据《合同法》第53条的规定，因故意或者重大过失造成对方财产损失的免责条款无效。物流公司不能援引合同免责条款减轻自己的责任。为此，判令物流公司全额赔偿A公司货物损失11万元。

货物损毁赔偿有以下五条内容：

（1）两个以上承运人以同一运输方式联运的，与托运人订立合同的承运人应当对全程运输承担责任。损失发生在某一运输区段的，与托运人订立合同的承运人和该区段的承运人承担连带责任。

（2）承运人对运输过程中货物的毁损、灭失承担损害赔偿责任，但承运人证明货物的毁损、灭失是因不可抗力、货物本身的自然性质或者合理损耗以及托运人、收货人的过错造成的，不承担损害赔偿责任。

（3）货物的损毁、灭火赔偿额，当事人有约定的，按照其约定；没有约定或者约定不明确，依照《中华人民共和国合同法》第61条的规定仍不能确定的，按照交付或者应当交付时货物到达地的市场价格计算。法律、行政法规对赔偿额的计算方法和赔偿限额另有规定的，依照其规定。

（4）货物在运输过程中因不可抗力灭失，未收取运费的，承运人不得要求支付运费；已收取运费的，托运人可以要求返还。

（5）格式条款具有《中华人民共和国合同法》第52条和第53条规定情形的，或者提供格式条款一方免除其责任、加重对方责任、排除对方主要权利的，该条款无效。

3. 货运合同的变更和解除

托运人或货物凭证持有人可以请求货物运输合同中如下具体内容的变更或解除：

（1）要求解除合同，由承运人中止运输、返还货物。

货物起运前，承运人或托运人征得对方同意，可以变更或解除运输合同。

承运人提出解除运输合同的，应退还已收的运费，变更运输合同应负担变更运输合同所发生的费用；托运人提出变更或解除合同的，应承担因变更或解除运输合同所发生的费用。

（2）要求承运人变更到达地。

货物起运后，不能解除运输合同，但托运人征得承运人同意，可以变更货物到达地和收货人。变更运输合同所发生的费用，由托运人负担。

（3）要求承运人将货物交给其他收货人，即变更收货人。

托运人并非可随时要求变更或解除运输合同，其请求变更或解除货物运输合同的时间应是在承运人将货物交付收货人之前。如果承运人已将货物交付收货人，则货物运输合同已履行完毕，失去了变更和解除的必要。

对承运人因变更和解除所遭受的损失，托运人负有赔偿责任。货物运输过程中，因自然灾害、道路阻塞等原因造成运输阻滞，承运人应及时与托运人联系，协商处理。发生的货物装卸、接送和保管费用，按以下规定处理。

接运时，货物装卸、接运费用由托运人负担，承运人收取已完成运输里程的费用，退回未完成运输里程的费用。

回运时，承运人收取已完成运输里程的运费，回程运费免收。托运人要求绕道行驶或改变到达地点时，收取实际运输里程的运费。货物在受阻处存放，保管费由托运方负担。

（三）托运需求和服务

为了将货物更快、更安全地运抵目的地，驾驶员朋友必须掌握货物托运人的托运需求和提供服务时的注意事项。

需要谨记以下四项：

1. 迅速性

门到门的服务、尽可能缩短运输时间。

2. 安全性

货物包装的检查、货物的安全装卸、运输途中的检查、车辆运行安全。

3. 准确性

货物运单与货物的核对、货物的正确交付。

4. 经济性

减少运输环节，减少车辆空载；尽量缩短运输时间；充分利用车辆载重吨位和装载容积；采用先进的运输方式，如甩挂运输、零担货物拼整车的方式。

（四）运营调度

货物运输的运营调度是道路运输企业通过科学调度车辆，达到运量与运力平衡为目标的一种管理方式。

主要目的是使车辆与货物在空间和时间上紧密结合，将运输过程中的各个部门、环节组成运作协调的有机整体，保证车辆连续、均衡地运行，最大限度地提高运输效率，增加经济效益。

在道路货物运输中运营调度作业的要求如下：

（1）进行现场调度，掌握车辆动态，及时收集运输信息，针对问题采取预防处理措施，消除薄弱环节，保证车辆正常运行。

（2）编制和执行车辆运行作业计划，并对车辆进行组织、指挥、监督、检查，保证运输计划的完成。

（3）以国家有关运输方针、政策、法规和指令性运输计划为指导，合理安排、调剂，达到运量运力平衡。

（4）掌握车辆运行规律，应用科学调度方法和手段做好相关资料统计。

（5）掌握货流变化，了解装卸现场条件、道路条件、气象预报，针对车辆运行条件变化，适时调整作业计划。

（6）掌握车辆技术性能，合理调度配载，执行"强制维护，视情修理"制度，按时调用车辆进行维护、修理，保证车辆技术完好。

（五）货运成本核算

根据运输行业《企业会计准则》的规定，结合客货运生产耗费的情况，运输成本分为随服务量或者运量变化的变动成本和不随服务量或运量变化的固定成本。由于这两种成本的存在，客观上运输价格会随着运载量的变化而变化，只有运载量大于一定数量时，企业才会有利润。一般来说，运输价格包含三部分内容，即固定成本、变动成本和利润。

变动成本：包括车辆常规保养维修费、车辆大修费、过桥费、过路费、燃料税、燃油费等。

固定成本"包括车辆折旧费、保险费、养路费、公路运输管理费、管杂费、银行利息、车船使用税、人员费（工资福利等）。

※扩展知识

▶▶案例情景

这天吴女士去某托运公司投运货物，前后两次，都是交付邮费的。这次对方打电话来告诉他们取货时又交了 2 500 多元，前后两次共是 5 960 元，质疑吴女士是不是到付邮费的？这生意还要不要做？吴女士疑惑我这边是交付了托运费的，为什么还要二次收费？

问题：二次收费合理合法吗？

答案：根据 2008 年 1 月 1 日实施的《快递服务邮政行业标准》中早已规定，快递服务组织应在提供服务前告知顾客服务费用计算方式，告知内容应包括附加服务的费用（运输成本）。快递服务组织应对快件提供至少 2 次免费投递。投递 2 次未能投交的快件，收件人仍需要快递服务组织投递的，快递服务组织可以收取额外费用，但应事先告知收件人费用标准。无论是否处于派送范围内，快递公司都不能进行二次收费。

运输成本：

（1）工资：按规定支付给营运车辆司机的基本工资、工资性津贴和生产性奖励金。

（2）职工福利费：按规定的工资总额和比例计提的职工福利费。

（3）燃料费：营运车辆运行中所耗用的各种燃料，如汽油、柴油等，自动装卸车辆卸车时所耗用的燃料也在本项目内核算。

（4）轮胎费：营运车辆耗用的外胎、内胎、垫带的费用支出，以及轮胎翻新费和零星修补费。

（5）修理费：营运车辆进行各级维护和小修所发生的工料费、修复旧件费用和行车耗用的机油费用，以及车辆大修费用。

（6）车辆折旧：营运车辆按规定方法计提的折旧费。

（7）养路费：按规定向公路管理部门缴纳的养路费。

（8）公路运输管理费：按规定向公路运输管理部门缴纳的运输管理费。

（9）保险费：向保险公司缴纳的营运车辆的保险费用。

（10）事故费：事故费指营运车辆在运行过程中损失。

（11）税金：按规定缴纳的车船使用税。因行车肇事所发生的事故其他费用。

（12）其他费用：不属于上述以上各项的车辆营运费用，如行车杂文、过桥费等。

了解运输成本的分类内容之后，就可结合企业实际进行成本核算。正确、及时地进行成本核算，能够使企业科学合理地控制成本，提高经济效益。

【小结】通过本知识点的学习，相信你已经了解了怎么商务洽谈、怎么签订货运合同、掌握了托运需求和服务、运营调度、学会了货运成本核算。

二、货物运输的基本环节及货物安全

▶▶**案例情景**

一个装载货物的货车在高速公路上行驶,由于装载过程中货物没有任何加固。在高速公路上货车以每小时 80 千米行驶,行驶了一百千米,货物逐渐蓬松,造成货物坠落,引发了车祸,造成了一死五伤。

案例评析 ◁◁

问题:请问是什么原因造成了这起车祸?

答案:货物在装载过程中,没有使用任何加固的方法加固货物。高速公路上行驶过快,由于货物没有加固,货物逐渐蓬松造,成货物撒漏主要原因。

而货物运输的基本环节包括提出托运、承运验货、计划配货、派车装货、起票发车、运送(途中管理)、运达(卸货交货)、运输结算等。其中,装货、发车、运送、运达等中间环节与驾驶员的日常工作息息相关。

为保证货物安全,驾驶员应在上述环节中适时对车辆、货物及安全装置进行检查,确保货物按时、完整地交付给收货方。

(一)货物装载与配载

安全装载是货运车辆安全运行的一项重要保障。驾驶员必须在货物装载过程中注意督促搬运人员安全、规范操作;

装载完毕后,注意检查货物安全情况,避免行车中发生捆绑松懈,造成货物遗撒、坠落,引起不堪设想的后果。

1. 货物装载原则

严格遵守货物特性要求和包装储运标志规定,按照安全操作规程装载货物。装载车辆不超限、不超载。运输的货物应当符合货运车辆核定的载重量。例如:货物长度、宽度不得超出车厢;重型、中型载货汽车、半挂车载货高度从地面起不超过 4 m,载运集装箱的车辆不超过 4.2 m;其他载货机动车的高度从地面起不超过 2.5 m。

装载货物质量分布均衡:

轻重搭配:车辆装货时,必须将重货置于底部,轻货置于上部,避免重货压坏轻货,并使货物重心下移,从而保证运输安全。

大小搭配:货物包装的尺寸有大有小,为了充分利用车厢的内容积,可在同一层或上下层合理搭配不同尺寸的货物,以减少箱内的空隙。

货物性质搭配:拼装在一个车厢内的货物,其化学性质、物理属性不能互相抵触。如不能将散发臭味的货物与具有吸臭性的食品混装;不将散发粉尘的货物与清洁货物混装。

2. 货物装载固定方法

货物装载加固方法我们一般使用绳索捆绑加固和利用货厢栏板(前、尾板和围栏)固定这两种。

(1)绳索捆绑。

横腰箍下压式捆绑：是将捆绑带从货物的一侧绕过货物到另一侧的捆绑方式。它是借助绳索捆绑货物，增加货物与货车底板的摩擦力，借以固定并防止货物滑动。

直接捆绑：是用绳索把货车固定捆绑点和货物自身捆绑点连接固定的捆绑方式。它是靠拉力固定货物。辅助设备捆绑包括头套捆绑和边套索捆绑。

头套索捆绑：是指利用捆绑辅助工具，固定货物纵向位置，防止货物向前或向后滑动的捆绑方式。

边套索捆绑：是指利用捆绑辅助工具，固定 货物横向两侧位置，防止货物向左或向右滑动的捆绑方式。

在道路运输过程中，头套索和边套索经常联合使用，为货物提供充分的纵向和横向保护。

（2）利用货厢栏板（前、尾板和围栏）固定。

货厢前板固定：是把货物紧贴车厢前板放置的一种固定方法，防止车辆突然启动时货物对前板的冲击力。当无法用前板固定货物时，要在货物和车厢前板之间放置一层隔板。

货厢围栏和尾板固定：主要应用于运输较短的圆管或原木时，这种固定方法要求围栏和尾板要足够结实，能承受货物产生的冲击力。

立柱固定：主要是对管状等坚硬物体进行固定，防止货物左右摇晃。

冠状捆绑加固：主要应用于长管、原木等圆柱状物体。冠状捆绑加固方法可以减少货物之间的缝隙，防止货物松动。

（二）冷藏保鲜、鲜活易腐、大件、贵重等特种货物运输安全注意事项

特种货物运输，除遵守普通货物运输的规定外，还应根据各类货物的性质、特点和运输要求，进行针对性检查，保障运输安全。

1. 大型物件

加强道路大型物件运输管理，提高运输质量，保证运输安全，保护合法经营，维护运输市场秩序，满足国民经济发展对道路大型物件运输的需要，根据《道路大型物件运输管理办法》对大型物件进行了定义：大型物件是指长度在14m以上或宽度在3.5m以上或高度在3m以上的货物，以及重量在20t以上的单体货物或不可解体的成组（捆）货物。

这类货物需要用大型汽车或挂车进行运输，运输时的注意事项如下：

（1）按有关部门核定的路线行车。大型物件运输标志要悬挂在货物超限的末端。白天行车时，悬挂标志旗；夜间行车和停车休息时开启标志灯。

（2）承运人要根据托运人填写的运单和提供的有关资料，对大型物件进行查对核实。承运大型物件的级别必须与批准经营的类别相符，不准受理经营类别范围以外的大型物件。

（3）运输前应根据大型物件的外形尺寸和车货重量，对承运路线的道路和桥梁宽度、弯道半径、承载能力及交通流量，进行充分的调查研究，并请公路及有关部门在现场进行指导；必要时还要对桥梁进行加固，以确保行车安全。

2. 贵重货物

贵重货物价值昂贵，承运人在运输过程中需要承担较大经济责任，运输时的注意事项如下：

（1）根据托运人对物品属性、运输、装卸、保管注意事项及运抵时间等的要求，进行运输。

（2）尽可能实行快运，超长距离运输应配备两名驾驶员；途中应尽量保持平稳、避免紧急制动；定时停车检查车厢和油布的捆扎情况。

（3）对整批量的贵重货物，原则上实行整车运输，选择适宜货物载运的、性能良好的货车或专用车辆直达运输；对小批量零星贵重货物零担运输的，应在运单上盖有"贵重货物"戳记，便于承运前和到达后车站进行稳妥装卸和保管。

（4）贵重货物不得与其他货物混装在同一个集装箱内；（散货船运输时，在情况许可下，应单独装舱。

3. 冷藏保鲜货物

冷藏保鲜货物运输需要使用保鲜、冷藏专用运输车辆，防止货物变质、腐烂，运输时的注意事项如下：

（1）根据货物的种类、运送季节、运送距离和目的地确定运输方法。尽量组织"门到门"的直达运输，提高运输速度。

（2）在运输过程中保证连续冷藏，抑制微生物的。

（3）可紧密堆码，但水果、蔬菜等需要通风散热的货物，必须在货件之间保留一定的空隙，防止腐烂。增长，减缓其呼吸作用。

4. 鲜活易腐货物

鲜活易腐货物的运输，一般情况下采用专车专运，禁止与其他货物混装。

▶▶案例情景

一辆货车车主将货物与蔬菜混装，企图通过绿色通道逃费，经亳州南收费站工作人员报警后，被亳阜高速路政大队执法人员依法查处。

案例评析 ◁◁

国家对鲜活农产品设了绿色专用通道，这本来是降低鲜活农产品的好事，却成了驾驶员逃避通行费的好事。为了挣钱驾驶员把货物混装，但是这样不仅影响了鲜活易腐物品的质量，还有可能污染鲜活易腐物品。国家也禁止与其他货物混装。对于逃避通行费这已觉得交通部门也对驾驶员处于两千元的罚款，这可真的是老命伤财呀！所以驾驶员朋友可不要图财做些违法的事。

在运输此类货物时的注意事项如下：

（1）装运动物时，驾驶员和押运人员应熟悉动物特性，运输途中做好动物的饲养、饮水、换水、洒水、看护和安全等工作。

（2）装运活动物必须选用家畜车、家禽车、活鱼车及清扫干净、未受毒害品污染的篷、敞车，但不得使用无车窗的篷车。装运牛、马、骡、驴等大牲畜，不得使用铁底货车。

（3）承运要及时，尽可能压缩运输时间；行车中尽量避免紧急制动；配合押运人员定时停车，检查货物供氧、保温等情况。

（三）货物安全的保管

1. 货物保管的分类

道路货物运输所面对的货物性质不一样，其特性和保管的要求也不一样，所以货运企业应根据货物的种类及保管要求进行保管，防止货物变质、失窃、损坏、腐烂、短少等损失。不同种类货物的分类保管：

（1）零担货物的保管。

零担货物虽然没有特殊货物保管要求，但是零担货物比较散，应注意配载货物的品名、件数及途经站点与随车携带的零担货物运单和交接清单内容一致。

在途经站点装卸货物时，应严格按照安全操作规程装卸，避免遗失、被盗。按件点交给收货人，避免出现货损货差。装卸完毕后，应捆扎牢固或关好车厢门。

（2）鲜活易腐货物的保管。

应根据货物特点，采用相应保鲜、保活和固定措施；在运输过程中应积极配合随车押运人员定时停车照料，保障货物品质。

（3）贵重物品的保管。

贵重物品的保管，应特别注意安全，采取有效的防盗、抢措施，谨防货损货差，确保货物安全的送达目的地。

（4）大件货物和危险货物的保管。

运输这类货物，要严格按照相关规定以及托运人的要求执行，积极配合押运人员进行途中保管，确保货物安全的送达目的地。

2. 货物保管的检查

在车辆行驶途中，驾驶员要对车辆、货物、货物安全装置进行全面检查，并根据需要做必要的调整，包括继续增加安全装置等。驾驶员在检查时，需要注意以下事项。

（1）检查车辆，确保车辆后栏板、车门、防水油布和备胎及其他使用装备的安全、有效。

（2）检查货物捆扎、堆码等情况，确保货物安全，防止货物丢失与被盗。

（3）检查货物整体情况，确保货物不会影响车辆的安全行驶。

3. 货物保管的义务

当托运人将货物交与承运人（双方签订运输合同、填写托运单和口头委托等），承运人自接受将货物直到送达收货人。

这期间，驾驶员对受理承运的货物担负着保管的责任和义务。装车前，货运站（场）或物流公司相应部门人员负责货物保管。运输途中，驾驶员负责货物的保管。货物到达目的地，在收货人提货或验收前，承运人方也要有相应的人员负责货物的保管。

（四）货物包装、标识及危险品识别

1. 危险品识别

危险品识别的重要途径是认识危险品标志。根据国家标准《危险货物包装标志》（GB190-2009），危险货物包装标志图形共 30 种，其中标记 4 个，标签 26 个。当驾驶员看到所运载物品是如下所列的危险品标志时，应拒绝运输。

2. 包装标志

运输标志是为了便于货物交接，便于运输、仓储和海关等有关部门进行查验等，在货物的外包装上标明的记号。

在包装标志中，除运输标志外，指示性标志也非常重要，它主要用来指示运输、装卸及保管人员在作业时需要注意的事项，以保证物资的安全。

3. 货物包装

货物包装常见的形式有箱、捆包、袋和桶等。对货物进行包装，不仅可以保护货物免受破坏、变质和损失，而且还有利于装卸、搬运和理货等。

（五）货物检查与交接

驾驶员应在交接时注意检查货物包装、集装箱铅封等情况，协同工作人员核对货物品名、规格、数量等是否与运单相符，同时拍照备注，做好安全转载货物的基础工作。

货物到达目的地交接时，对散装货物原则上要磅交磅收；对"门到门"重箱、集装箱及其他施封的货物要凭铅封交接。

【小结】通过本知识点的学习，相信你已经了解了货物装载与配载、货物检查与交接，掌握了冷藏保鲜、鲜活易腐、大件、贵重等特种货物运输安全注意事项和货物安全的保管、学会了货物包装标识及危险品识别。保证运输物资的安全和及时送达。

三、国际运输、国际集装箱运输、多式联运等基础知识

进入 21 世纪以来，我国经济不断发展，运输行业不断加大国外运输，从而就有了国际运输，国际运输就是在国家与国家、国家与地区之间进行的货物和人员的传递。国际集装箱运输是目前国际货物运输采用的主要形式。多式联运是指由两种及其以上的交通工具相互衔接、转运而共同完成的运输过程。

（一）国际运输

国际运输主要有国际海运、国际空运、国际铁路运输、国际道路运输。道路货物运输驾驶员只有了解国际道路货物运输方面的知识，才能适应道路运输国际化的发展趋势。

1. 国际道路货物运输的管理规定

《国际道路运输管理规定》是交通运输部为规范国际道路运输经营活动颁布的部门规章，它对从事国际道路货物运输的企业、人员和车辆的基本规定如下：

（1）企业和驾驶员必须满足相应的条件，获得经营许可。
（2）车辆应当标明本国的国际道路运输国籍标识标志。
（3）进出相关国家，应持有相关国家的国际汽车运输行车许可证。
（4）按照规定的口岸通过，进入对方国家境内后，应当按照规定的线路运行。

2. 国际道路货物运输的特点

国际道路货物运输是一项涉外的运输活动，一般都是长距离运输，表现出以下运输特点：

(1) 经济活动包含政治意义。
(2) 运输距离长，行车风险大。
(3) 中间环节多，手续复杂。
(4) 运输时间性强，对驾驶员的要求高。
(5) 保险在运输中作用很大。

（二）国际集装箱运输

1. 集装箱运输优点

集装箱运输的优点是坚固、封闭，在道路运输中表现以下优点：
(1) 简化包装，节省包装费用，避免货物在运输过程中收到损坏。
(2) 减少了货损货差，提高了货运质量，便于长途运输和多次换装。
(3) 减少了营运费用，减少了装卸花费的时间和人力，降低了运输成本。

2. 集装箱运输分类

根据集装箱货物装箱数量和方式可分为整箱运输和拼箱运输两种。

整箱运输：是指货主自行将货物装满整箱，然后以箱为单位进行托运。

这种情况在货主有足够货源装载一个或数个整箱时通常采用，除有些大的货主自己置备有集装箱外，一般都是向承运人或集装箱租赁公司租用一定的集装箱。空箱运到工厂或仓库后，在海关人员的监管下，货主把货装入箱内、加锁、铝封后交承运人并取得站场收据，最后凭收据换取提单或运单。

拼箱运输：是指承运人（或代理人）接受货主托运的数量不足整箱的零担货物后，根据货物性质和目的地进行分类整理，把运往同一目的地的货物，集中到一定数量后拼装入箱再运输。

由于一个箱内有不同货主的货拼装在一起，所以叫拼箱。这种情况在货主托运数量不足装满整箱时采用。拼箱货的分类、整理、集中、装箱（拆箱）、交货等工作均在承运人码头集装箱货运站或内陆集装箱转运站进行。

3. 集装箱的特点

集装箱运输是一种现代化的先进运输方式。由于集装箱运输使货物流通过程中各个环节发生重大改变，被称为20世纪的"运输革命"。集装箱运输可促使运输生产走向机械化、自动化。

集装箱有四个特点分别是：高效率、高质量、高密集、标准化。

(1) 高效率。

由于货物的标准化和装卸机械、运输工具的专业化和大型化，使集装箱运输成为一种高效率的运输方式。

① 装卸功率高。
② 运输工具利用率高。
③ 资金周转率高。
④ 节省包装运杂等的费用。
⑤ 提高库场使用率。

(2) 高质量。

集装箱运输是高质量的运输方式主要体现在如下几个方面。

① 集装箱运输是以箱为运输单元的，其装卸、换装、运输暂存过程中都是以箱为单位整体进行的，加之在运输过程中，货物都是装在箱内且箱子又有较高强度和较好的封闭性，货物装载又有较高要求，因此使用集装箱运输货物，可以减少全程运输过程中，由于各种原因引起的货损、货差、被盗、丢失的可能性。

② 货物运达速度快。

③ 为了保证集装箱运输的高效率，货物全程运输所涉及的各环节（托运、装卸、通关等）都简化了手续，大大方便和简化了货主办理单据和各种财务及行政手续。

（3）高密集。

集装箱运输中的集装箱，各类运输工具的现代化，各种港站设施、机械设备及整个集疏运系统都需要投入大量的资金。

随着运输工具的现代化、大型化、装卸机械的大型化、专业化和管理的现代化，集装箱运输需要的人力资源将会进一步减少，但对人员素质要求更高。

（4）标准化。

集装箱运输的标准化主要体现在如下几个方面。

① 由于箱型的标准化及货物装在箱内运输带来的货物重量和外形尺度的标准化。

② 各种运输方式中运输工具的专业化和标准化。

③ 各类港、站设施的专业化和结构、布局及设计要求的标准化。

④ 各类装卸、搬运机械设备的标准化。

⑤ 运输管理组织、运输装卸技术工艺标准化。

⑥ 运输法规、运输单据的统一化、标准化等。

（三）多式联运

多式联运是由两种及其以上的交通工具相互衔接、转运而共同完成的运输过程统称为复合运输，我国习惯上称之为多式联运。

根据《联合国国际货物多式联运公约》对国际多式联运所规定，国际多式联运合同，以至少两种不同的运输方式，由多式联运经营人把货物从一国境内接管地点运至另一国境内指定交付地点的货物运输。而中国海商法对于国内多式联运的规定是，必须有种方式是海运。

在我国由于国际海上运输与沿海运输、内河运输分别适用不同的法律，所以国际海上运输与国内沿海、内河运输可以视为不同的运输方式。

多式联运虽涉及两种以上不同的运输方式，但托运人只和多式联运经营人订立一份合同，只从多式联运经营人处取得一种多式联运单证，只向多式联运经营人按一种费率交纳运费。

这就避免了单一运输方式多程运输手续多、易出错的缺点，为货主确定运输成本和货物在途时间提供了方便。

1. 多式联运的优点

多式联运是在集装箱运输的基础上发展起来的，这种运输方式利用现代化的组织手段，将各种单一运输方式有机地结合起来，其多式联运的优点具体体现在以下几方面：

(1) 实现"门到门"的运输服务。
(2) 运输成本低,有利于贸易开展。
(3) 运输时间短,货运质量高。
(4) 责任集中,手续简便。
(5) 运输组织水平提高,运输更加合理化。

2. 多式联运的特点

(1) 根据多式联运的合同进行操作,运输全程中至少使用两种运输方式,而且是不同方式的连续运输。

(2) 多式联运的货物主要集装箱货物,具有集装箱运输的特点。

(3) 多式联运是一票到底,实行单一运费率的运输。发货人只要订立一份合同一次付费,一次保险,通过一张单证即可完成全程运输。

(4) 多式联运是不同方式的综合组织,全程运输均是由多式联运经营人组织完成的。无论涉及几种运输方式,分为几个运输区段,由多式联运经营人对货运全程负责。

3. 多式联运的业务程序

主要包括以下环节:
(1) 接受托运申请,订立多式联运合同;
(2) 空箱的发放、提取;
(3) 出口报关;
(4) 货物装箱及交接;
(5) 订舱及安排货物运送;
(6) 办理货物运送保险;
(7) 签发多式联运提单,组织完成货物的全程运输;
(8) 货物运输过程中的海关业务;
(9) 货物到达交付。

4. 进行国际多式联运具备条件

进行国际多式联运应具备以下条件:

(1) 多式联运经营人与托运人之间必须签订多式联运合同,以明确承、托双方的权利、义务和豁免关系。

(2) 必须使用全程多式联运单据(MultimodalTransportDocuments,M.T.D,我国现在使用的是 C.T.B/L)。该单据既是物权凭证,也是有价证券。

(3) 必须是全程单一运价。

(4) 必须由一个多式联运经营人对全程运输负总责。

(5) 必须是两种或两种以上不同运输方式的连贯运输。

(6) 必须是跨越国境的国际间的货物运输。

【小结】掌握了国际运输相关规定和优点,国际集装箱运输的分类与优点,了解了多式联运的优点与特点和进行国际多式联运具备条件。

四、货物装卸场所的特点及注意事项

▶▶**案例情景**

一吨要发往某国的化学物品卸在某港口,卸货时也没有特殊的装载,搬货人员直接甩放在装有贵重物品的货物旁边,这时化学物品被甩了一道裂口,渗漏出来,流到了贵重货物,侵蚀了贵重货物,造成三分之二的损失。

案例评析 ◁◁

由这个案例可以看出货物装卸是非常重要的,一定要专门的装卸,物品也要分类,所以在港口、保税区、物流园区(场站)、甩挂运输、铁路货场等货物装卸的一些特殊场所,驾驶员应根据其作业环境特点进行运输和货物装卸。

(一)港口

港口是海上运输和内陆运输之间的重要联系枢纽。在港口的码头船舶比较多,首尾衔接,停泊的鳞次栉比,船舶的货运物资复杂,导致交通环境复杂;因此我们在这里分为集装箱码头、普通件杂货港。

1. 集装箱码头

是专供集装箱船停靠和装卸作业的码头。通常有专门的装卸、运输设备,集运、贮放集装箱的宽阔货场,拆卸集装箱和货物分类用的货棚等。

2. 普通件杂货港

码头堆砌货物种类繁多,特别是可燃、易燃、自燃物质,稍有疏忽,就有可能出现火灾;一旦出现危险情况,船舶的起锚、疏散、施救都很困难,并威胁沿岸建筑、构成筑物的安全,影响航道,甚至破坏码头设施。

※**扩展知识**

港口从古至今一直历来都是境内外贸易的重要中转站,港口的出现大大便利了各种贸易的运输时间和缩短了运输的路程,带动了国家经济贸易往来的开展。

那么港口物流的经济作用是什么呢?

港口物流是多种物资、交通运输、服务资源的集合。

港口物流从纵向看:涉及运输、储存、装卸、搬运、包装、流通加工、配送、信息处理以及为以上多个环节提供装备和配套服务的诸多领域;

港口物流从横向来看:港口物流服务几乎涉及国民经济的多个方面,是一个跨行业、跨部门、跨地区的基础性产业,具有强大的经济渗透力和带动效应。

港口物流对经济的直接贡献是什么呢?

港口物流对经济的直接贡献主要是指港口生产所直接获得的经济效益。港口是国民经济和地区经济的一部分,与其他行业一样,港口同样产生国内生产总值、产生国民收入,港口还产生就业机会、上缴国家税收。因此可以用货运与客运周转量以及国民生产总值的增加值等指标来衡量直接贡献。

港口物流对经济的间接贡献是什么呢？

港口的间接经济贡献则是指为直接经济活动提供劳务与产品的组织与公司所产生的效益。

港口物流社会效益是什么呢？

港口社会效益是指港口发展对促进地区繁荣的巨大的推动作用。

（二）保税区

1. 保税区的特点

保税区亦称保税仓库区，是由国家海关设置的或经海关批准注册、受海关监督和管理的，可以较长时间存储商品的区域。运入保税区的货物在海关监管范围内，可以进行储存、改装、分类、混合、展览，以及加工制造。

外国商品存入保税区，不必缴纳进口关税，尚可自由出口，只需交纳存储费和少量费用，但如果要进入关境则需交纳关税。各国的保税区都有不同的时间规定，逾期货物未办理有关手续，海关有权对其拍卖，拍卖后扣除有关费用后，余款退回货主。

2. 进出保税区的注意事项

（1）保税区运往境外的货物适用出境备案手续。

（2）准备相关出境手续，提供进入保税区相关材料。

（3）海关接单后，经审核符合申报条件、手续齐全有效的，予以放行，并在有关单证上加盖放行章或验讫章，将盖章单证返还报关员办理货物装船出运手续。

（4）向海关提出报关和向各省（市）检疫检验局提出报检。

（5）将预录入数据向海关发送申报，待收到申报加执后，打印出境货物备案清单。

（6）报检通过后，提交相关费用，并注意保税区使用期限。

（7）出保税区时，应注意：发货人或其代理人到预录入点办理出境备案清单预录入手续，预录入按"进出境备案清单填制规范"填写。

（8）在备案清单上签署报关员名字，并加盖报关章，随附报关员证、相关商业单证、运输单证、审批单证及其他海关认为必要时需交验的有关单证和资料到海关办理书面申报手续。

（9）货物须由海关监管车辆从保税区承运至码头（机场等）。

（三）物流园区（场站）

1. 物流园区特点

物流园区（场站）是一个具有一定规模和具有多种服务功能的物流企业集结点，一般设在物流作业比较集中的地区。货运枢纽型物流园区具有以下特点：

（1）依托空运、海运或陆运枢纽而规划，至少有两种不同的运输形式衔接。

（2）主要服务于国际性或区域性物流运输及转换。

（3）物流园区内可以全面处理储存、包装、装卸、流通加工、配送等作业方式以及实现不同作业方式之间的相互转换。

（4）提供大批量货物转换的配套设施，实现不同运输形式的有效衔接。

2. 物流园区的定义

物流园区的定义是指符合相关条件的一家或多家企业、单位采用相关设施设备（物流设施）管理，从事具有特定功能物流活动在一定区域空间上集中布局的场所，有一定规模和综合服务功能的物流集结点。

3. 物流园区的分类

（1）按经营主体划分

政府主导型物流园区与市场主导型物流园区。大多数的物流园区都是政府主导型的

（2）按产业依托划分

基于物流产业的物流园区与基于其他产业的物流园区。大多数的物流园区都是基于物流产业的，以物流企业为主体。

（3）按功能定位划分

综合化物流园区和专业化物流园区。具体体现在物流园区物流功能、服务功能、运行管理体系等多方面的综合，体现其现代化、多功能、社会化、大规模的特点，而不同物流区的专业化程度提高则表现出现代化和专业化的基本属性。

（4）按需求划分

按满足物流服务需求的划分三种类型：

一是区域物流组织型园区。其功能是满足所在区域的物流组织与管理。

二是商贸型物流园区。商贸物流园区在功能上主要是为所在区域或特定商品的贸易活动创造集中交易和区域运输、城市配送服务条件。

三是运输枢纽型物流园区。物流园区作为物流相对集中的区域，从运输组织与服务的角度，可以实现规模化运输，反过来，规模化进行运输组织也就为物流组织与管理活动的集中创造了基础条件。

（四）甩挂运输

根据《关于促进甩挂运输发展的通知》（交运发〔2009〕808号）中的定义：甩挂运输是指牵引车按照预定的运行计划，在货物装卸作业点甩下所拖的挂车，换上其他挂车继续运行的运输组织方式，牵引车与挂车的组合不受地区、企业、号牌的限制，但牵引车的准牵引总质量应与挂车的总质量相匹配。

甩挂运输以其高效、经济、节能、环保的优势得到了普遍应用。与传统运输方式相比，甩挂运输具有明显优势。甩挂运输具体优势如下：

（1）减少装卸等待时间，加速牵引车周转，提高运输效率和劳动生产率；

（2）减少车辆空驶和无效运输，降低能耗和废气排放；

（3）节省货物仓储设施，方便货主，减少物流成本；

（4）便于组织水路滚装运输、铁路驼背运输等多式联运，促进综合运输的发展。

甩挂运输在国际上得到了广泛的推广应用，已经成为非常普遍的先进运输组织方式。

（五）铁路货场

物运输驾驶员要了解铁路货场的线路特点，避免发生危险。

1. 铁路货场的功能

铁路货场的主要功能是储存、装卸、搬运、配送、交付作业的场所，是铁路与其他运输方式相衔接的地方。

2. 铁路货场线路配置分类

（1）通过式货场：货物装卸线为通过式。

优点：是取送车作业可在货场两端同时进行，比较方便；装卸作业干扰较少；可以办理整列装卸作业。

缺点：是货场道路与装卸的交叉较多，取送车与进出货搬运作业易相互干扰。

（2）尽头式货场：优点货物装卸线为尽头式。

优点：是货场道路与线路交叉点，占地少，短途搬运与取送车干扰少，比较安全。

缺点：确定是所有车辆取送作业均在货场一端进行，灵活性小，取送车作业与装卸作业会相互干扰。

（3）混合式货场：货物装卸线一部分为尽头式，另一部分为通过式。它兼有尽头式货场与通过式货场的优点和缺点。

【小结】通过本节的学习，我们了解了港口、物流园区（场站）的基本知识和保税区的注意事项，掌握了甩挂运输的优势，铁路货场运输的功能，缺点与优点。

单元十　道路危险货物运输知识

教学对象
　　道路危险货物运输驾驶员。
教学目标
　　（1）深入了解各类危险货物运输安全的基本要求。
　　（2）掌握危险货物运输事故应急措施。
教学内容
　　（1）爆炸品运输安全及事故应急措施。
　　（2）压缩气体和液化气体运输安全及事故应急措施。
　　（3）易燃液体运输安全及事故应急措施。
　　（4）易燃固体、自燃物品和遇湿易燃物品。
　　（5）氧化剂和有机过氧化物运输安全及事故应急措施。
　　（6）毒害品和感染性物品运输安全及事故应急措施。
　　（7）放射性物品运输安全及事故应急措施。
　　（8）腐蚀品运输安全及事故应急措施。
教学重难点
　　（1）深入理解各类危险货物在运输过程中的安全要求。
　　（2）掌握各类危险货物在出现事故时的正确应急措施。
教学方法
　　讲授法、演示法。
教学时间
　　2课时。
教学过程
　　危险品运输是特种运输的一种，是指专门组织或技术人员对非常规物品使用特殊车辆进行的运输。一般只有经过国家相关职能部门严格审核，并且拥有能保证安全运输危险货物的相应设施设备，才能有资格进行危险品运输。危险货物运输从业人员要严格遵守《中华人民共和国道路运输条例》、《危险化学品安全管理条例》和《道路危险货物运输管理规定》等有关法律、行政法规的规定，从事道路运输工作。这样才能更好规范道路危险货物运输市场秩序，保障人民生命财产安全，保护环境，维护道路危险货物运输各方当事人的合法权益。

一、爆炸品运输安全及事故应急措施

　　由于爆炸品在爆炸的瞬间能释放出巨大的能量，使周围的人、畜及建筑物受到极大的伤害和破坏，因此对爆炸品的储存和运输必须高度重视，严格要求，加强管理。为了保证爆炸品的运输安全，在运输过程中应按以下要求进行：

（一）运输安全要求

（1）汽车运输爆炸品禁止使用以柴油或煤气作为燃料，这是因为柴油车尾气易发出火星、煤气容易发火。

（2）装车前应将货厢清扫干净，排除异物，装载量不得超过额定负荷。押运人应负责监装、监卸，数量应点收点交清楚。所装货物超出栏板部分不得超出货厢栏板高度的 1/3；密封式车厢装货总高度不得超过 1.5 m；没有外包装的金属桶（一般装的是硝化棉或发射药）只能单层摆放，以免压力过大或撞击摩擦引起爆炸；在任何情况下雷管和爆炸药都不得同车装运或两车同时在同一场地进行装卸。

（3）汽车运输爆炸品时，其运输时间、路线应事先报请当地公安部门批准，按公安部门指定的时间、路线行驶，不得擅自改变行驶路线，以利于加强运行安全管理。车上无押运人员不得单独行驶，押运人员必须熟悉所装货物的性能和作业注意事项等。车上严禁搭乘无关人员和危及安全的其他物资。

（4）行车中驾驶人员必须集中精力，严格遵守交通法规和操作规程，同时注意观察，保持行车平稳。多部车辆列队运输行驶时，跟车距离至少保持 50 m 以上，一般情况下不得超车、强行会车，非特殊情况下不准紧急刹车。

（二）灭火方法与撒漏处理

（1）爆炸品通常有效的灭火方法是用水冷却达到灭火目的，但不能采取窒息法或隔离法。禁止使用砂土覆盖燃烧的爆炸品，否则会导致由燃烧转化为爆炸。对有毒性的爆炸品，灭火人员应戴防毒面具。

（2）对爆炸物品撒漏物，应及时用水湿润，再撒以锯末或棉絮等松软物品收集后并保持相当湿度，报请公安部门或消防人员处理，绝对不允许将收集的撒漏物重新装入原包装内。

二、压缩气体和液化气体运输安全及事故应急措施

气体经压缩后成为压缩气体或液化气体而贮存于耐压容器中。通常这种容器都装有压力表、温度表和压力传感器、温度传感器以便对其检控。液化气体和压缩气体它具有因受热、撞击或气体膨胀使容器受损引起爆炸的危险。如液化氮、压缩氧、乙炔、压缩氯等。为了压缩气体和液化气体运输安全，在运输过程中应按以下要求进行：

（一）运输前的准备工作

（1）运输驾驶人员应根据所装气体的性质穿戴防护用品，必要时需要戴好防毒面具；运输大

型气瓶或罐式集装箱，在起重机下操作时必须戴好安全帽。

（2）运输大型气瓶（如液氯、制冷剂等），车上必须配备防止钢瓶滚动的紧固装置，如插桩、垫木、紧绳器等。

（3）运输氧气、液抓等氧化性较强的气体，应认真检查货厢是否清洁，必须保证货厢内无油脂及含油脂的残留物，如油棉纱团等。

（4）罐车装卸作业时应按照指定位置停车，熄灭发动机（需从发动机取力的车辆除外），实施手制动。

（5）运输各种易燃气体（如液化石油气等）受压罐车，应检查管道接头、仪表、泄压阀等安全装置的情况良好，并接通导除静电装置。

（二）运输安全要求

（1）夏季运输除另有限运规定外，当罐内液温达到 40℃时，还必须配有罐体遮阳或用冷水喷淋降温等设施，防止罐体暴晒。

（2）运输易燃易爆气体应远离热源、火源，如锅炉房或明火场所。

（3）运输大型气瓶，行车途中应尽量避免紧急制动，防止气瓶因惯性力作用冲出车厢平台造成事故；车辆转弯前应减速，以防止急转弯或车速过快时所装载的气瓶因离心力作用而被抛出车厢外。

（三）灭火方法及撒漏处理

1. 灭火方法

运输中遇有火情应迅速扑救。应将未着火的气瓶迅速移至安全处；对已着火的气瓶应使用大量雾状水喷洒在气瓶上，使其降温冷却；火势尚未扩大时，可用二氧化碳、干粉、泡沫等灭火器进行扑救。

2. 撒漏处理

运输中发现气瓶漏气时，特别是有毒气体，应迅速将气瓶移至安全处，并根据气体性质做好相应的人身防护，人站在上风处，将阀门旋紧。大部分有毒气体能溶解于水，紧急情况时，可用浸过清水的毛巾捂住口鼻进行操作，若不能制止时，可将气瓶推入水中，并及时通知相关管理部门处理。

三、易燃液体运输安全及事故应急措施

易燃液体指的是凡在常温下以液体状态存在，遇火容易引起燃烧，其闪点在 45℃以下的物质叫易燃物质。如汽油、乙醇、苯等。这类物质大都是有机化合物，其中很多属于石油化工产品。为了易燃液体运输安全，在运输过程中应按以下要求进行：

（一）运输前的准备工作

（1）大多数易燃液体的蒸气对人体健康具有危害性，因此驾驶人员在作业前或作业中，应加强集装箱、封闭式车厢的排气通风，以使易燃蒸气能有效地扩散，特别是在夏季，高温诱发空气中有害蒸气浓度加大，更应加强通风。

（2）易燃液体蒸气与空气能形成爆炸性混合气体，遇明火会发生燃烧爆炸，因此在运输作业现场必须严禁烟火，作业现场应划定警戒区，一般半径30m内不得有热源或明火，车辆应停靠稳妥，熄灭发动机，实施手制动，接好导除静电装置。

（3）驾驶人员不得随身携带火种（如火柴、打火机），应穿着不产生静电的工作服和不带铁钉的工作鞋。

（4）根据所装货物的包装情况（如化学试剂、油漆等小包装物品），备好防散失用具。

（二）运输安全要求

（1）运输易燃液体，车上人员不准吸烟，车辆不得接近明火及高温场所。装运易燃液体的罐车行驶时，导除静电装置应接地良好。

（2）装运易燃液体的车辆，严禁搭乘无关人员，途中应经常检查车上货物的装载情况，如捆扎是否松动，包装件有否渗漏。发现异常情况时应及时采取有效措施。

（3）夏季高温季节，当天天气预报气温在30℃以上时，应按照作业地规定的作业时间运输。若必须运输时，车上应有有效的遮阳设施，封闭式货厢应保持车厢通风良好。

（4）应将车厢后门、侧门锁牢后方可运行车辆，不准敞开车门行驶。严禁超载运输。装有重瓶的车辆在处于静态停车时，应将车厢顶部的天窗全部敞开并锁好窗销，不准将天窗关闭。

（三）灭火方法和撒漏处理

1. 灭火方法

大部分易燃液体的密度小于水，且不溶于水，一旦发生火灾，用水扑救时因水会沉在燃烧着的液体下面，并能形成喷溅、漂流而扩大火灾；另外，易燃液体燃烧时所产生的热量较大，而其燃点又较低，很难使温度降低到其燃点以下。因此，消灭易燃液体火灾的最有效方法，是采用泡沫、二氧化碳、干粉、1211灭火器等扑救。

2. 撒漏处理

易燃液体一旦发生撒漏时，应及时以砂土或松软材料覆盖吸附后，集中至空旷安全处处理。覆盖时，特别要注意防止液体流入下水道、河道等地方，以防污染环境。更主要的是如果易燃液体浮在下水道或河流的水面上，其火灾隐情也很严重。

在销毁收集物时，应充分注意燃烧时所产生的有毒气体对人体的危害，必要时应戴好防毒面具。

四、易燃固体、自燃物品和遇湿易燃物品运输安全及事故应急措施

首先，我们来一起认识易燃固体、自燃物品以及遇湿易燃物品的特性。了解此类危险品的本

身特性，做好防范措施，才能有效地保证运输安全。

易燃固体是指燃点低，对热、撞击、摩擦敏感，易被外部火源点燃，燃烧迅速，并可能散发出有毒烟雾或有毒气体的固体，但不包括已列入爆炸品的物品。例如，红磷、三硫化磷、五硫化磷、二硝基苯、硝化棉、闪光粉（镁粉与氯酸钾的混合物）、铝粉、镁粉、硫磺等。易燃固体主要特性如下：

易燃性：易燃固体在常温下是固态，当受热后可熔融、蒸发、气化、再分解氧化直至出现火焰燃烧，因此，易燃固体随温度的升高危险性增大。大部分易燃固体的燃点、熔点、自燃点都较低。熔点低的固体易蒸发或气化，较易燃烧，而且燃烧速度快，许多低熔点的易燃固体有闪燃现象，如聚甲醛、樟脑等。燃点越低的固体越易着火，因为它们在较小的热源或撞击摩擦作用下会很快受热到燃点而起火。多数易燃固体的自燃点都较低，易燃的危险性较大，其原因是分子间密度大，散热性差，易于积聚热量，当温度达到自燃点，没有火源也会引起燃烧。

可分散性与氧化性：固体具有可分解性。一般来讲，物质的颗粒越细其比表面积越大，分散性就越强。当固体粒度小于 0.01 mm 时，可悬浮于空气中，这样能充分与空气中的氧接触发生氧化作用。固体的可分散性是受许多因素影响的，但主要还是受物质的比表面影响，比表面积越大和空气中氧的接触机会越多，氧化作用越容易，燃烧也就越快，则具有爆炸的危险性。如粉尘爆炸。

热分解性：某些易燃固体受热后不熔融，而发生分解现象。有的受热后边熔融边分解，如硝酸铵（NH_4NO_3）在分解过程中，往往放出 NH_3 或 NO_2、NO 等有毒气体。一般来说，热分解的温度的高低直接影响其危险性的大小，受热分解温度越低的物质，其火灾爆炸性危险就越大。

自燃物品是指自燃点低，在空气中易发生氧化反应，并放出热量而自行燃烧的物品。自燃物品的主要特性如下：

极易氧化：自燃的发生是由于物质的自行发热和散热速度处于不平衡状态而使热量积蓄的结果。如果散热受到阻碍，易促进自燃，其原因是自燃物质本身的化学性质非常活泼，具有很强的还原性，与空气中的氧能迅速作用产生大量的热。如黄磷的自燃点很低（34℃），若暴露于空气中，因氧化发热易引起自燃，因此黄磷需要放在水中保存。另外，还有一些自燃点很低的物质，为了防止自燃，贮存时都需采取相应的措施。

易分解：某些自燃物质的化学性质很不稳定，在空气中会自行分解，积蓄的分解热也会引起自燃，如硝化纤维素、赛璐珞、硝酸甘油等。

遇湿易燃物品指遇水或受潮时，发生剧烈化学反应，放出大量的易燃气体和热量的物品，有的不需要明火，即能燃烧或爆炸。

这类物质的共性是遇水分解，遇酸或氧化剂反应更加剧烈。分解产生大量的易燃气体和热量，如果存在于容器或室内易形成爆炸性混合物而导致危险，如活泼金属、金属氢化物、硫氢化物、硫的金属化物、碳化物、磷化物等。

为了易燃固体、自燃物品以及遇湿易燃物品运输安全，在运输过程中应按以下要求进行：

（一）运输前的准备工作

（1）运输作业现场要远离明火、高温场所，遇湿易燃物品车厢必须干燥、无积水。

（2）驾驶人员不得随身携带火种（如火柴、打火机），不得穿着易产生静电的工作服和工作鞋。

（3）对易升华（如精萘、樟脑等）或易挥发出易燃、有害及刺激性气体的货物，作业现场应保持良好通风，防止中毒和燃烧爆炸。

（4）雨雪天运输遇湿易燃物品时，车辆必须具备有效的防水设备，不具备条件的车辆不得运输。

（二）运输安全要求

（1）行车时，要注意防止外来明火飞到货物中，要避开明火高温场所。

（2）行车中应定时停车检查所装货物的堆码、捆扎和包装情况，尤其是要注意防止包装渗漏等隐患。

（三）灭火方法和撒漏处理

1. 灭火方法

由于本类物品性质各异，因此采取灭火的手段有所区别，分别如下：

（1）易燃固体。

根据易燃固体的不同性质，可用水、砂土、泡沫、二氧化碳、干粉灭火剂来灭火，但必须注意：

① 遇水反应的易燃固体不得用水扑救。如铝粉、钦粉等金属粉末能与水发生剧烈反应，产生可燃气体。因此应用干燥的砂土、干粉灭火器进行扑救。

② 有爆炸危险的易燃固体禁用砂土压盖，如具有爆炸危险性的硝基化合物。

③ 遇水或酸产生剧毒气体的易燃固体，严禁用硝碱、泡沫灭火剂。如磷的化合物和硝基化合物（包括硝化棉、赛璐路）、氮化合物、硫黄等，燃烧时产生有毒和刺激性气体，扑救时须注意带好防毒面具。

④ 火场中抢救出来的赤磷要谨慎处理。因为赤磷在高温下会转化为黄磷变成自燃物品，同时在扑救时，赤磷被水淋过受潮后，也会缓慢引起自燃。

（2）自燃物品。

① 此类物品灭火时，一般可用干粉、砂土（干燥时有爆炸危险的自燃物品除外）和二氧化碳灭火剂灭火。与水能发生反应的物品如三乙基铝、铝铁溶剂等禁用水扑救。

② 对黄磷火灾现场须谨慎处理，黄磷被水扑灭后只是暂时熄灭，残留黄磷待水分挥发后又会自燃，所以现场应有专人密切观察。同时要注意，黄磷燃烧时会产生剧毒的五氧化二磷等气体，扑救时应穿戴防护服和防毒面具。

（3）遇湿易燃物品。

① 此类物品发生火灾时，应迅速将邻近未燃物品从火场撤离或与燃烧物进行有效隔离。用干砂、干粉进行扑救，并注意以下物品在灭火时绝不能用水扑救：活泼金属及其他与水接触放出氢气的；遇水产生碳氢化合物（气体）的；遇水产生有毒或腐蚀性气体的；相对密度小于水的。

② 遇水反应产生易燃或有毒气体的，不得使用泡沫灭火剂扑救。

③ 与酸或氧化剂等反应物质，禁用酸碱灭火剂和泡沫灭火剂扑救。

④ 活泼金属禁用二氧化碳灭火器进行扑救。因为钾、钠等具有极强的还原性，甚至能夺取二氧化碳中的氧，所以二氧化碳不但起不了灭火作用，反而助长火势，因此应用苏打、食盐、氮或石墨粉来扑救。锂的火灾不能用食盐和氮扑救，而只能用石墨粉扑救。

⑤ 碳化物、磷化物遇水反应能产生剧毒、腐蚀性气体，灭火扑救时应穿戴防护用品和隔离式

呼吸器。

2. 撒漏处理

本类货物撒漏时，可以收集起来另行包装。收集的残留物不能任意排放、抛弃。对与水反应的撒漏物处理时不能用水，但清扫后的现场可以用大量水冲刷清洗。还应注意，对注有稳定剂的物品，残留物收集后重新包装，也应注入相应的稳定剂。

五、氧化剂和有机过氧化物运输安全及事故应急措施

氧化剂和有机过氧化物的主要危险有：氧化性或助燃性、爆炸性、毒害性和腐蚀性。当然，其危险主要取决于物质本身（内因），但其危险的产生还要有一定的外界条件（外因）才能发生。因此，只要我们了解并掌握它们的变化条件，并针对这些条件采取相应措施，才能保证运输装卸安全。为了氧化剂和有机过氧化物运输安全，在运输过程中应按以下要求进行：

（一）运输前的准备工作

（1）运输前应认真检查车厢，不得有任何酸类及煤屑、木屑、硫黄、磷等可燃物的残留物，车厢必须干净。

（2）运输需控温的有机过氧化物，应检查车辆控温、制冷系统的运行状态，保持运转正常。

（二）运输安全要求

（1）根据所装货物的特性和道路情况，严格控制车速，防止货物剧烈振动、摩擦。

（2）需控温的有机过氧化物在运输途中应定时检查制冷设备的运转情况，发现故障应及时排除。

（3）中途停车时，应远离热源和火种场所，临时停靠或途中住宿过夜，车辆应有专人看管。

（4）车辆重载若发生故障，在维修时应严格控制明火作业，驾驶人员不得离开车辆，要随时注意周围环境是否安全，发现问题应及时采取措施。

（三）灭火方法和撒漏处理

1. 灭火方法

（1）发生火灾时，对有机过氧化物、金属过氧化物不能用水扑救，因为这类物品与水反应能生成氧气而帮助燃烧，扩大火势，只能用砂土、干粉、二氧化碳灭火剂进行扑救。泡沫灭火器中的药剂是水溶液，故禁止使用泡沫灭火器扑救有机过氧化物、金属过氧化物引起的火灾。

（2）绝大部分氧化剂都可以用水扑救，粉状物品应用雾状水扑救。

（3）在扑救时，要配备适当的防毒面具，以防中毒。在没有防毒面具的情况下，可将一般口罩用5%的碳酸氢钠溶液浸泡后使用，因其有效防毒时间短，必须随时更换。

2. 撒漏处理

在装卸过程中，由于包装不良或操作不当，造成氧化剂撒漏时，包括对撒漏的少量氧化剂或残留物均应轻轻扫起，另行包装，这些从地上扫起重新包装的氧化剂，因接触过空气或混有可燃物等杂质，为防止发生化学变化，不得同车发运，须留在撒漏处适当地方，另行处理。

六、毒害品和感染性物品运输安全及事故应急措施

毒害品进入肌体后，累积达一定的量，能与体液和组织发生生物化学作用或生物物理学变化，扰乱或破坏肌体的正常生理功能，引起暂时性或持久性的病理状态，甚至危及生命的物品。感染性物品指含有致病的微生物，能引起病态，甚至死亡的物质。

为了毒害品和感染性物品运输安全，在运输过程中应按以下要求进行：

（一）运输前的准备工作

（1）根据所装运货物的毒性、状态、包装情况，必须携带好劳动防护用品（如工作服、手套、防毒口罩或面具）及防散失、防雨等工、属具。

（2）进入作业现场对刚开启的仓库、集装箱、封闭式车厢要先通风 VAEL，驱除积聚的有毒气体。

（3）在运输作业现场，人尽量站立在上风处，不能在低洼处久留，不能在货物上坐卧、休息，作业过程中不能进食、吸烟、饮水。工作前、工作后严禁饮酒。

（二）运输安全要求

（1）要平稳驾车，勤于瞭望，定时停车检查包装件的捆扎情况，谨防捆扎松动，货物丢失，装运有机毒害品，行车中应避开高温、明火场所。

（2）防止毒害品丢失是行车中要注意的最重要的事项。如果丢失不能找回，落到不了解其性能的群众手里，或被犯罪分子利用，就可能酿成重大事故。因此，发生丢失而又无法找回时，必须立即向货物丢失的当地公安部门报案。

（3）装运过毒害品的车辆未清洗、消毒前，严禁装运食品或鲜活动物。

（4）感染性物品运输后，车辆应到指定的地点集中清洗消毒。

（三）灭火方法和撒漏处理

1. 灭火方法

毒害品因其品类繁多，性质各异，一旦发生火灾必须注意以下几点：

（1）无机毒害品中的氮化镁，遇水后能和水中的氢生成有毒和有腐蚀性的氨。因此，此类物品着火时，不能用水扑救，应用砂土、干粉扑救。

（2）毒害品中的氰化物遇酸性物质能生成剧毒气体氢化氰，这类物品发生火灾时，不得用酸碱灭火器扑救，可用水及砂土扑救。

（3）大部分毒害品在着火、受热或与水、酸接触时，能产生有毒和刺激性气体及烟雾，灭火

人员必须根据毒害品的性质采用相应的灭火方法。在扑救火灾时，尽可能站在上风方向，并戴好防毒面具。

2. 撒漏处理

对毒害品的撒漏物应视其具体情进行处理：如固体货物，通常扫集后装人其他容器中交货主单位处理；液体货物，应以砂土、锯末等松软物浸润，吸附后扫集，盛人容器中交付货主单位处理；对毒害品的撒漏物不能任意乱丢或排放，以免扩大污染甚至造成不可估量的危害。

被毒害品污染过的场地、车辆或防护用品，其洗刷消毒基本方法如下：

（1）氰化物污染物。氰化物如氰化钠、氰化钾污染，可将硫酸钠水溶液撒在污染处，因硫酸钠与氰化物可以生成低毒的硫氰酸盐，从而消除氰化物的毒性，然后用热水冲洗，最后用冷水冲洗。也可用硫酸亚铁、高锰酸钾或次氯酸钠等来处理。

（2）有机磷农药污染物。有机磷农药如1605、苯硫磷、敌死通、1059等撒漏时，首先用生石灰将撒漏物吸干，然后用碱水浸湿污染处，再用热水洗刷，最后用冷水冲洗即可。但是，应注意敌百虫也是有机磷农药，不可用碱水洗刷。因为它在碱性溶液中分解很快．大部分变成毒性比它大数倍，且易挥发的敌敌畏，所以敌百虫撒漏后，只能用大量水洗刷。

（3）硫酸二甲醋污染物。硫酸二甲醋为酸性毒品，在冷水中缓慢分解，分解速度随温度上升而加快，撒漏后先将氨水洒在污染处起中和作用，也可用漂白粉加上 5 倍的水浸湿污染处；再用碱水浸湿；最后用热水和冷水各冲洗一次。

（4）芳香族氨基或硝基化合物污染物。对芳香族氨基或硝基化合物如苯胺、硝基苯等，可将稀盐酸溶液浸湿污染处，再用水冲洗。

（5）砷化物污染物。砷化物如砷、三氧化二砷等，因砷在空气中其表面很快被氧化成三氧化二砷而微溶于水，生成砷酸、亚砷酸。亚砷酸能溶于碱，生成亚砷酸盐，而亚砷酸盐溶于水，可用氢氧化铁解毒，最后用水冲洗。

（6）有机氯粉剂或乳剂农药污染物。有机抓农药在一般情况下不溶于水，而在碱溶液中极易分解放出氮化氢，生成三氧化苯。所以撒漏后，先将撒漏物收集起来，再用清水冲洗，最后用热水冲洗，无热水时可以撒上碱后用水冲洗。

七、放射性物品运输安全及事故应急措施

装运放射性物品必须根据货物的运量和运力组织专运放射性货物的车辆和人员。从事放射性物品运输的人员，必须接受辐射防护的教育和培训，经考核取得合格证后，才能上岗操作，同时要对每个放射性运输专业人员建立辐射防护档案，追踪记录专业人员每次接触放射性物品的剂量和时间，累计计算所受剂量的年有效剂量当量。所以，承运放射性物品的单位，应根据具体需要建立健全辐射防护机构或专职（兼职）的辐射防护人员，开展辐射防护监测工作，加强安全教育与技能训练。

为了放射性物品运输安全，在运输过程中应按以下要求进行：

（一）运输前的准备工作

（1）装运放射性物品，须根据货物的运量组织专业运输放射性货物的车辆和人员参加作业，

从事放射性物品运输的人员，必须接受辐射防护教育和培训，并经考核合格才能上岗作业。

（2）运输作业时应穿戴防辐射工作服、口罩、手套等劳动保护用品，不可坐在货包上，尽量避免身体直接接触货包，作业时严禁吸烟、进食、饮水。

（3）放射性物品在车厢中应摆放平稳、牢靠，防止行车中倒塌、倾斜、撞击、移位。放射性同位素和可裂变物质的货物在车厢里不得堆码，摆放时要尽量做到减少周围的剂量率，将运输指数大的货包放在中间，运输指数小的货包放在四周。这样剂量小的货包也能起到一定的辐射屏蔽作用，可减少周围的剂量率。

（4）一辆运输车上同时装载的放射性货包的运输指数之和不得超过50；装有运输指数50的放射性货包的车辆，前后左右6m范围内，不得有其他放射性物品。

（二）运输安全要求

（1）运输放射性物品的车辆，必须随车携带经当地审核单位及核查人员（通常为卫生防疫部门）盖章证明的"放射性物质货包表面污染及辐射水平检查证明书"，并按指定路线、指定时间进行运输。

（2）为控制辐射照射，放射性货物在运输过程中，除Ⅰ级货包（白包）外，应与生活设施、工作区以及旅客或公众聚集场所保持一定隔离。运输人员所受的照射剂量当量每年不得超过 5 Sv/h（500 rem/h）。同时，放射性货物还应与未感光的胶片隔离，不得同其他危险货物同车装运。

（3）装运Ⅱ级（黄色）、Ⅰ级（黄色）标志货包的运输车辆，除驾驶人员、搬运与押运人员外，不允许搭乘其他人员，人员座位处的辐射水平，一般不得超过 0.02sv/h（2rem/h）。运输过程中因故临时停车，对运输指数大于0.3的放射性货包应划出警戒线，保持一定的安全距离进行辐射防护。

货包与人员之间没有屏蔽层的安全距离见下表。所谓安全距离即在这个距离以外，人员与放射性货物相处可以不受时间的限制。

（三）灭火方法和撒漏处理

1. 灭火方法

发生火灾时，可用雾状水扑救，注意不要使水流散面积过大而造成大面积污染。消防人员须穿戴防护用具，并站在上风处。

2. 撒漏处理

放射性物品的撒漏对环境影响的程度有很大区别，应针对不同的撒漏情况采取相应的处理方法。剂量率较小的放射性物品外层辅助包装损坏时，应及时修复，不能修复的，应换相同的外包装。调换后外包装的运输指数不得大于原来的运输指数，也不得按新包装修改相应的运输证件和运输标志。

放射性矿石、矿砂撒漏时，应将撒漏物收集，并调换包装。

如果Ⅱ、Ⅲ级货包内容器受到破坏，放射性物质扩散外面，或者外层包装受到严重破坏时，运输人员不得擅自处理，应立即向公安部门和卫生监督机构报告，并在事故地点划出安全区，设置警戒线，悬挂普告标志牌。

在划定安全区的同时．要用适当的材料进行屏蔽。对于粉末状物品，应快速地将货物覆盖，以防粉尘飞扬扩大污染区域。铁板、铝板、铅板、有机玻璃、混凝土、岩石、土壤、砖、石蜡等都可作为屏蔽材料。

八、腐蚀品运输安全及事故应急措施

在运输装卸腐蚀品时，应根据各种腐蚀品的不同特性，采取相应的安全措施。很多腐蚀品包装材质是陶、瓷、玻璃等易碎材质。在装卸行车过程中，操作不慎，就可能使腐蚀品包装破损，发生溅漏事故。这些腐蚀品的各种危险特性都能造成危害。首先是腐蚀车辆设备，还可能伤害人身，甚至会发生大规模的中毒和火灾事故。

为了腐蚀品运输安全，在运输过程中应按以下要求进行：

（一）运输前的准备工作

（1）运输前应认真检查货物包装和容器封口情况，严禁运输无外包装的任何易碎品容器。

（2）作业时应站立在上风处，防止有毒烟雾、气体对人身的伤害；罐装后，应将进料口紧密封严，防止行车中车辆晃动，造成腐蚀品从盖口溅出，伤及周围人员和车辆。

（二）运输安全要求

（1）装载有易碎容器包装的腐蚀品时，驾驶人员要平稳驾驶，密切注意路面情况，上下桥隧、过铁路道口等情况。在路面条件差，颠簸振动大而不能确保易碎容器完好时，应缓慢通行。

（2）运输途中应每隔一定时间停车检查车上货物情况，发现包装破漏要及时处理，防止漏出物损坏其他包装，酿成重大事故。

（三）灭火方法与撒漏处理

1. 灭火方法

腐蚀品的灭火方法可概括为：大量用水、谨慎用水。无机腐蚀品发生着火或有机腐蚀品直接燃烧时，除具有与水反应特性的物品外，一般可用大量的水扑救。即使有些腐蚀品会与水反应，但这些物品量较少，而大量的水迅速扑上足以抑制热反应，也应用大量的水扑救。但用水时应谨慎，宜用雾状水，不能用高压水柱直接喷射物品，尤其是酸液，以免飞溅的水珠带上腐蚀品灼伤灭火人员；同时，要控制水的流向，以免带腐蚀性的水流破坏环境。

不少腐蚀品燃烧时，会产生有毒气体和烟雾，用水扑救时，产生的蒸气也可能有毒性和腐蚀性。因此，扑救时应穿防护服，戴防毒面具，且人应站在上风处。与水会发生剧烈反应的大量腐蚀品发生着火时，用大量的水若不能抑制，液体腐蚀品应用干砂或干土覆盖或用干粉灭火机扑救。

2. 撒漏处理

（1）腐蚀品撒漏。液体腐蚀品应用干砂、干土覆盖吸收，扫干净后，再用水洗刷。大量溢出而用干砂、干土不足以吸收时，可视货物的酸碱性质，分别用稀碱或稀酸中和。中和时，要防止发生剧烈反应。用水洗刷撒漏现场时，不能用水直接喷射，只能缓慢的浇洗或用雾状水喷淋，以防水珠飞溅伤人。

（2）溴污染。溴为棕红色发烟液体。沸点为55.890，遇水极易挥发，蒸气有毒。污染时，污染处撒上硫代硫酸钠溶液，使溴生成溴化钠，最后可用大量水冲洗。在污染处理作业时，要注意防火，因溴与有机物混合，可能引起燃烧。

【总结】

凡具有腐蚀性、自然性、易燃性、毒害性、爆炸性等性质，在运输、装卸和储存保管过程中容易造成人身伤亡和财产损毁而需要特别防护的物品，均属危险品。危险品具有特殊的物理、化学性能，运输中如防护不当，极易发生事故，并且事故所造成的后果较一般车辆事故更加严重。因此，为确保安全，在危险品运输中应注意以下八点。

1. 注意包装

危险品在装运前应根据其性质、运送路程、沿途路况等采用安全的方式包装好。包装必须牢固、严密，在包装上做好清晰、规范、易识别的标志。

2. 注意装卸

危险品装卸现场的道路、灯光、标志、消防设施等必须符合安全装卸的条件。装卸危险品时，汽车应在露天停放，装卸工人应注意自身防护，穿戴必需的防护用具。严格遵守操作规程，轻装、轻卸，严禁摔碰、撞击、滚翻、重压和倒置，怕潮湿的货物应用篷布遮盖，货物必须堆放整齐，捆扎牢固。不同性质的危险品不能同车混装，如雷管、炸药等切勿同装一车。

3. 注意用车

装运危险品必须选用合适的车辆，爆炸品、一级氧化剂、有机氧化物不得用全挂汽车列车、三轮机动车、摩托车、人力三轮车和自行车装运；爆炸器、一级氧化剂、有机过氧物、一级易燃品不得用拖拉机装运。除二级固定危险品外，其他危险品不得用自卸汽车装运。

4. 注意防火

货运输忌火，危险品在装卸时应使用不产生火花的工具，车厢内严禁吸烟，车辆不得靠近明火、高温场所和太阳暴晒的地方。装运石油类的油罐车在停驶、装卸时应安装好地线，行驶时，应使地线触地，以防静电产生火灾。

5. 注意驾驶

装运危险品的车辆，应设置GB13392-92《道路运输危险货物车辆标志》规定的标志。汽车运行必须严格遵守交通、消防、治安等法规，应控制车速，保持与前车的距离，遇有情况提前减速，避免紧急刹车，严禁违章超车，确保行车安全。

6. 注意漏散

危险品在装运过程中出现漏散现象时，应根据危险品的不同性质，进行妥善处理。爆炸品散落时，应将其移至安全处，修理或更换包装，对漏散的爆炸品及时用水浸湿，请当地公安消防人员处理；储存压缩气体或液化气体的罐体出现泄漏时，应将其移至通风场地，向漏气钢瓶浇水降温；液氨漏气时，可浸入水中。其他剧毒气体应浸入石灰水中。易燃固体物品散落时，应迅速将散落包装移于安全处所，黄磷散落后应立即浸入水中，金属钠、钾等必须浸入盛有煤油或无水液体石蜡的铁桶中；易燃液体渗漏时，应及时将渗漏部位朝上，并及时移至安全通风场所修补或更换包装，渗漏物用黄沙、干土盖没后扫净。

7. 注意停放

装载危险品的车辆不得在学校、机关、集市、名胜古迹、风景游览区停放，如必须在上述地区进行装卸作业或临时停车时，应采取安全措施，并征得当地公安部门的同意。停车时要留人看守，闲杂人员不准接近车辆，做到车在人在，确保车辆安全。

8. 注意清厢

危险品卸车后应清扫车上残留物，被危险品污染过的车辆及工具必须洗刷清毒。未经彻底清扫消毒，严禁装运食用、药用物品、饲料及动植物。

单元十一　道路运输节能减排

教学对象
　　道路旅客运输驾驶员、道路一般货物运输驾驶员、道路危险货物运输驾驶员。
教学目标
　　（1）了解客运、货运车辆燃料消耗影响因素，明确客运、货运道路运输节能的方法途径。
　　（2）掌握客运、货运运输节能驾驶操作规范。
教学内容
　　（1）道路运输节能驾驶操作规范。
　　（2）影响车辆燃料消耗的主要因素。
　　（3）道路运输节能的方法途径。
教学重难点
　　（1）了解影响车辆燃料消耗的五大主要因素及减少燃料消耗的方法途径。
　　（2）掌握节能驾驶的操作规范。
教学方法
　　讲授法和演示法。
教学时间
　　2课时。
教学过程

一、道路运输节能驾驶操作规范

　　节能减排是大势所趋，不但能够产生经济效益，还能产生环保效益。在全球节约资源、减少温室气体排放的情况下，中国在节能减排工作上也承担了相应任务。早在2011年内蒙古举办的道路运输领域绿色能源液化天然气应用研讨会，就关于运输车辆的节能减排工作做了指示和展望，为绿色能源建设工程产生重要影响。
　　▶案例情景
　　《2011年内蒙古道路运输领域绿色能源液化天然气应用研讨会》会议精神。
　　案例评析◁
　　保护我们赖以生存的环境，节约各种资源能源是我们每个人都应尽的义务，新能源和清洁燃料的使用不仅能够节能而且能够大大减少汽车尾气污染物的排放。道路运输领域液化天然气推广应用，对于加快发展现代交通运输业，切实推进行业调整、转变发展方式、实现节能减排、合理控制能源消费具有重要意义。液化天然气汽车与传统汽柴油车相比具有明显的经济优势和环保优势,使用液化天然气每百千米分别比使用柴油和汽油节约 33%和 43%的燃料费,有害物质排放减少约 85%左右,被称为真正的绿色环保汽车。

节能减排的工作除了开发清洁绿色能源以外,还有很多方面可以实现,比如驾驶员正确规范的驾驶操作。

▶▶案例情景

《公交节能减排,学习节油操作》(详见网络资源:2014 年 3 月 2 日浦乐网络电视台新闻节目)。

案例评析 ◁◁

节能减排一直是上海浦东金高公交积极倡导、着力践行的工作理念。从此报道可以看出,我们每位驾驶员都能够为节能减排贡献一份力量。

(一)出车前准备

出车前准备我们要随车携带车辆使用手册,还要合理选择行驶路线,在装载货物时要合理装卸货物。

(1)随车携带车辆使用手册。

出车前要检查车辆使用手册是否携带,因为车辆使用手册是汽车制造商介绍车辆基本性能和使用方法的重要文件。

有的使用手册还针对本车特点介绍安全驾驶方法,驾驶员在出车时应随车携带以便随时学习参考,行驶中减掉不必要的麻烦。

(2)合理选择行驶路线。

合理的行车路线是节油的最直接体现。因为哪怕是多走 1 km 的路,也是需要燃油来提供能量的。许多人都曾经在不熟悉的路上绕过圈,在那种情况下,油会在不知不觉中被消耗掉。

① 选择好路面。在选择行驶路线时,不要乱冲乱撞,应选择良好的路面行驶。很差的路面,不但增加行驶阻力,而且因行驶困难,平均车速也会很低。

通过试验表明,在环路上行驶的平均燃料消耗要增 50%~100%。在这样的情况下,选择路况较好的路线,即可多绕 30%-50%的路程,综合来看还是经济的。

② 选择最短行程和熟悉路线。对于长途运输的车辆来说,正确选择行驶路线,对保证行车安全、节约燃料消耗和延长使用寿命具有良好的作用。

如果执行新的运输任务,应事先对行车路线进行了解,要选择行程短、路况好和熟悉的路线行车。可查阅地图或向熟悉道路的驾驶员打听,出发时带好地图等,避免绕弯路造成的不必要燃料消耗。行驶中遇到路面施工或损坏,应设法绕道行驶,避免交通阻塞和汽车开开停停而延长时间和增加油耗。

(3)合理装卸货物。

货物运输驾驶员在出发前还应合理装卸货物。装卸货物时,应事先安排好停靠地点,避免多次进退调头。

还应注意避免超载、超高、超宽和偏重。货物在车厢内均匀安放,并固定稳妥。列车停靠时也应注意位置适当,便于起步。

（二）操作

1. 发动机启动与预热

为了倡导短时间怠速预热与低速行车预热相结合的汽车预热模式。非增压发动机启动成功后，在原地保持怠速运转不超过 1 min，在此期间不应使发动机高速空转。

增压发动机启动成功后，先保持发动机怠速运转 1 min 以上，使增压器轴承和旋转件等部件得到充分的润滑，在此期间不能使发动机高速空转。

低温启动对整车燃料消耗影响较大，因此，启动前应对发动机进行预热，增大起启机功率。那么在寒冷地区，可以关闭暖风散热器并打开独立加热器使发动机温度提高。起步后先以 20~40 km/h 的速度低速行驶 1~2 km，之后再以正常速度行驶；气温较低时，低速行驶 3~4 km。

启动发动机时不要空踩加速踏板，特别是对电控发动机，空踩加速踏板不会起到加快启动速度的作用，只会增加燃料消耗。同时，在启动时还应避免发动机长时间怠速进行。

（1）汽油发动机启动。

打开点火开关至启动位置，发动机顺利启动后立即松开，点火开关在启动位置的时间不应超过 5 s。

启动过程中不应踩加速踏板。

（2）柴油发动机启动。

冷起动时，首先开启发动机预热系统，在充分预热后再按常温启动进行启动操作。

根据天气发动机启动包括以下三个内容。

冷启动：大气温度或发动机温度低于 5℃时启动发动机。

常温启动：大气温度高于 5℃时启动发动机。

热启动：发动机温度在 40℃以上启动发动机。

2. 倒车与停车

能转弯掉头的就避免几进几退的掉头。

货车在装货前，利用空载机会提前掉头，摆正位置，规划好行驶路线。

直线倒车时，应摆正车尾，控制好加速踏板，匀速直线后退，切不可猛打猛回左右摆动。

在城市道路、居住区行车或通过十字路口时，应尽量减少停车的次数，可以利用低速滑行的方法来等待时间。

行驶结束停车时，应做到一次停车到位。停车地点选择路面平整坚硬或坡度小、顺风和视线良好的地方。

如果必须在软、滑路面上停车，应在车轮下垫上硬物，既可以防止车轮下陷，又防止再起步时打滑空转，浪费燃料。

3. 空调使用

在运输途中，应适当使用空调。

为了减少燃料消耗，夏季使用空调前，首先应打开车窗通风，使车内的温度降下。

开启空调时，温度设定不要过低，并注意关闭车窗。

高于 70 km/h 的速度时，宜开空调；低于 70 km/h 的速度时，宜开窗。

4. 行车中的"三"控制

（1）行车温度控制。

车辆的行车温度包括发动机温度（包括水温、油温等）、变速箱温度和驱动桥油温等。

发动机最佳的工作温度应保持在 80℃～95℃。温度过低会使燃料燃烧不充分，导致燃料消耗量增多。温度过高会使反动及动力性能下降，动能转化为热能散发。

（2）转向控制。

在车辆行驶过程中，转向对燃料消耗也有一定影响。这是因为转向盘操作不稳或来回变换车道，汽车曲线行驶，滚动阻力增大，行驶里程增加，燃料消耗也会增加。所以驾驶员朋友为了做到节能驾驶，需要做到以下几点。

① 有目的地选择车道，并有意识地保持车道稳定。

② 必须转向时，要先判断转向，准确控制方向，操作准确到位。

③ 转弯操作前，要主动降低车速，并打开转向灯，必要时，鸣喇叭示意。

（3）车速控制。

① 选择经济车速。汽车在每个挡位，都有一对应的燃料消耗量最低的车速，即通常所说的该挡位的经济车速。车辆在正常行驶时，要尽量以经济车速匀速行驶。车辆超过经济车速后，车速越快，车辆受到的空气阻力会急剧增大，燃油消耗增加。汽车的经济车速不是固定不变的，它随道路情况，汽车装载量等因素的变化而改变。一般而言，汽油发动机转速处于 1 800～2 200 r/min 时最为经济。

柴油发动机的转速处于 1 400～1 800 r/min 时最为经济。

② 匀速行驶。在道路条件好、车流量小的道路上，尽量选择匀速行驶。有条件的车辆，还可以开启定速巡航功能。

③ 挡位选择。在车速一定的情况下，选择不同的挡位，节约燃料的效果会截然不同。一般情况下，在预定车速下，高挡位比低挡位节约燃料。因为高挡位对应的发动机转速更低，对应的发动机比油耗下降。但是，不盲目选择高挡位，应注意车速和挡位的适应，否则适得其反。

5. 加速、减速与变速

（1）加速、减速。

① 加速。重复加速操作行驶，燃料消耗量将明显提高。

此外急加速和平稳加速燃料消耗会相差 14%左右，所以加速时应平稳，不要采取猛踩加速踏板，急加速的方式。

加速操作最佳方法：踩踏加速踏板时，应慢慢的，均匀的加深踩踏力度，不应猛踩加速踏板，让发动机发出"呜—呜—"的轰鸣声。

② 制动减速。制动减速时，应轻踩制动踏板进行缓慢减速，实现平稳驾驶。紧急制动减速时，应采用"先急后松"法进行制动，即第一次急速踩下制动踏板然后根据发生情况点距车辆的距离慢慢松开制动踏板在汽车点头刚开始回位时再一次踩踏制动踏板，使其不能迅速回位，而后再慢慢松开制动踏板。

驾驶员还可以采取汽车发动机排气制动或带挡滑行实现有预见性的减速，但应禁止熄火滑行和空挡滑行。

（2）起步加速。

① 平路起步。左脚完全踩下离合器踏板，将变速器操纵杆置于"1"挡，部分大型车辆空车时置于"2"挡，松开驻车制动器，左脚先稍快松抬离合器踏板，待离合器位于半联动状态时（传动机件稍有振动、发动机声音略有变化），右脚轻踩加速踏板，同时左脚再缓抬离合器踏板，车辆平稳起步。

② 上坡起步。左脚完全踩下离合器踏板，将变速器操纵杆置于"1"挡右脚轻踩加速踏板提高发动机转速，左脚同时松抬离合器踏板到半联动位置，听到发动机声音发生变化时缓慢放松驻车制动，同时逐渐踩下加速踏板和缓抬离合器踏板，车辆平稳起步。

（3）换挡变速。

在行驶过程中，道路、地形、气候及交通情况经常变化，需经常变换挡位，因此变速杆的换挡操作是相当频繁的。

能否及时、准确、迅速地换挡？对延长车辆使用寿命，提高车辆的平均技术速度，保证车辆平顺地行驶，节约燃料都有很大关系。因此，挡位的合理选择和挡位的及时变换对节约燃料有重要影响。

① 挡位选择。中型以上的汽车变速器：一般设 5 个～7 个挡位，1 挡、2 挡为低速挡，3 挡、4 挡为中速挡，5 挡以上为高速挡。

小型汽车变速器：一般设 4 个～5 个挡．1 挡为低速挡．2 挡为中速挡，3 挡以上为高速挡。

汽车变速器：都设有倒挡，用于使汽车后倒。

② 换挡操作。换挡操作的基本要求是动作要及时、准确、迅速。

动作迅速：时间花费少；可避免发动机功率损失；提高行驶时的平均速度，这对于经常行驶在需频繁起步、加速、换挡的城市道路车辆尤为重要。

动作准确：要求脚踩加速踏板的轻重要适度；踩离合踏板要与手的换挡动作相配合。

起步时不要再离合器尚未完全结合的情况下猛踩加速踏板。

起步换挡：操作中再松抬加速踏板的同时踏下离合器踏板，但不要踩到底，刚感到动力被切断时立即脱档，

离合器踏板不需要完全松开，在离合器摩擦片处于联动状态时换入高一档位，然后松开离合器踏板，同时踩下加速踏板。

2 挡换 3 挡：预先踩下的加速踏板应少些，在以后各挡的升档过程中加速时，踏板依次踏下多一些，但注意适度。

上坡行驶由高速挡换低速挡：上坡时行驶阻力增加，发动机负荷增加，车速逐渐下降，发动机转速也随着变慢。

这时应配合发动机转速的下降逐渐稍抬加速踏板，在认定的时机迅速换挡。

6. 特殊路段驾驶

驾驶员：张老师，前面是泥泞路段了。

张老师：嗯，小李你知道泥泞路段怎么行驶吗？

驾驶员：知道呀！在行驶泥泞、翻浆路段，一般使用中速挡和低速挡，保持足够动力稳定地通过，途中尽量避免换挡和停车。泥泞路段较短时，可以加速冲过。

张老师：很好。小心前面是上下坡路。

驾驶员：张老师您放心，我知道怎么行驶。

张老师：那你给我讲讲吧。

驾驶员：在行驶山路多转弯、坡道、上陡坡时，尽可能利用快速换挡操作，换挡时要适当提前，动作要快，必要时可以越级换挡。

在行驶下陡坡时为保证安全，禁止熄火、空挡滑行。

通过连续不断的多坡道时，可以采取相应的操作，选用合适的挡位，能用高速挡就不用低速挡，能冲坡的就应当充分利用惯性冲坡，减少燃料消耗。

张老师：掌握的不错。

驾驶员：嘿嘿，咦，张老师前面堵车了，该注意些什么？

张老师：在行驶拥挤路段，车辆走走停停时，可要注意了。

当车辆在再次起步时应缓踩或不踩加速踏板，起步后尽可能利用车辆惯性滑行，避免起步后猛踩加速踏板再制动停车的方式。

在车辆安全形势的前提下，应减少停车，尽量使车辆保持一定的运动惯性。

7. 发动机停车熄火

发动机怠速运转时，要消耗燃料。因此，除交叉路口短时间停车等待外，要尽量减少发动机怠速空转的时间，及时关闭发动机。

非增压发动机汽车需停车超过 60 s 时，如果使发动机持续怠速运转，其油料可能会高于重新启动一次所需要的油耗，甚至可以消耗达到 30 mL 的燃油，因此，最好关闭发动机。

增压发动机汽车停车后不应立即熄火，应保持发动机怠速运转 3 min 以上，待发动机充分冷却后再熄火。

如果车辆经过高速或爬长坡行驶后，发动机温度很高时，应延长怠速运转 30 s 以上后熄火。

驾驶节能操作诀窍：

车况正常，心态平和，路线最佳；
平稳起步，及时升挡，车机同热；
挡位准确，转速最优，切忌高速；
操控平顺，直线等速，预见驾驶；
合理空调，长停熄火，入位准确。

8. 回场后检查

在发动机熄火前，应观察仪表各种信号是否指示正常，注意发动机有无异响。关闭所有电气设备，包括收音机、DVD、车窗加热器、照明灯、车内顶灯等耗电设施。

收车后，及时向专业维修人员描述行车过程中发现的一些异常现象。

【小结】掌握节能驾驶操作非一日之功，驾驶员应结合驾驶实际，进行长期的分析、总结，才能最终养成良好的节能驾驶操作习惯。

二、影响车辆燃料消耗的主要因素

在学习影响客运车辆燃料消耗的主要因素之前我们有必要先来了解一下节能减排的意义和汽车主要污染物的种类和危害。以此让我们更加明白节能减排的重要性和现实意义。

▶▶**案例情景**

《公益广告：节能减排着眼未来》（详见网络资源）。

案例评析 ◁◁

这是一个让人深思的公益广告。当一个对美好世界充满期待的孩子，在睁开眼睛的一瞬间看到的却是一个被污染的城市时，对小孩的心灵伤害是多么的大。一句"妈妈，这不是我想看到的！"值得我们每个人去反思。社会发展固然重要，但是保护环境才是重中之重。

★ 节能减排的意义

总体来说我国的能源占有量是很大的。但由于我国人口数量同样庞大，这样人均占有量就少得可怜了。节能减排是我们大家的义务、是全社会的责任。

节能减排是贯彻落实科学发展观、构建社会主义和谐社会的重大举措；节能减排是建设资源节约型、环境友好型社会的必然选择；节能减排对于调整经济结构、转变增长方式、提高人民生活质量、维护中华民族长远利益，具有极其重要而深远的意义。节能减排也是我国对国际社会应该承担的责任。我们要充分认识节能减排工作的重要性和紧迫性。

环境是人类生存和发展的基本前提。环境为我们生存和发展提供了必需的资源和条件。随着社会经济的发展，环境问题已经作为一个不可回避的重要问题提上了各国政府的议事日程。保护环境，减轻环境污染，遏制生态恶化趋势，成为政府社会管理的重要任务。对于我们国家，保护环境是我国的一项基本国策，解决全国突出的环境问题，促进经济、社会与环境协调发展和实施可持续发展战略，是政府面临的重要而又艰巨的任务。

★ 汽车主要污染物的种类及危害

1. 汽车污染环境的危害

汽车排放污染已成为世界的一大公害，由于汽车数量的不断增加，城市的汽车尾气排放、噪声污染，给环境带来了较大的危害，严重危及人类健康。

2. 汽车主要污染物的排放

汽车发动机排放的主要污染物有氮氧化物（NO_x）、碳氢化合物（HC）、一氧化碳（CO）及颗粒物（PM）。其中，NO_x、HC 经阳光照射，在大气中形成光化学烟雾，对人的呼吸系统产生极大的危害；NO_x 和 SO_2 在大气中可产生酸雨效应，导致人类的"酸雨病症"；柴油机排放物主要是氮氧化物和颗粒物，柴油机排放的颗粒粉尘会危害人的眼睛和呼吸道。即使是完全燃烧产生的无毒气体二氧化碳（CO_2），也将加剧地球的温室效应。

对于汽车污染物排放的危害我想大家都是知道的，但是认识却不是很深刻，觉得离我们很远，也很少采取行动，在接下来给大家播放的这个视频，将告诉大家如果我们现在不采取行动，等到不可挽回的时候就后悔莫及了。

【案例】

《巴西圣保罗空气污染致死率超车祸 2011 年 4 500 人死于空气污染》（详见网络资源）

▶▶**案例情景**

因汽车尾气排放以及工程施工等造成的空气污染，正在给现代社会中的民众造成极大的健康危害。作为2014年世界杯揭幕战的举办地，巴西圣保罗市的空气污染程度也非常严重，当地因空气污染导致的死亡率甚至超过了车祸和乳腺癌的死亡率。作为巴西最大城市的圣保罗眼下正面临严重的空气污染问题，一个名为"健康和可持续发展"的非政府组织进行的最新调查显示，圣保罗空气污染导致相关疾病的致死率，甚至已经超过车祸和乳腺癌的致死率。圣保罗市每天上街的机动车数量多达400万辆，汽车尾气排放是导致空气污染的最重要因素。

案例评析 ◁◁

不要让圣保罗的环境污染现状成为我国未来的模样。虽然我国现在很多城市也遭受着严重的天气污染，但是我相信只要我们从现在开始从个人开始行动起来，保护我们的环境，减少有毒物质的排放，节能减排，就能开创一个纯净的未来，给我们的孩子留下一个美丽家园。

道路运输行驶中，频繁的怠速、低速、加速、减速，使汽车的排放量成倍增加。据统计，截止2009年，全国道路运输车辆的保有量达到1 087.4万辆，仅占全国机动车保有量的5.8%，但所消耗的成本油却占全国成品油消耗总量的30%左右。与外国相比，我国平均油耗要高10%~25%。而多耗1L柴油，则会增加CO_2（造成室温气体的主要元凶）排放量2.63 kg。

近年来，随着交通基础设施的完善和客、货运输量的快速增长，道路运输业能源消耗大户的特征越来越明显，其能源消耗呈几何级数增长，规模逐年上升。在当今能源紧缺，排放污染严重的情况下，如何做好道路运输业的节能减排工作？如何发展节能运输？不仅关系到道路运输成本的降低和道路运输业的可持续发展，更重要的是关系到整个社会和国民经济的可持续发展。

在道路运输生产过程中，应用节能减排技术，采用节能驾驶操作方法，既有利于保护环境，又有利于增加企业经济效益，也是驾驶员履行社会责任的重要体现。

道路运输节能是一项系统工程，政府、企业、车辆制造商以及驾驶员都承担着重要的责任。大家可以思考一下影响道路运输节能主要有哪些因素？

影响道路运输节能的主要因素包括：① 车型选择；② 车辆运行环境条件；③ 车辆维护情况；④ 燃料、新车磨合及车辆技术状况；⑤ 驾驶员的驾驶习惯。

（一）车型选择

车辆的燃料消耗与运输车型的选择关系密切。

汽车行驶速度直接影响克服空气阻力、滚动阻力所消耗的功率，还影响这发动机转速及负荷率，随着速度的变化，存在一个经济车速的区间。

因此汽车尽可能保持在经济车速范围内运行，能够节省燃油。对于不同情况我们应该如何选择适当的车型呢？

（1）长途运输：选择经济车速高、底盘低，车身流线型好的车辆。

（2）乡村运输、山区道路运输：选择底盘稍高、经济车速较低的车辆。

（3）牵引车动力与挂车承载质量的合理匹配，否则燃料经济性就会较差。

（二）车辆运行环境条件

车辆燃料消耗受道路、气候、气象等环境条件影响较大，同一车辆在不同地域、不同天气、不同道路环境行驶时的燃料消耗相差较大。

你知道什么样的环境下会使车辆燃料消耗增加吗？又是如何导致的呢？

影响车辆燃料消耗主要包括城市道路、低等级道路，山区道路，超载运输，车辆轮胎和气压，高速公路行驶，低温天气，高温天气等。

（1）城市道路、低等级道路：道路比较拥堵，经常性的低速行驶，燃料消耗较多。

（2）山区道路：坡多弯急，限速较低，频繁制动，燃料消耗较多。

（3）超载运输：客、货超载运输，发动机负荷过高，燃料消耗较多。

（4）车辆轮胎和气压：不同轮胎的滚动阻力不同，同一轮胎气压较低时的滚动阻力较大，使用与车辆规定不相符的轮胎或轮胎气压偏低都可能导致车辆油耗增大。

（5）高速公路行驶时，车辆运行速度平稳，车辆制动较少，燃料消耗较低。然而短途运输时，车辆制动频繁，燃料消耗相对较多。

（6）低温天气：车辆需要较长时间预热，燃料消耗较多。

（7）高温天气：长时间开空调，燃料消耗较多。统计显示：车辆在行驶时开空调，比不使用空调燃料消耗增加5%～25%。

（三）车辆维护情况

车辆维护情况的好坏决定着车辆的技术状况，维护不当，比如前轮定位不准，空气滤清器太脏，机油变质等，也会导致燃料消耗增加。

保持汽车完好的技术状况，是汽车节能驾驶的基础。车辆带病行驶，采取任何节能驾驶技术也不会达到有效降低汽车燃料消耗的目的。

（四）燃料、新车磨合及车辆技术状况

燃料的质量、新车在磨合期的使用情况发动机、底盘的技术状况都影响着车辆的燃料消耗。

（1）劣质燃油：比如汽油辛烷值不达标、杂质含量高，导致燃料消耗增加，损坏发动机。

（2）新车磨合期内：超载、超速、发动机超转等，会增加油耗，且加剧机件磨损。

（3）车辆技术状况不良：比如发动机故障、轮胎气压过高或过低、车轮定位不准、传动系出现异响等，会增加油耗。

（4）轮胎充气气压大小，会影响轮胎的变形量，从而影响滚动摩擦阻力。

（5）轮胎气压偏低时，汽车滚动行驶阻力增加，转向阻力增加，横向稳定性下降。

（6）轮胎气压过高时，虽然滚动阻力有所减小，由于轮胎与地面接触面积减小，单位压力增大，加速胎面中部的磨损，导致轮胎使用寿命缩短。

温馨提示：在不同的行驶里程内应注意的事项

200 km 以内：新摩擦片尚未达到100%的制动效果，制动应有提前量；轮胎与地面摩擦力较小，因此在制动时要比正常情况下多用些力。

500 km 以内：新轮胎尚未达到最佳附着力，应尽量避免快速转弯时紧急制动。

2 500 km 以内：时速不超过 100 km，发动机转速不超过 2 500 转。

2 500～3 500 km 以内：冷却液温度达到工作温度时，可循序渐进地提高到最高车速或发动机最大转速。

3 000 km 以内：作一次常规保养后（使用原厂机油），车内所有运动部件之间的配合达到运动顺畅状态，可以发挥车辆最佳性行驶。

（五）驾驶员的驾驶习惯

【案例】
《停车三分钟以上必须熄火》（详见网络资源）
▶▶案例情景
2014 年 5 月，武汉为了整治汽车尾气将"停车三分钟以上必须熄火"写入武汉市机动车排气污染防治条令。减少污染的排放，每个人都应该有强烈的环保意识，为我国节能减排做出贡献。

案例评析 ◁◁
环保、绿色驾驶，体现的是一个公民的基本素质，更是汽车文明的应有之义。把"停车超 3 分钟熄火"当成是绿色驾驶准则，不是因为法律的规定，而是我们必须在平时要为"美丽中国"、为青山绿水做些力所能及的善事。"停车超 3 分钟熄火"，完全可以成为一种自觉、一种生活习惯，我们何乐而不为呢？

在实际行驶过程中，驾驶员不规范的驾驶操作和不良的驾驶习惯会导致车辆燃料消耗增加。影响燃料消耗的不规范驾驶操作如下：① 发动机预热时间过长；② 停车长时间怠速；③ 频繁制动；④ 频繁变换挡位或档位使用不当；⑤ 频繁变更车道。

【案例一】
《倡导绿色环保，培养良好驾驶习惯》（详见网络资源）。

【案例二】
《改善驾驶习惯，省油节能驾驶》（详见网络资源）。
▶▶案例情景
在两个案例中都讲到了一些节油节能驾驶的技巧。司机们都在强调行车过程中尽量不要空挡滑行，最好匀速行驶，不要猛踩刹车和油门。匀速行驶和直线行驶省油的道理是一样的，车速低不一定就省油。一次猛加和缓加，同样的速度，油耗就有很大区别，就会多排放 CO。另外，由于急加速造成轮胎与地面的强烈摩擦而造成的啸叫噪音更是匀速驾驶时的几倍，轮胎磨损也会增加；追尾风险大大增加。发动机空转 3 min 的油耗可让汽车行驶 1 km。凡是等红绿灯超过一分钟、堵车怠速 4 min 以上、停车等人等情况，最好的方法是将引擎熄火，因为重新启动需要的燃油比怠速一分钟要少差不多 1%。

除了匀速行驶以外还要经常减轻车辆负担，车辆在高速行驶时，很大一部分动力是用来克服风阻的。尤其是在天气闷热的情况下，开窗透风所造成的风阻，要比关窗开启空调所消耗的油量大很多。给汽车减负，保持车辆外观整洁，不随意对车体进行改装或在车顶载货，有效降低行驶过程中所遇风阻，显得尤为重要。另外，应经常检查行李箱内是否装有不必带的物品，减少车辆负荷，可以大幅提高节能效率。

在视频的最后还提到要经常进行车辆保养，检查轮胎的压力和磨损。经常做好车辆四轮定位、调整控制器摩擦片与制动鼓间隙、汽车底盘各润滑点上油，按期更滑机油、检查过滤器等日常保养，能够有效降低消耗，做到节能减排。

案例评析 ◁◁

节能减排很多地方,很多人都认识到了它的重要性,也积极得采取各种行动希望达到节能减排的目的,案例中讲述到的各种节能的驾驶技巧是需要我们每个人都好好学习的,这不是别人的事,是我们每一位驾驶员的事,只有每一位驾驶员朋友都意识到节能减排的重大意义,并且付诸行动,节能减排的愿望才能真正实现。

【小结】通过本小节的学习,我们知道了影响道路运输节能的五大主要因素,包括车型选择、车辆运行环境条件、车辆维护情况、燃料、新车磨合及车辆技术状况以及驾驶员的驾驶习惯。

在道路运输生产过程中,应用节能减排技术,采用节能驾驶操作方法,既有利于保护环境,又有利于增加企业经济效益,也是驾驶员履行社会责任的重要体现。

三、道路运输节能的方法途径

【案例】
《省油达人有妙招,18年省出一辆大巴车》(详见网络资源)

▶▶**案例情景**

这位大巴司机说道他每天节油在10～20 L,18年期间节约的油钱能够买一辆四五十万的大巴车。在他的节油技巧中说道,开车尽量用高速档小油门,达到最佳车速的时候,油耗自然省下来了。上坡的时候不要猛加油,稳住车速,稳住油,下坡的时候油门轻轻稳加一点,最短时间内把车速提到最佳位置。此外,不要空挡滑行,转速表不要超过1200转,油箱不要加太慢,减轻负重,对于一些障碍要提前处理,尽量少踩刹车。

案例评析 ◁◁

在我们对这位大巴师傅充满敬佩的同时,我们也要思考一下既然别人能够做到,要相信只要我们掌握了正确的节能操作方法,并且在驾驶过程中严格按照这些方法去操作,我们也是能够做到的。

(一)合理选用车辆运行材料

汽车运行材料是指汽车运行中不可缺少的、不断消耗的、而且需要定期补充或更换的消耗性材料。

汽车运行材料主要包括:燃料、润滑材料、特种液和轮胎。据统计,全国营运汽车平均运输成本中,汽车运行材料消耗为40%以上,其中燃料消耗月占运输成本的20%～30%,轮胎消耗约占10%～15%,润滑材料约占1%～3%。正确合理地使用汽车燃料、润滑材料、特种液和轮胎等汽车运行材料,对提高车辆的运行经济性至关重要。

1. 汽车燃料及其使用

燃料通常是指能够将自身储存的化学能通过化学反应(燃烧)转变为热能的物质。

目前汽车燃料主要有汽油、柴油(轻柴油)、天然气、乙醇、液化石油气及其他燃料。

汽车使用的燃料最常见的主要是汽油和柴油。

车用汽油的性能指标：汽油的性能主要是指汽油的抗爆性、蒸发性、氧化安定性、防腐蚀性及清洁性等。

汽油的选择：汽油挥发性很强，在-30°的低温下也能汽化，挥发性过强的汽油容易在汽油泵、输油管部位产生气阻。因此，要根据车辆使用说明书中发动机的压缩比，或车辆生产厂家推荐的汽油牌号选用汽油。

汽油的规格或标准：目前，我国所以汽油生产企业一律执行 GB17930-2006《车用汽油》的强制性标准，按研究法辛烷值划分为 90 号、93 号和 97 号三种牌号（北京地区相应执行的为 89 号、92 号和 95 号）。

柴油的分类及适用性：柴油按国家标准分为轻柴油、重柴油、军用柴油等，汽车用柴油机属于高速柴油机，所用柴油为轻柴油。

柴油的选择：柴油的标号依据风险率为 10%的最低气温来确定，一般选用柴油的凝点要低于当地最低气温 4℃～6℃。

柴油的规格或标准：选用柴油牌号必须以保证柴油冷滤点高压使用环境的最低气温为原则，根据不同地区、气温和季节，选用不同牌号的轻柴油。

2. 润滑油

车用润滑油，包括：发动机润滑油、齿轮油、液力传动油、制动液、防冻液。

（1）发动机润滑油。

发动机润滑油分为汽油机油和柴油机油。

① 汽油机油。具有良好的氧化安定性，在高温条件下不易老化变质，不易生成漆膜、积碳，有良好的清净分散性，粘温性能好，粘度指数高，良好的抗腐蚀性、抗磨性、抗泡沫性、耐低温性。

汽油机油按照 API（美国石油学会）标准分为 SC、SD、SE、SF、SG、SH、SJ、SL、SM 等级别，S 代表汽油机油，后面的字母越大表示油品等级越高。

② 柴油机油。柴油机油按照 API（美国石油学会）标准分为 CC、CD、CE、CF、CF-4、CG-4，等级别，C 代表柴油机油，后面的字母越大表示油品等级越高。

柴油机油的黏度等级 SAE 同汽油机油一样。柴油机油的组成与汽油机油类似，不同之处是要求清净有更高的高温清净性、酸中和性、对抗磨剂和抗氧化剂要求更严。

发动机润滑油的选择：车辆应根据经常行驶的环境温度、发动机类型，选择相应黏度级别及性能、质量级别的润滑油。

我国润滑油黏度等级共分为 0W、5W、10W、15W、20W、25W、20、30、40、50、60 号十一个级别。如：夏季一般使用黏度为 40 号的发动机油，南方少数地方使用 50 号的润滑油。冬季一般南方用 30 号润滑油，北方使用 10W、15W 的润滑油。（W 代表冬天，数字代表油品在 100°时的运动粘度分级）

（2）齿轮油。

主要用于润滑车辆的后桥齿轮和手动变速箱齿轮，关键指标为：齿轮油的黏度、抗磨性和温度性能。

气温低、负荷小的条件下，可选用黏度较小的齿轮油。

气温高、负荷较重的条件下，可选用黏度较大的齿轮油。

特别提示：对于重载或道路条件恶劣的车辆，应选用高一黏度标号的车辆齿轮油。

（3）液力传动油。

主要用作液力传动中的工作介质，充当自动变速器中操纵机构用液压油，同时也作用自动变速齿轮、轴承等运动机件的润滑油。

性能要求：① 适当的黏度和高的黏度指数；② 良好的热氧化安定性，良好的抗泡沫性，抗磨性；③ 对橡胶密封材料小的侵蚀性，良好的防锈、抗腐蚀性；④ 良好的换挡性能。

在传动过程中起到的作用：分散热量，磨损保护，匹配的动、静摩擦特性，高低温下的保护作用。我国传动油有 6 号普通液压传动油和 8 号液力传动油两种，6 号液力传动油用于内燃机车或载货汽车的液力变矩器，8 号液力传动油用于各种轿车、轻型客车的液力自动变速器。

（4）制动液。

制动液俗称刹车油，用于车辆液压制动系统，作为传递能量、制止车轮转动的液压工作介质。

技术要求：沸点要高、黏度要适当、吸湿性要小、安定性要好、皮碗膨胀率要小、防腐性要小。

制动液的品种和牌号：制动液按原料不同分类，有合成型、醇型和矿物油型三种。国产制动液依据其平衡回流沸点，可分为 JG0、JG1、JG2、JG3、JG4、JG5 六个质量等级，序号越大平衡回流沸点越高，高温抗气阻性越好，行车制动安全性越高。

（5）防冻液。

防冻液的全称应该叫防冻冷却液，意为有防冻功能的冷却液。有防冻、防腐、防锈的作用。

防冻液具有两个特质：冰点低、沸点高。冰点越低，防冻液的抗冻性能越强。目前市场上供应的成品防冻液为直接使用型和浓缩型。

防冻液按冰点分为-25 号、-30 号、-35 号、-40 号、-45 号和-50 号六个牌号。

防冻液的选择原则是：防冻液的冰点至少要低于环境最低气温 5℃，以确保在特殊情况下防冻液不结冰。

① 汽车轮胎宽度对油耗的影响：轮胎较宽，汽车和路面的接触面也就会比较宽，摩擦阻力自然会比较大，油耗自然也会比较大；轮胎如果较窄，油耗也会相对比较低。

② 汽车轮胎花纹对油耗的影响：大体可以分为以下三大种类：一种是越野型的，一种是运动型的，一种是舒适、宁静型的。越野型轮胎的花纹较大，适合在沙石等较差的路况下行驶，它的油耗量最大。一种是运动型的轮胎，这种轮胎强调抓地力，胎面较宽，操控自如，油耗中等。另外就是舒适宁静型的，因为它的花纹比较细腻、流畅，因此油耗最低。

③ 车辆的束角、倾角等对油耗的影响：汽车四个轮子的定位如果不好（束角、倾角不正），就会使轮胎与地面的摩擦力加大，这不但对轮胎本身有伤害，而且也会增加耗油量。

④ 汽车轮胎的气压对油耗的影响：如果不足，便会使轮胎比较扁，因此与地面的接触面积也比较大，所以摩擦也同样增大，这样不但会使轮胎两侧胎肩磨损增大，也会使油耗增加。

（二）合理装载

1. 货物超载和不合理摆放

不仅会影响车辆技术状况，还会降低车辆行驶速度，破坏道路设施，造成路面拥堵，增加污染物的排放。

2. 装载方法

要使货物中心尽可能在车辆地板纵横中心线交叉点上；装卸货物的中心尽可能低；保证车辆

不偏载、各轴轴荷均匀。

3. 正确的装载

可以减少空气阻力；减少轮胎不均衡磨损和车辆部件的不规律磨损；延长车辆的使用寿命；节约燃料。

（三）注重车辆维护和技术状况的保持

（1）日常维护，坚持出车前、行车中、收车后的检查。
（2）加强对发动机的维护和调整。

其主要内容是更换机油与机滤。

由于机油与空气接触及受热易被逐渐氧化，随着油中的酸性物质、胶质、铁屑慢慢地增多，机油的颜色会渐渐变黑，黏度也会逐渐下降，长时间不更换机油，这些沉淀物可能会阻塞油道，导致发动机干磨，严重影响发动机的使用寿命。

更换燃油滤清器、空气滤清器、空调滤清器、火花塞、正时皮带、制动液、齿轮油等部件。适时更换以上部件对于保持和恢复汽车的技术性能，保证汽车具有良好的使用性和可靠性、延长使用寿命。其中空气滤清器的滤清能力是否正常，对燃料消耗的影响最大。

防止漏水、漏油、漏气、漏电，及时补充燃料、润滑材料及冷却液。

另外，应经常检查曲轴箱通风情况，保证曲轴箱内压力正常，并随时将曲轴箱内的废气排出，以免气缸串气，稀释润滑油，增加燃料消耗。

（3）加强对汽车底盘的调整和保养。

① 保持传动系、制动器各部机件良好技术状况。
② 保证各部机件，即离合器、变速器、传动轴、减速器等的良好配合和润滑。
③ 保证制动蹄回位快和制动器的间隙程度适当。
④ 正确调整轮毂轴承的松紧度：前轮毂轴承的松紧度调整适当是否，将直接影响前轮旋转时的阻力和摩擦损失。过紧将增加阻力，增加燃油消耗；过松使车轮歪斜，行驶时产生摇摆而增加阻力，同时也使制动蹄与制动鼓摩擦而产生阻力，增加燃料消耗。所以应保证前轮毂轴承的松紧度适中。
⑤ 前轮定位准确：前束失调后，会使汽车行驶时前轮发生摇摆，滚动中带有滑移，增加了滚动阻力，加剧轮胎磨损，增肌燃料消耗。应按照车辆使用手册的技术参数进行调整。
⑥ 保持正常的轮胎气压：轮胎气压过低，会导致较高的行驶阻力，增加燃料消耗；轮胎气压过高，胎面会膨胀，行驶中花纹中间的高压力下接触地面，造成这部分不正常磨损，燃料消耗上升。因此，应按照车辆使用手册要求保持正常的轮胎气压。

（四）采用车辆节能新技术

汽车节能减排主要在动力系统，其新技术分为两类：一类是传统内燃机技术的改进；一类是新能源汽车技术。

传统内燃机，包括汽油机和柴油机，其能量利用率只有 30% 左右，还有很大的潜力可挖。汽油机技术包括缸内燃油直喷、分层燃烧、贫燃技术、增压技术以及可变进气歧管等都可以节能并减排；催化剂等的利用，可以减排。柴油机目前的新技术是高压共轨。

新能源主要包括相对洁净的天然气发动机以及加上电机的混合动力技术，还有就是电驱动汽车。电驱动汽车，以前的称呼是电动汽车，现在业界的新归类是电驱动，包括燃料电池驱动汽车、插电式电驱动汽车、增程式电动汽车。电驱动汽车是今后的主要发展方向。

除了动力系统之外，新材料的应用，车身外形设计上的应用，使得车辆的小型化与轻量化也是节能减排的一条有效路径。

【小结】通过本部分的学习，要认识到：

（1）汽车燃料、润滑材料、特殊液和轮胎等汽车运行材料的选择、运用及对节能的影响。

（2）货物的装载卸载，车辆维护及技术状况对节能的影响。

（3）新能源和新技术的运用。

节能减排工作不仅是全面落实科学发展观的具体要求，也是当今世界的共同语言和课题。节能减排工作不仅是企业提高经济效益的重要途径，也是企业必须要承担的社会责任。

〖问题1〗为了节约燃料消耗，我们要怎么倒车才能节约燃料消耗呢？

能转弯掉头的就避免几进几退的掉头。

货车在装货前，利用空载机会提前掉头，摆正位置，规划好行驶路线。

直线倒车时，应摆正车尾，控制好加速踏板，匀速直线后退，切不可猛打猛回左右摆动。

〖问题2〗停车也可以节约燃料消耗吗？

在城市道路、居住区行车或通过十字路口时，应尽量减少停车的次数，可以利用低速滑行的方法来等待时间。

行驶结束停车时，应做到一次停车到位。停车地点选择路面平整坚硬或坡度小、顺风和视线良好的地方。

如果必须在软、滑路面上停车，应在车轮下垫上硬物，既可以防止车轮下陷，又防止再起步时打滑空转，浪费燃料。

〖问题3〗影响道路运输节能主要有哪些因素？

影响道路运输节能的主要因素包括：① 车型选择；② 车辆运行环境条件；③ 车辆维护情况；④ 燃料、新车磨合及车辆技术状况；⑤ 驾驶员的驾驶习惯。

〖问题4〗汽车尽可能保持在经济车速范围内运行，能够节省燃油。对于不同情况我们应该如何选择适当的车型呢？

（1）长途运输：选择经济车速高、底盘低，车身流线型好的车辆。

（2）乡村运输、山区道路运输：选择底盘稍高、经济车速较低的车辆。

（3）牵引车动力与挂车承载质量的合理匹配，否则燃料经济性就会较差。

〖问题5〗你知道什么样的环境下会使车辆燃料消耗增加吗？又是如何导致的呢？

（1）城市道路、低等级道路：道路比较拥堵，经常性的低速行驶，燃料消耗较多。

（2）山区道路：坡多弯急，限速较低，频繁制动，燃料消耗较多。

（3）超载运输：客、货超载运输，发动机负荷过高，燃料消耗较多。

（4）车辆轮胎和气压：不同轮胎的滚动阻力不同，同一轮胎气压较低时的滚动阻力较大，使用与车辆规定不相符的轮胎或轮胎气压。

（5）高速公路行驶时，车辆运行速度平稳，车辆制动较少，燃料消耗较低。然而短途运输则车辆制动频繁，燃料消耗相对较多。

（6）低温天气：车辆需要较长时间预热，燃料消耗较多；

（7）高温天气：长时间开空调，燃料消耗较多。统计显示：车辆在行驶时开空调，比不使用空调燃料消耗增加 5%～25%。

〖**问题 6**〗轮胎充气气压大小，会影响轮胎的变形量，从而影响滚动摩擦阻力，那么驾驶员朋友你们了解气压偏低、偏高时分别是怎么影响的吗？

（1）轮胎气压偏低时，汽车滚动行驶阻力增加，转向阻力增加，横向稳定性下降。

（2）轮胎气压过高时，虽然滚动阻力有所减小，由于轮胎与地面接触面积减小，单位压力增大，加速胎面中部的磨损，导致轮胎使用寿命缩短。

参考资料

[1] 交通运输部. 道路运输驾驶员继续教育办法. 交运发〔2011〕106 号，2011-03-18.

[2] 交通运输部. 中华人民共和国道路客货运输驾驶员继续教育大纲. 交运发〔2011〕475 号，2011-09-05.

[3] 交通运输部.交通运输部办公厅关于加强道路运输驾驶员继续教育工作的意见.厅函运〔2012〕148 号，2012-11-30.

[4] 中华人民共和国道路交通安全法实施条例. 国务院令第 405 号，2004.

[5] 中华人民共和国道路运输条例. 国务院令第 406 号，2012-11-09 修订.

[6] 中华人民共和国道路运输交通安全法. 第十届全国人民代表大会常务委员会第五次会议修订通过，2003-10-28.

[7] 中华人民共和国安全生产法. 第十二届全国人民代表大会常务委员会第十次会议通过全国人民代表大会常务委员会关于修改《中华人民共和国安全生产法》的决定，2014-12-01.

[8] 交通部. 道路运输从业人员管理相关规定. 交通部令 2006 年第 9 号.

[9] 交通运输部. 道路货物运输及站场管理规定. 交通运输部令 2012 年第 1 号.

[10] 交通运输部. 道路旅客运输及客运站管理规定. 交通运输部令 2012 年第 8 号.

[11] 交通运输部. 道路危险货物运输管理规定. 交通运输部令 2013 年第 2 号.

[12] 交通运输部. 道路运输驾驶员诚信考核办法（试行）. 交公路发〔2008〕280 号.